河南省
城市可持续发展报告
2019

HENANSHENG
CHENGSHIKECHIXUFAZHANBAOGAO

主　　编：耿明斋
执行主编：郭　栋
副 主 编：曹　孜　柴　森

企业管理出版社
ENTERPRISE MANAGEMENT PUBLISHING HOUSE

图书在版编目（CIP）数据

河南省城市可持续发展报告.2019/耿明斋主编.—北京：企业管理出版社，2020.4

ISBN 978-7-5164-2095-9

Ⅰ.①河… Ⅱ.①耿… Ⅲ.①城市经济-经济可持续发展-研究报告-河南-2019 Ⅳ.①F299.276.1

中国版本图书馆CIP数据核字（2019）第299534号

书　　名：河南省城市可持续发展报告.2019
作　　者：耿明斋等
责任编辑：刘一玲　崔立凯
书　　号：ISBN 978-7-5164-2095-9
出版发行：企业管理出版社
地　　址：北京市海淀区紫竹院南路17号　　**邮　　编：**100048
网　　址：http：//www.emph.cn
电　　话：编辑部68701322　发行部68414644
电子信箱：80147@sina.com　zbs@emph.cn
印　　刷：北京虎彩文化传播有限公司
经　　销：新华书店
规　　格：710毫米×1000毫米　16开本　19印张　270千字
版　　次：2020年4月第1版　　2020年4月第1次印刷
定　　价：68.00元

前　言

本质上说，发展是伴随经济增长而发生的一系列结构演化过程。在绝大多数人的意识里，发展总是好的，因为它带来财富的增加和不断变化的新事物、新结构、新状态、新生活。但也不乏对发展提出的质疑，最主要的质疑有两种：一种质疑说发展从根儿上就是不好的，因为它破坏了人类原始的生存环境和社会秩序，破坏了人与自然及人与人的和谐；另一种质疑说无止境的发展是不好的，因为它会耗尽不可再生的资源，也会带来环境灾难，或者换句话说，无止境的发展是不可能的。前一种质疑更多是建立在哲学认识论基础上的一种价值判断，虽然一直有少数人坚持，甚至也有研究著作问世，但从来就没有引起过绝大多数人的关注，也很少被学者和政治家认真对待。后一种质疑可谓是建立在严肃的理论逻辑基础上的，自这种观点诞生以来就受到高度关注和广泛讨论，并逐渐演化为学术研究的一个新的重要领域，且对全球及各个国家的发展政策产生着越来越大的影响，这就是发展的可持续问题。

问题的源头是20世纪70年代初，一批来自意大利、英国及欧洲其他国家的企业家和学者在罗马相聚，形成后来大名鼎鼎的罗马俱乐部，他们就人类面临的全球性问题展开研究和讨论，并发表和出版了一系列相关的研究报告和专著，其中最著名的当属《增长的极限》（中译本，机械工业出版社，2008）。在这本书里，他们提出并系统论证了增长不可能永远持续，增长有极限的观点。基本依据是：经济增长赖以消耗的不可再生资源不是无限而是有限的，当资源耗尽时，也是增长停止时。同时，持续的增长和资源消耗及排放也会使环境无法承受，使人类生存面临威胁。因此，人类不应该把无止境的经济增长作为发展目标,而应该适可而止,在一定的发展水平上停下来,把经济零增长作为控制目标。

从关注人类未来命运的角度,罗马俱乐部倡导的零增长未必不是应该追求的最佳发展状态。然而,人类是由不同个体以及由这些个体所组成的不同群体、民族、区域、国家构成的整体,就每一个个体和他们所组成的各种不同的群体、民族、区域、国家来说,利益驱动的发展总是永恒的前进动力,没有人会愿意止步发展,从这个意义上说,零增长目标又是无法通过各个主体的主动作为来实现的,除非资源环境约束真的达到了极限,客观上阻断了发展的进程。但是,罗马俱乐部的研究和呼声确实触及了关乎人类命运的重大议题,引起了人们的高度关注,也促进了在解决资源环境问题上的国际合作,举办了很多类似巴黎气候大会等相关议题的国际会议,形成了像京都议定书那样对于相关国家行为具有约束性的规则体系,有了碳排放指标控制和碳交易活动等一系列约束资源环境恶化的措施。同时,在学术上转换成了如何在严格的资源环境约束基础上实现可持续发展问题,并吸引了越来越多的学者涉足这一研究领域。

虽然可持续发展问题由资源环境问题引出,而且很长时期以来绝大多数研究该问题的学者也主要关注的是资源环境问题,但实际上可持续发展绝不单纯是资源环境问题,而是一个包括经济、社会乃至文化、政治及社会治理等诸多领域的高度综合性问题。比如,早期主流的古典和新古典经济学家都认为,政府较少干预且高度竞争的自由市场经济是推动可持续发展的最好制度。马克思则认为其生产扩张和消费抑制的内在矛盾所造成的周期性经济危机最终会导致整个制度破产。20 世纪 30 年代波及全球的大危机,甚至使马克思的预言几乎应验,普遍认为是凯恩斯及时开出了政府干预和刺激消费的良方,将资本主义制度重新拉回正轨,但自此以后,自由市场加政府干预的混合机制成了保证经济持续发展的制度正宗。反而是选择了计划经济实施行政配置资源机制的苏联最终没有能够避免解体的命运。中国及时的改革开放和选择社会主义市场经济体制机制创造了发展的奇迹。可见，经济制度和调节机制的选择对于发展能否持续是具有决定性的。同样重要的还有政治乃至文化，放眼全球，现代化起步虽然有早有晚，但以工业化和城镇化为核心的现代化几乎是所有经济体的共同选择。然而，几百年过去了，我们发现，真正完成现代化的国家至今仍是少数，绝大多数国家仍在现代化的路上，而且有相当一批国家往往止步于中等收入阶段，人们用“中等收入陷阱”来概括这种现象。最典型的是拉美国家，人们又把陷入中等收入陷阱的现象说成是拉美化。导致中等收入陷阱的原因可能很多，但越来越多的学者公认，归根结底是由于制度原因，特别是政治和文化制度导致了发展停滞。总之，可持续发展问题的源头是资源环境约束，实际上受到政治、经济、文化等诸多制度方面因素的影响，而且对于落入中等收入陷阱而长期发展停滞的国家来说，后者的影响可能远大于前者。这也是研究可持续发展的学者越来越关注经济、社会、政治乃至文化等制度方面因素的原因。

中国目前人均 GDP 接近 1 万美元，处在中等收入偏上水平，正在向高收入阶段攀升，目前不仅遇到了严重的资源环境瓶颈约束，而且还要化解几千年来积存下来的自给自足、自然经济、农耕文明传统中那些不适应，甚至阻碍现代化发展的广义制度和文化因素。恶化了的国际环境，也增加了化解国内各种约束因素的难度。曾几何时，中国是否会陷入中等收入陷阱，也曾经是国际国内学者热议的话题。我们真诚地相信中国不会落入中等收入陷阱，中国会通过持续增长跨越中等收入，进入高收入阶段，但上述资源环境和政治、经济、社会、文化等的约束因素也都是需要啃掉的硬骨头。所以，针对中国情况进行可持续发展研究意义重大。

河南省作为中国最大的省域经济体之一，又是典型的农业大省，资源型经济结构特点也很突出，按人均 GDP 计算，在全国所有省域经济体中处在中等偏下的位置。不管是持续发展的紧迫性，还是资源环境及各类制度问题对可持续发展的约束都比全国平均值要大。可持续发展问题的研究和解决显得更为重要、更为紧迫。

美国哥伦比亚大学地球研究院可持续发展中心郭栋教授所率领的研究团队,在可持续发展研究方面始终走在国际学术界的前沿。近年来,他们与中国国际经济交流中心合作,针对中国的实际情况,开展可持续发展指标体系构建研究,取得了丰硕成果。中原发展研究院作为长期致力于地方经济社会发展的智库机构,能有机会与哥伦比亚大学郭栋教授研究团队这样具有国际影响力的学术机构和学术团队合作,就河南面临的可持续发展问题展开合作研究,确实是一种幸运。该项研究是在郭栋教授原有研究的基础上,针对河南的实际,尝试采用新的路径构建更为适用的评价体系,并据此展开对河南省18个地级市可持续发展水平进行评价,也算是完善可持续发展指标体系和评价方法的一种新尝试,希望能为该领域的研究添砖加瓦。直接的目的是希望帮助河南省各地级市找到促进或约束自己可持续发展的长处和短处,有针对性地提出改进措施,扬长补短,实现发展的高质量与可持续。

该项研究的另一特点是在资源环境之外,突出了经济、社会、治理三个维度的重要性,从而揭示了更多、更广泛的问题,为下一步更具针对性的专项研究指明了方向,奠定了基础。

耿明斋

于郑州商务中心寓所

2019年12月6日

目　录

第1章　城市可持续发展的意义

一、可持续发展的概念和意义

布兰伦特（Brundtland，1987）最早提出著名的可持续发展理论：在满足当代人需求的同时不损害后代人满足自我需求的能力。相似的，Mori 与 Christodoulou（2012）总结可持续发展的三重基线：生态、经济和社会维度，并把代际平等作为可持续发展的基本要求。从政府管理的角度，美国总统可持续发展委员会（PCSD）在其1997年的报告中将可持续发展定义为："因为福利，经济机会和环境质量之间建立了相互支撑、动态平衡的关系而繁荣起来的社会。"① 在人与自然和谐发展的基础上实现代际平等是可持续发展的基本含义，可持续发展三个重要的方面是：①发展必须首先满足"人类的基本需要"；②发展必须同自然相协调；③可持续发展是以人为中心的强调代际间平等（Moldan et al.，2012）。因此，可持续发展并不是强调限制当代人的福利，而是在满足人类生存发展需要的同时兼顾代际平等。可持续发展意味着取得可以满足人类需要和提高生活质量的长期发展，与此同时，自然资源的利用频度保持在生态系统中可以持续再生的范围内。

可持续发展被认为是通过干中学的适应性方式实现的，更多的是体现公众观念的改变。因此，可持续发展在更大程度上是一种选择而不是具体的概念（Turcu，2013），即在发展的道路上选择绿色创新型，还是资源环境依赖型，体现为公共政策的选择方向和经济结构调整的效果。

---

① President's Council on Sustainable Development（PCSD）. The president's council on sustainable development task force report［R］. Proceedings of the 31st Intersociety Energy Conversion Engineering Conference. 1997.

具体来说，Shen（2011）认为，可持续发展包含的内容有：恰当利用资源保证代际平等、保护自然资源、最小化使用不可再生资源、经济活力和多样性、社会自足性、个体福利和基本生活需求的满足等。从社会发展的角度，Verma（2018）认为可持续发展的维度包括但不局限于：生活在贫民窟中人口的比例、土地消耗率和人口增长率之比，对自然和文化遗产保护的支出、固体废弃物收集、政府预防流行疾病的措施投入等。可持续发展目标的制定是一个长期的政策协商过程，包含相同的基本要义，因为在不同地区和时间节点上经济、社会、环境的发展需求存在差异化特征，可持续发展没有统一的标准，与之相对应的可持续发展指标评价体系也呈现多元化特征（Turcu，2013）。

城市作为特殊的经济实体，可持续发展的内涵和外延也存在不同之处，世界各国尤其是发展中国家城市化的快速推进，要求对城市发展变化规律、资源与环境可持续利用进行科学探讨。依据 Campbell（1996）与 Camagni（2002）的观点，越来越多的人认识到：只有在地方层面，如城市或城市区域，问题才能充分暴露，因此，城市可持续发展成为当前研究的热点。城市聚集了大量人口，生态和生活资源不仅来自城市内部，更多来源于其他区域的供给，因此城市发展具有显著的外部性。城市和其他地区通过商品贸易的形式消耗环境产品，城市可持续发展从广义的角度应该包括周边或关联地区。就城市本身而言，由于城市地域范围和生态承载能力有限，城市经济会出现环境、社会和经济方面正负效应的相互替代转换（Mori & Christodoulou，2012）。城市人为资本不断积累增长而自然资本则相应减少（Bithas & Christofakis，2006）。因此，有必要讨论城市环境、经济和社会方面正负向的关联，从三重基线的角度考虑城市可持续发展。可持续发展城市是在地方生态承载范围内开发经济，从而使当地人群在整体上受益（Devuyst，2001）。城市发展需要遵循集约、创新、开放的原则，增长路径的选择决定是否能够实现可持续发展的目标。Koichiro（2015）提出，环境、经济和社会各维度之间不应该存在相互抵消的现象，城市应当依赖聚集效应提高经济和社会利益，而不是以环境或分配公平为代价。

在维护城市可持续发展中需要注意的是：经济活动、人口增长、基础设施和服务，城市污染和废弃物排放应当在限制范围内，以保持城市系统的协调性，降低对城市自然环境的负面影响（Hiremath et al.，2013）。城市经济的正外部性和环境的负外部性决定了在平衡决策需要实现城市和外围之间的互动，利用经济正外部性化解环境负外部性，在环境可持续发展和分配平等的基础上实现经济和社会净效益最大化。Newman与Jennings（2012）提出，可持续城市生态系统是伦理性的、有效率的、零废弃物产生、自我规范、有弹性的、自我更新、灵活、心理满足和合作。Verma（2018）认为城市可持续发展包括：①通过社会互动和生活服务的提供来提高生活质量；②通过绿色建筑技术最小化能源消费；③可持续交通；④环境保护和再生；⑤可再生能源和废弃物管理；⑥包括清洁技术、绿色税收、绿色基础设施等的绿色经济；⑦通过可负担的房价、有效率的交通和社会参与公共决策提升公共福利，形成公平正义的环境；⑧保护公共空间、文化和自然遗产、地上地下水资源。Zhou（2015）认为现存的关于城市可持续发展指数的研究包括三个维度：历史经验、当前问题和未来目标，如由OECD经合组织开发的“压力—状态—响应”（PSR）指标反映了各环节的相关因果关系。

二、城市可持续发展指标的选取和分类

20世纪90年代，可持续发展因为太过抽象和模糊没有实践意义而受到批评，于是国际上出现了一些衡量可持续发展水平的方法，其中最多的是设置各类可持续发展指标，可持续发展指标系统为所有层面的决策制定提供了坚实基础，有助于形成自我规制的综合型可持续环境和发展体系。Pupphachai（2017）认为，可持续发展水平的量化可以提供不同区域和时间范围的对照结果，为可持续发展政策的制定提供现实依据，借助结果发现问题，设定可持续发展目标，确定合适的管理策略。由于具备统一的结构和清晰的含义，指标数据在国家和地区间存在一定

程度的通用性，可持续发展指标系统可以用来推动形成不同行为主体之间的对话协商，通过信息在社会不同团体之间交流、分享，形成共同的学习过程，换句话说，指标体系可以当作形成协商的共同语言或准则的工具使用，可以提升协商交流主体之间的现实基础（Armitage et al.，2008；Reed et al.，2010；Rosenström & Lyytimäki，2006）。因此，可持续发展指标体系不仅可以为政府提供治理依据，而且还可以用于社会协商。经济社会环境存在动态变化的特征，有必要向政府及时清晰地提供信息，使政策制定者识别环境变化，可持续发展指标在这个信息提示过程中起到了关键作用。指标有助于制定可持续发展目标，向政策制定者和公众提示当前的状况和存在的优劣势，并强调重点领域（Pupphachai & Zuidema，2017）。可持续发展指标必须体现可持续和不可持续之间的差别，结果的政策含义也必须是清楚的（Lee & Huang，2007）。

可持续发展指标作为城市可持续发展的象征和风向标，被广泛应用于管理层和学术界的研究之中，可持续发展目标因研究区域和时间段的不同而存在差异，但是由于人类的生存需要和自然界生态循环存在一致性，可持续发展指标选取也总体保持一致。可持续发展指标的初始选择可分为自上而下和自下而上两种，自上而下的方法意味着专家和学者确定可持续发展指标框架，而自下而上的方法要求不同的利益相关者参与指标选择过程（Singh et al.，2009）。自上而下的方法适合于大范围的标准化研究，由专家团队提出指标选项，往往从宏观角度具有统一与代表性。但是由于缺乏统一口径的数据支撑，因此，尽管自上而下的方法更加科学严谨，地方人员却难以使用（Reed et al.，2006）。自下而上的方法更适合于地方和区域水平的研究，由多个利益相关者给出意见态度，具体问题可以通过这种形式解决（Mascarenhas et al.，2009）。为了发现存在的特殊问题，在管理过程中交流和分享知识是很重要的，需要形成跨部门的协商和包括政府、非政府组织的广泛决策，通过多种社会组织和利益相关者参与决策的制定，提示政府和社会公众实现可持续发展目标（Jordan et al.，2000；Lemos & Agrawal 2006）。

因此，自下而上的指标选择过程更适用于城市，但是专家参与可以调整指标方向，避免公众选择的短期和片面性，并且专家参与能够将指标信息及时反馈给决策者，增强指标评价的实践意义。Bauler（2012）也认为，为了使指标体系变得更加有影响力，应当被一群合法、有公信力和活跃的政策实施者感知到。总之，自下而上的方法更适合于地方或区域水平研究，而自上而下的方法更合适于全球性的研究。当前可持续发展指标构建的新趋势是：综合自上而下和自下而上的方法，指标体系可由专家定义、构造和评估，而具体指标的选择依赖于社会和政策偏好（Pissourios，2013）。

世界银行将可持续发展指标分为三类：一是包括大量的和环境相关的指标；二是用于评估环境政策的少数主要指标；三是反映多个问题的系统性指标集。世界银行在2007年开展了全球城市指标评价项目，使多个城市在统一的平台上进行对照研究，分享城市发展经验（Zoeteman et al.，2016）。世界资源研究所确定了四类指标体系：第一类是源头指标，基于资源和生态系统的损耗，如森林、海生生物和淡水；第二类是累积指标，如排放物和垃圾测量环境的承载力；第三类是评估地球生态系统和生物多样性的生命支撑指标；第四类是评估环境降级对人类健康和福利影响的人类生存指标（Dizdaroglu，2015）。世界卫生组织欧洲健康城市研究中心，从1998年开始收集发布欧洲100个城市12项健康指标，欧洲绿色城市指标体系针对30个城市评估了30个环境指标，2014年城市气候变化公约制定了参与城市温室气体减排目标（Zoeteman et al.，2016）。欧盟可持续发展指标包括10个内容：经济发展、贫困和社会包容、老龄化、公共健康、气候变化和能源、生产和消费模式、资源管理、交通、政府治理和全球参与（Ledoux et al.，2005；Zhang et al.，2011）。伦敦生活质量指标制定采用了目标导向的方法：包括14项整体性指标，目标导向要求在制定指标时考虑到社会、经济、环境各维度的最终目标。另外，Shen（2011）参考不同国家和社会建立起来的复合可持续发展指标体系，将6种不同的指标体系合成单一的“国际城市可持续发展指标列表”，从而形成可对照的基础，指标列表包括了决定城市可持续发展的各项指标，采用比较研究的方法列举了以往城市指标体系研究中包含三个内容，即维度、指标的相似度，以及经济、社会、环境、治理各维度指标数量的占比。结果证明对于不同类型的城市指标设置存在一定程度的差异，尤其是经济、治理方面，总体来说环境和社会指标数量在总体中比重最高且相似度也较高。总之，统一性的可持续发展指标体系可能不适应于所有国家，因此，针对具体国家又提议设置补充性的指标体系，即在支撑性的指标体系之下，会产生其他附带补充性的指标。

三、城市可持续发展指标的构建和度量方法

可持续发展综合指标的构造一般分为：环境、经济、社会、治理维度，也有将环境细分为资源利用和环境保护两大类的，为突出城市或区域文化的重要性，还存在从社会维度中分离出文化的可持续发展指标体系构建方法。可持续发展水平测量需要考虑的标准包括：有效、可靠、可对照、简练和数据可获取性（Singh et al，2009）。从形成路径分析，可持续发展指数选取方法包括：压力—状态—响应模式（PSR），驱动力—压力—状态—影响—响应模式（DPSIR）和驱动力—状态—响应模式（DSR，Oudenhoven et al.，2012；OECD，2007；Wascher，2000）。这些方法都有利于政策制定选取合适的指标，尤其是生态系统指标（Frederiksen & Kristensen，2008）。除了根据研究领域构造指标，另外还有以下几种方法：

（1）按照指标性质构造指标的方法，如 Mori 与 Yamashita（2015）运用两类指标：限制性和最大化指标来构造城市可持续发展指标体系。限制性指标基于环境可持续发展和社会分配公平判断城市的可持续发展度，而最大化指标主要指城市的经济和社会利益。需要将这两个维度分开独立评价，对于限制指标来说，有必要设置标准或门槛。

（2）按照部门责任确定指标，Zhou（2015）认为，城市可持续发

展战略目标来源于地方政府制定的各类可持续发展规划，采取工作任务分解的方法（WBS）解释战略目标的层次结构，有效地将工程项目任务分解成子系统。在这种方法下，可持续发展指数的选择包括4个步骤：一是识别战略目标；二是明确响应行动；三是确定责任部门；四是选择指标评估每个责任部门的绩效。

（3）按照时间划分，现存的关于城市可持续发展指数的研究包括三个维度：历史经验、当前问题和未来目标（Zhou，2015）。

对于具体指标选取的方法，Jurian等（2018）用专家打分法进行三轮德尔菲实验，征求专家意见后以下7个领域被认为是最为相关的：空气质量、政府治理、能源消耗、非机动车交通系统、绿色空间、收入不平等和二氧化碳排放，其中5个是关于环境领域的，说明城市可持续发展仍旧被认为主要是环境问题。Tran（2016）用指标聚类、线性回归和专家调整相结合的办法，从原始指标集中选择出各类代表性指标，属于兼顾主客观的可持续发展指标选择方法。Luzzati（2015）用聚类分析的办法把欧洲国家按可持续发展水平分为6类，分别说明高中低国家组各维度的发展程度；然后比较分析了各类评价方法对欧洲国家可持续发展评级的差异性，以及各国可持续发展程度同GDP水平之间差别。在指标集数量众多的前提条件下有必要采取适当的方式进行精简。例如，Zhang等（2010）运用主成分分析法确定最重要的指标集，他们发现三个主要的因子是：因子1——GDP；单位面积土地产出，环境污染治理投资，总土地面积和单位面积销售额；因子2——建成区土地面积比重，人均道路面积；因子3——固体废弃物回收率，人口密度。Panda等（2016）用专家打分的方法赋权，用因子分析中的因子载荷进行验证确认。Luan等（2017）用敏感性分析的方法从指标集提取出18个指标，运用扩展傅立叶振幅灵敏度检验法（EFAST）分析可持续发展指标的重要度，研究表明在指标数量众多的前提下，有必要简化可持续发展评估过程。

关于可持续发展水平的测量，Sherbinin等（2014）从人类健康维度使用人口权重的方法创建了暴露指数，例如，给人口密集的地区赋予更高的颗粒物污染权重，这种方法结合了卫星遥感技术测量城市的可持续发展度。Cook 等（2017）使用了目标距离法测量可持续发展度，类似交通灯的指示办法，量化现状同既定的可持续发展目标之间的距离。Cao（2002）等用分层法确定指标体系，第一层目标层、第二层标准层、第三层指标层。Zhou 与 Shang（2014）用生态足迹（土地和水的使用，垃圾物产生归属）的办法测量了绥化市的可持续发展水平。Conke 和 Ferreira（2015）将城市指标分为资源投入、产品产出和废弃物产出三个维度，研究了巴西库里蒂巴 2000—2010 年的城市代谢水平。Juceviciene（2010）说明了通过学习型城市建设促进可持续发展的方案，并以立陶宛考纳斯（Kaunas）为例，用 SWOT 方法检验了城市可持续发展水平。Chen 等（2014）以武汉市为例，用向量角（vector angle）的方法测量两型社会——“资源节约”和“环境友好”两个维度之间的协调性，用欧氏距离方法测量城市实际运行效率。

当前国内可持续发展的指标设定大多采用专家制定的方法，研究的侧重点在于使用各种统计方法对指标进行评价。也有学者通过调查问卷的形式向社会征求意见，如甘琳等（2009）采用了有选择性地向政府、科研机构、咨询企业发放问卷的形式，征求项目评价的指标测算，这类似于公众参与的方法，但是受访对象仍局限于部分研究管理层。张自然等（2014）将城市可持续发展分为经济增长、环境质量、政府效率及人民生活等几个方面，将自上而下专家制定的指标运用主成分分析方法，对我国 1990—2011 年 264 个地级市进行评价。郭存芝等（2016）采用主观权重和客观权重相结合的办法生成 DEA 输入和输出综合发展指标，对我国 20 个资源型城市进行可持续发展评价。邸玉娜（2016）在结构上采用自上而下决策树的办法确定了包容性发展指标体系，在环境、社会、经济指标的基础上，重点加入了同教育、分配、基础设施等相关的机会平等指标并进行了区域量化分析。

可持续发展指标的构建本身就是可持续发展过程的一部分，它使政府在可持续发展过程中确定应该优先考虑的问题。祁毓、张靖妤（2015）总结了 6 种可持续发展指标：福利指数、生命地球指数、生态足迹、环境脆弱指数、环境可持续发展指数和环境绩效指数，并说明这些指数对世界各国发展的指导意义。可持续发展指标在特定条件下也具有区域化特征，马艳梅等（2015）对长三角地区城市化可持续发展水平；何砚、赵弘（2018）对京津冀城市可持续发展效率；孙亚静等（2018）对长春城市综合承载力等都分别进行了评价分析。另外存在对通用的可持续发展指标体系的应用研究：如李经纬等用联合国人类发展指数 HSDI 对中国东中西部的可持续发展水平进行评价，发现东部地区高于中西部，中国整体上在国际间处于中等偏上水平（李经纬等，2015）。马双、王振（2018）将城市绿色发展指数分为绿色生态、绿色生产、绿色生活等，并对长江经济带城市进行了评价。总之，中国目前可持续发展指标研究偏重于结果测量，指标选取多综合专家学者的意见或由研究者自行确定，突出的不同在于确定指标的权重，其中应用较多的为层次分析（AHP）、熵权法、模糊隶属度、因子分析法，而可持续发展水平研究多从横向区域或城市之间和纵向时间维度进行比较分析。

开发应用可持续发展指标体系的观点差异性在于对可持续发展性质的不同解释，笔者建议指标体系数量不要太多，应当是数据可收集、易于理解和通用型的。Bell 与 Morse（2001）认为最初可持续发展指数多由专家制定并且关注于指标的测量技术，这种偏向性的方法导致同地方政策之间的联系脱节。Pires（2011）也提出缺乏坚实的基础，可持续发展指数就显得过于技术化，与地方政府的实际应用脱离，有必要加强可持续发展指数和城市政府之间的联系，并且，为突破路径依赖，可持续发展指数不应当只反映现存的政策意图，还要检验假定的政策方向是否可以实现。

四、可持续发展的评估内容、原则和障碍

Mori（2012）指出在可持续发展评估中应当注意的几点内容是：

①综合经济、环境、社会和制度问题，并考虑到它们之间的相对独立性；②考虑到当前行为对未来影响；③认识到当前行为产生的不确定性并且采取预防性的措施；④公众参与；⑤考虑到代际和代内公平。指标必须是清晰、简明、科学合理、多样化和可复制的，指标的选择不是收集所有指标信息，而是选择性分析那些实质上更为重要的、更能准确反映当前实践的指标信息。城市可持续发展评估包括两个核心内容：一是判断城市在环境、经济和社会各个维度是否是可持续的；二是评估城市对外围区域的直接和间接外部影响及依赖性。如澳大利亚墨尔本市城市规划界定了长期范围内城市可持续发展的战略目标，要求：①有保障的城市；②有活力的商业城市；③参与性的城市；④承担环境责任的城市。Zhou（2015）认为城市可持续发展水平的评估不只是指标绩效的列举，还应当关系到究竟是哪些部门在可持续发展城市建设过程中需要担负具体责任，指标可以为政府监督相关政策实施责任部门提供有价值信息。管理责任的指标选择方法体现了各部门之间的相互责任关系，从而确保指标选取具有指导城市向可持续方向发展的作用。

在评估环境影响方面，必须考虑到城市对其他区域的外部影响和依赖性。城市是经济活动集中的区域并且依赖于其他区域的资源和食物供给，对外排放垃圾和废气，城市是一个开放的系统，对其他区域和地球形成整体性影响（Munda，2006）。城市本身是不可持续的，依赖于外部资源，其中大部分是不可再生的，向外排出自然界不能吸收的废弃物（Camagni et al.，1998）。Koichiro（2015）认为城市没有外部支持就不能有效运转，因此，评估城市可持续性必须关注其对城市以外的地区的泄露和依赖效应，并且，城市通过商品贸易和消费产生的非直接溢出效应也必须被考虑在内，人类行为产生的跨疆界的社会和环境影响使得在评估当地的可持续发展时，必须同其他区域通过贸易的形式连接在一起（Graymore，et al，2010），尽管这类评估在实践层面上存在困难。城市单独来说是不可持续的，但是现存的可持续发展指标的制定往往忽视这些直接和间接的溢出效应。通过贸易的形式、人类行为的跨疆界社会和环境影响造成的可持续发展问题同其他地区动态连接在一起，可以用生态赤字、生态足迹和生态承载力等不同的方法衡量城市发展的外部效应。虚拟水的方法也是评估间接外部效应的有效途径，将商品出口等价于虚拟水出口。在可持续发展评估中，城市环境可持续和分配平等是一个绝对的带有一定门槛值的概念，社会福利和经济发展是相对的因素，并且环境可持续发展程度城市之间不可比较，而经济社会水平是可以度量和对比的。必须从各个方面衡量城市可持续发展，如城市在环境的某个单项指标上不达标，即使该城市在其他指标上是合格的，也应该被视为不可持续城市。

可持续发展指标选取和评估障碍在于：指标含义的不集中和不明确、可持续发展测量时间范围不确定、评估的标准难以统一等问题。以往可持续发展指标的选取存在的主要问题是：过分注重经济可持续发展、社会可持续发展研究不足、公众参与度不够、可持续发展指标数量过多等（Moldan et al. 2012）。而评估过程中最为重要的缺陷是：缺乏可实施性，目标、协议和政策内容之间的冲突，数据不可获得和目标无法量化等（Hák et al.，2016）。可持续发展时间的设定不存在统一标准，大部分研究者提出的时间范围都显得不够长。Handoh 与 Hidaka（2010）提出，有必要对每个指标都设定时间范围，长期可持续发展水平的数据对照和预测也是困难之一。从主观角度讲，Verma（2018）认为，社会可持续发展水平衡量的阻碍在于缺乏目标，评价限制在一定范围内，存在可能的利益冲突和被人为操控的风险。Moldan 等（2012）提出社会可持续发展是最为重要的一个方面，当前还没有完全弄明白包括什么内容。评估标准不统一除了反映在指标类型外，还反映在指标量化尺度上，由于可持续发展本身是概念模糊的，并不存在统一的衡量标准，评估标准的适应性问题也是需要考虑的重要维度之一。需要结合当地情况制定目标，其中利益相关者的参与是必要的，如贫困减少是统一的标准，但是生活在贫困线以下人口比重是由当地的实际情况决定的。

另外，Hák（2016）认为，在指标选取和评估中存在过于理论化或严格方法导向两个问题，过于理论化达不到实践层面，过于强调方法就太集中于数据处理过程。

五、可持续发展的政策意义

指标有助于制定可持续发展目标，向政策制定者和公众提示当前的状况和存在优劣势，并强调重点领域（Pupphachai & Zuidema，2017）。可持续发展指标结果既要反映现有的政策及相关方案的绩效，也要反映可持续发展趋势，这就使可持续发展指标体系成为城市政府政策学习和适应性能力建设的提示工具。指标体系应该能够显示可持续发展目标的实现进程，Hamilton 与 Atkinson（1996）提出，指标评价结果以适当的政策关联的方式提示政策制定者和公众城市或区域当下的环境状况。可持续发展指标体系能够用于支撑城市管理过程的前提条件是：指标体系必须是可获得的、可理解的，政府和非政府组织都可以考虑到的。指标评估的目的是提供给城市管理者有价值的信息，因此，Zhou（2015）认为，可持续发展水平的评估不只是指标绩效的列举，还应该关系到究竟是哪些部门在可持续发展城市建设过程中需要担负具体责任，指标可以为政府监督实施可持续发展策略的相关责任部门提供政策实施方向，体现了各部门之间的相互责任关系和可持续发展城市的建设绩效。

Pupphachai（2017）认为，适应性管理使政策方案取得既定政策目标不只是一个线性的过程，这一理念使得制度框架或支持政策不断地随着新出现的知识或环境而调整。取得及时、相关和清晰的信息是对政策制定者学习适应过程的突出要求，在构建可持续发展指标体系时需要集中体现这一点。因此，在可持续发展指标研究的过程中需要加深对背景的认识，识别影响政策效果的冲击或外在环境，基于适应性管理的可持续发展指标结果，既能反映现有的政策及相关方案的绩效，也能反映可持续发展趋势。可持续发展指标同短期操作型政策和长期发展战略相联系，有助于政策制定和规划者了解政策是否推动了城市可持续发展。可持续发展评估是为政策制定提供支撑，Hák（2016）认为，依据指标结果在制定政策的过程中，政策工具的选择必须有信服力，包括合法的执行许可，有支撑政策或决策的科学基础，存在同利益群体和公众之间的协商，并且在政策制定实施的早期中就要引入科学评估要素，这样可以提高政策有效性。

指标体系同各个层面的政府规划相联系，从高层战略规划到实际执行规划，政策制定者既关心支出预算，也关心具体的行动规划实施过程，可持续发展指标包含多个层面的含义，尽管不能都直接转化为政策目标，但却是可以证实现状并且转变参与者的观念。可持续发展指标不仅仅是检验既定目标是否实现，而且还检验反向评估政策工具是否对目标实现做出了贡献，政策方案是否仍旧有效（Pupphachai，2017）。指标体系能够显示实现可持续发展目标的进程，以适当的政策关联的方式提示政策制定者和公众城市或区域当下的环境状况。总之，这样指标体系可以提供同政策直接相关的信息，使指标成为更有效政策制定的基础，并检验已有的政策绩效。

第2章　河南省城市可持续发展的现状及背景

河南省位于我国中部平原地区，北邻河北，东接山东、安徽，南毗湖北，是京广、陇海线的交叉口，也是新郑航空港、郑新欧班列的起始点，现已成为中部地区连接丝绸之路、西北内陆南向出海的重要交通枢纽。河南总人口超过1亿，属农业大省，2019年城市化率为52%，低于全国平均水平9个百分点。城市发展空间集聚的特征相对明显，以郑州市为中心形成包括开封市、新乡市、洛阳市、许昌市的都市圈，是省内经济最为活跃和发达的区域，产出超过全省GDP的60%，聚集了大量产业和劳动力。河南省各地级市经济表现出显著的不均衡性，郑州市都市圈之外尤其是南部地区农业比重偏高，黄淮四市（周口市、驻马店市、信阳市、商丘市）、南阳市、平顶山市等地属于传统农区，城市化水平和居民收入相对偏低。河南省产业从1949年以来，以国有重工业和资源型产业为主导，形成了以机械制造、建材、采矿、食品加工等为支撑的产业体系，产业结构单一、多处于附加值低的产业链前端，且由于制造业比重高，对资源环境形成了一定的负面影响；20世纪90年代在国企改革的大背景下，河南省完成了企业兼并重组和股份制转换的过程，形成一些省内外知名的大企业，如新飞、双汇、郑煤机、宇通等，逐渐成为河南省经济发展的中坚力量。但是也存在大批老国有企业在新的市场环境下技术升级速度慢、产品竞争力弱的现象，因此，去产能淘汰落后企业、僵尸企业是新的历史时期河南省众多城市管理者面临的艰巨任务。2000年后在中部崛起和内陆开放的战略部署下，河南省加快了对外招商引资的步伐，凭借劳动力、土地、交通资源优势，富士康、澳柯玛、达利园等东部地区知名制造业厂商纷纷在河南落户，推进了省内产业聚集和产业链完善的建设，进城劳动力的增加也加快了省内城市化的进程。产业引进多以产业园区的形式推进，如在各城市郊区形成大大小小200多个产业园区，产业聚集带来劳动力的回流，与此同时也需要合理规划产业、集约利用土地，实现产城融合和城乡互动。目前河南省城市化率以每年1个百分点的速度推进，为吸引外来劳动力，人口500万以下的中小城市消除了落户的限制，农民工在城市工作的居住、医疗、养老、子女教育的保障制度也逐步完善；但是由于城市财政收入、公共设施和服务的承载力有限，居民对可持续发展的认识仍相对不足，还存在着交通拥堵、资源浪费、工资房价比例失衡、环境污染等现象。在发展的内生动力方面，河南省是人口大省、教育弱省，科教资源的缺乏也成为新时代制约各城市发展的突出因素，技术创新和引进相对滞后造成省内相当部分城市发展潜能不足，近些年通过郑州市大学城的兴建和国内外知名研究院所分支机构的引进，科技创新水平得到显著的提升；人工智能、生物医药、信息技术等高新技术产业逐渐成长起来，同东部发达地区的创新差距也在向缩小的趋势发展。

一、经济发展

从历史发展的轨迹看，河南省人均产出和全国具有相似的增长趋势，但略低于全国平均水平，并且二者相比较存在几个关键的转折点。在1992年沿海开放政策实施以前，河南省产出水平和全国相比没有显著差别，但在东部地区对外经济开放以后，地处中部的河南第一波的发展滞后，增长速度显著落后于全国平均水平。直到2000年中部崛起战略的实施，河南省经济在国家税收、金融、贸易政策的推动下，才出现了将近十年的赶超，经济快速增长，人均GDP同全国的差距开始呈现缩小的趋势。但是到2008年之后受到国际金融危机和省内产能过剩的影响，第二次滞后于全国增长，说明在产业结构相对单一、经济存量有限的背景下，河南经济系统承受风险的能力弱于发达省份；一旦产品市场出现问题，难以在短时期内通过调整结构和产品改造升级应对市场变化，因此，提高省内产业的技术创新水平、合理调整产业布局、增强对市场变化的适应能力是未来河南省经济可持续发展的关键任务（见图2－1）。

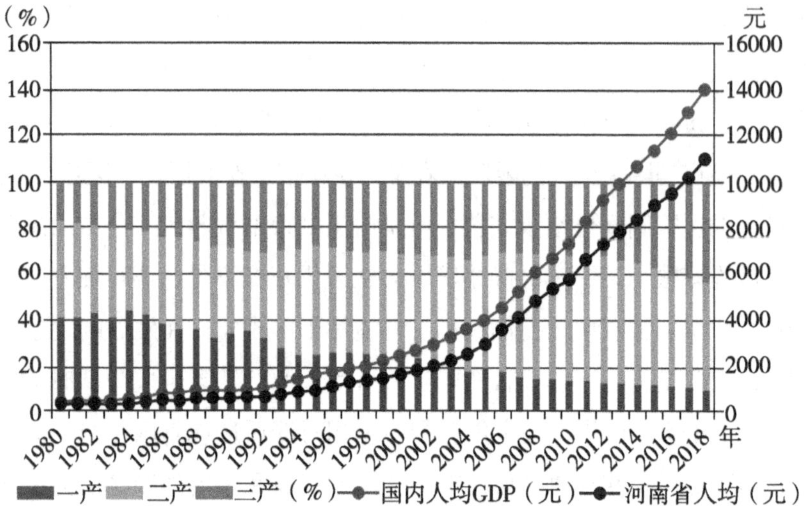

图 2－1　1980—2018 年河南省产出结构和水平

资料来源：中国城市统计年鉴（1981—2019 年）。

2018 年河南省各地级市 GDP 在全国 296 个有数据显示的城市中排位在第 19～246 名之间，其中郑州市的 GDP 规模最大，2018 年 296 个城市中排名第 19 位，2000 年 254 个城市中排第 29 位。为使两个时间节点具有可比性，本章用城市总数减去某城市的排名数后，除以城市数量总额得到各个城市的排位指数，即产出在所有城市中所处的相对位置，并在表中最后一列显示了排位指数的变动情况。如 2000—2018 年郑州市排位指数上升了 0.05。郑州市的 GDP 总量是排名第二位洛阳市的 3.25 倍，在一定程度上存在一城独大的现象，省内还有 8 个城市处在全国 150 名以后，主要是北部资源城市和南部的农区城市，其中农区城市周口市和驻马店市分别排名第 246 位和第 210 位，城市产业和人口规模还有进一步提升的空间。排名指数上升幅度大的城市有许昌市、漯河市、三门峡市和开封市，分别上升 0.33、0.32、0.22、0.15，这些城市近些年依靠产业引进和区域旅游业发展经济总量得到较快提升。排名指数下降明显的是濮阳市、平顶山市和安阳市，分别下降 0.25、0.13、0.12，濮阳市除了地处内陆较为封闭外，与鹤壁市临近存在资源虹吸效应也是原因之一，安阳市和平顶山市都是老工业城市，正处于资源型产业转型发展时期（见表2-1）。

表2-1　河南省城市GDP总量排名

城市	2000年		2018年		GDP总量指数		指数变动
	市区GDP 万元	排位 254城	市区GDP 万元	排位 296城	2000年	2018年	
郑州市	3434710	29	53849953	19	0.89	0.94	0.05
开封市	611288	158	6887402	138	0.38	0.53	0.15
洛阳市	1990557	51	16555755	62	0.80	0.79	-0.01
平顶山市	978396	103	5649429	159	0.59	0.46	-0.13
安阳市	999084	99	6166974	150	0.61	0.49	-0.12
鹤壁市	419140	197	3880451	201	0.22	0.32	0.10
新乡市	789596	129	8005138	118	0.49	0.60	0.11
焦作市	651866	153	5162899	168	0.40	0.43	0.03
濮阳市	1026304	97	4387409	187	0.62	0.37	-0.25
许昌市	444890	190	7495540	125	0.25	0.58	0.33
漯河市	412128	199	7027980	135	0.22	0.54	0.32
三门峡市	321604	219	4316182	190	0.14	0.36	0.22
南阳市	1282190	79	7557584	123	0.69	0.58	-0.11
商丘市	722370	137	4793000	175	0.46	0.41	-0.05
信阳市	716728	138	5867475	155	0.46	0.48	0.02
周口市	295148	228	2360046	246	0.10	0.17	0.07
驻马店市	375675	210	3668609	210	0.17	0.29	0.12

资料来源：《中国城市统计年鉴》（2001年、2019年）。

注：由于在《中国城市统计年鉴》中，缺少济源市数据，故在本章图表中缺失济源市数据（下同）。

在统计GDP总量之外，本章也统计了城市人均GDP水平及变化，2000年河南省各城市人均GDP在全国254个有数据显示的城市中排名范围是第80~231位；2018年在296个城市中的排名范围是第65~272位。

2018年省内位于第一名的是郑州市，最后一名是商丘市。郑州市的人均GDP是第二名洛阳市的1.25倍、商丘市的3.6倍，整体上，人均GDP的差距小于GDP总量，并且GDP规模和人均量之间的相关度高达0.65，因此，为提升城市经济发展质量适当扩容提高经济总量还是很有必要的。2000年和2018年城市人均GDP排位的变异系数分别为0.37和0.31，有数值缩小的趋势，表明在河南省整体区域协调发展战略下，随着技术、人员、资本等要素的流动性不断增强，城市排位差距逐渐缩小，这种现象有利于河南省经济整体可持续发展和落后区域减贫。

排位指数上升的城市有7个，其中升幅显著的是郑州市（0.09）、鹤壁市（0.15）、新乡市（0.12）、信阳市（0.13），这些城市中郑州市和新乡市主要依靠科技和产业优势得到显著提升。信阳市、鹤壁市地处省域交界，依靠对外经贸开放和本地特色旅游资源的挖掘，也在城市竞争中取得较好的绩效。其他10个城市排位指数都出现不同程度的下降，其中，降幅较大的是濮阳市、安阳市、周口市和驻马店市，也就是说资源型城市和农区城市的相对竞争力有明显的下降趋势，依靠自然资源的初加工和销售，不能维持城市长期经济活力。当前城市新的优势要素应当是技术、交通、产业环境，这些同现代化、信息化相接轨的新要素将会产生乘数放大效应，以更快的速度带动城市经济增长（见表2-2）。

表2-2　河南省城市人均GDP排名

城市	2000年		2018年		人均GDP指数		指数变动
	人均GDP元	排位254城	人均GDP元	排位296城	2000年	2018年	
郑州市	15686	80	82826	65	0.69	0.78	0.09
开封市	7861	185	39506	212	0.29	0.28	-0.01
洛阳市	13710	96	68603	101	0.63	0.66	0.03
平顶山市	11161	130	47257	178	0.50	0.40	-0.10
安阳市	13514	98	44816	189	0.63	0.36	-0.27
鹤壁市	8267	179	56042	156	0.32	0.47	0.15

续表

城市	2000年		2018年		人均GDP指数		指数变动
	人均GDP元	排位254城	人均GDP元	排位296城	2000年	2018年	
新乡市	10476	140	63407	121	0.47	0.59	0.12
焦作市	8797	169	46140	184	0.35	0.38	0.03
濮阳市	21359	40	54304	146	0.85	0.51	-0.34
许昌市	12341	112	51110	159	0.57	0.46	-0.11
漯河市	12200	117	48198	179	0.55	0.40	-0.15
三门峡市	12023	119	57496	135	0.55	0.54	-0.01
南阳市	7775	186	38577	225	0.29	0.24	-0.05
商丘市	4984	231	24329	272	0.12	0.08	-0.04
信阳市	5330	227	38514	218	0.13	0.26	0.13
周口市	8525	175	29507	248	0.33	0.16	-0.17
驻马店市	11577	125	34470	234	0.52	0.21	-0.31

资料来源：同表2-1。

科学技术是第一生产力，本章在图2-2中统计了河南省各城市研发人员数量、研发经费支出、专利授权等三项指标在全国的排位指数。省会城市三项指标的排位指数都超过0.9，是河南省内的创新高地。企业是研发投入和产出最为密集的单位，现代高技术制造业发展突出的城市，如洛阳市、新乡市、许昌市、南阳市等科技投入和产出指数也在0.7以上。另外，一些城市，如开封市、焦作市研发人员数和经费投入两项相对高，原因可能在于具有实力较强的科研院所，但是两个城市的专利数量较少，主要是由于高技术企业相对缺乏，缺少科学技术转换的途径和激发应用型创新的产业环境。省内创新能力较低的城市有鹤壁市、三门峡市、漯河市，这些城市地域面积和人口相对少，同时缺乏有实力的高校和科研院所，因此，没有形成创新的规模优势（见图2-2）。

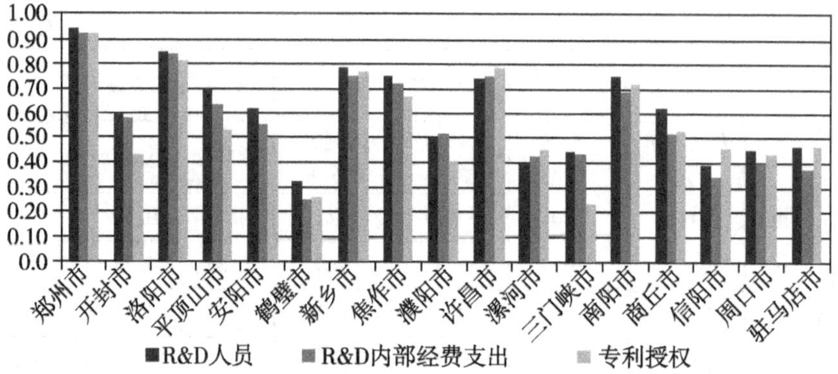

图 2－2　2018 年河南省城市研发投入产出指标水平

资料来源：同图 2－1。

利用外资方面全省城市间呈现明显的不平衡，郑州市的规模最大达到 30 亿美元，是第二名洛阳市的 2 倍，其他大部分城市在 5 亿美元以下，郑州市都市圈范围内的城市利用外资或开放度相对高，南部和外围城市如周口市、驻马店市、平顶山市只有 1 亿美元左右。利用外资多的城市实际上也是经济实力强的城市，外资在带动本地产出和就业的同时，通过技术溢出效应也会提升城市的创新水平。从持续发展的角度分析，南部农区在城市化推进的过程中具备更明显的人力和土地资源优势，环境容量也更高，因此具备引进外资的基础条件。需要城市政府转变发展理念、营造更加优良的营商环境，积极利用外资拉动本地就业和经济增长（见图2－3）。

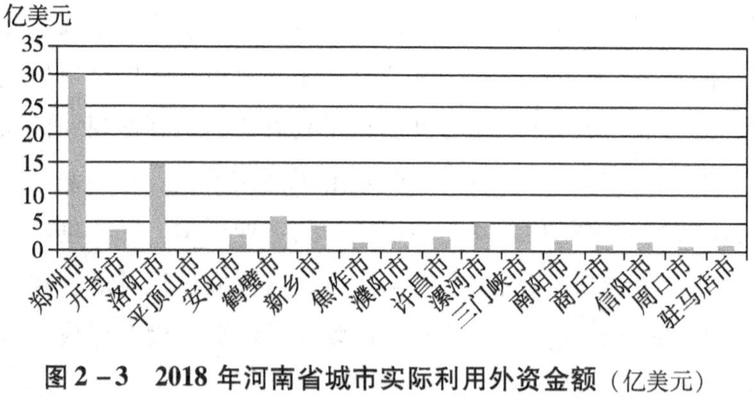

图 2－3　2018 年河南省城市实际利用外资金额（亿美元）

资料来源：同图 2－1。

二、环境建设

从环境方面分析，图2－4列出了全国东中西部城市工业排放物平均强度，东部城市由于制造业企业分布密集，工业废水、二氧化硫、氮氧化物、烟尘的城市平均排放强度都是最高的。中部地区工业废水排放和烟粉尘排放强度也较高，近些年对燃煤电厂、建材厂脱硫脱硝设施安装的要求较为严格，外加全国燃煤发电厂主要分布在东部和西部地区，因此，中部工业二氧化硫的排放强度低于东西部地区。西部地区由于水资源短缺，工业用水量相对节约，因此，工业废水排放强度显著低于中东部城市。总体来说，在城市化快速推进和产业集聚区数量不断增加的背景下，中部地区城市未来应该以控制工业废水和烟尘排放为重点进行环境建设（见图2－4）。

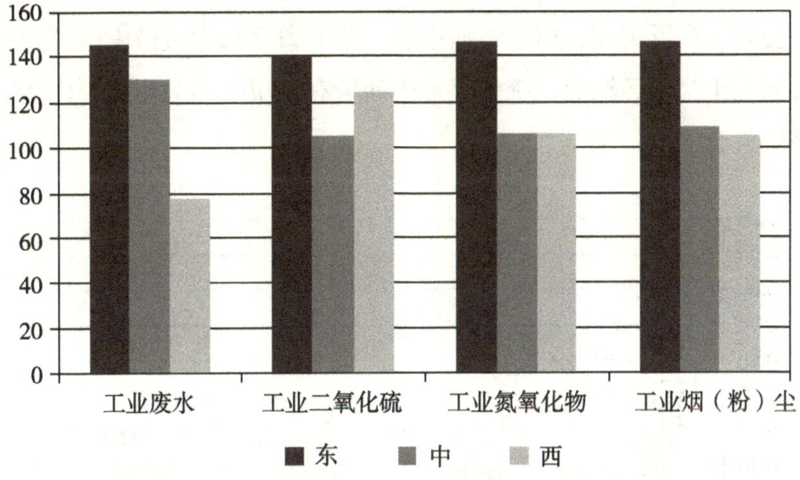

图2－4　2018年全国城市工业排放物平均强度

资料来源：同图2－1。

河南省当前处于工业化中期阶段，高比重的资源开采业、建材、金属冶炼业等是河南省主要环境污染源，并且在城镇居民收入不断增长的背景下，交通车辆的增加也为环境带来了巨大压力。省内表现较为突出的是空气污染和水污染，空气污染中粉尘和氮氧化物是主要的控制对象，水污染主要来源于工业生产和农业化肥农药的使用，由于河南省属于黄淮流域，水系支流少、自净能力较差，并且南部地区是淮河的发源地、南水北调工程的起始部对水质要求较高，因此，水污染防治已经成为环境管理部门的重要任务。河南省环境问题较为突出的是省会郑州市，以及工业和资源型城市，如安阳市、新乡市、平顶山市，而农区黄淮四市和山区城市，如南阳市、信阳市，受人为干扰少，环境质量相对较好。

观察工业排放情况，图 2－5 中列出了河南省各城市工业废水、二氧化硫、氮氧化物和烟尘在全国及中部的平均排放指数，排放指数越高污染越突出。废水和氮氧化物污染程度较高，全国范围指数分别为 0. 55 和 0. 38，二氧化硫和烟尘指数相对较低分别 0. 34 和 0. 31。所以对于河南省来说，在工业领域节约用水、提高废水循环利用水平、减少燃煤锅炉数量和煤电厂排放等是重要任务。当前城市烟粉尘或颗粒物排放量也受到了广泛关注，但是在河南省一些人口多的大城市中颗粒物排放主要来源于交通运输业，统计年鉴中尚未有城市的相关指标，因此，在本书中没有显示出来。

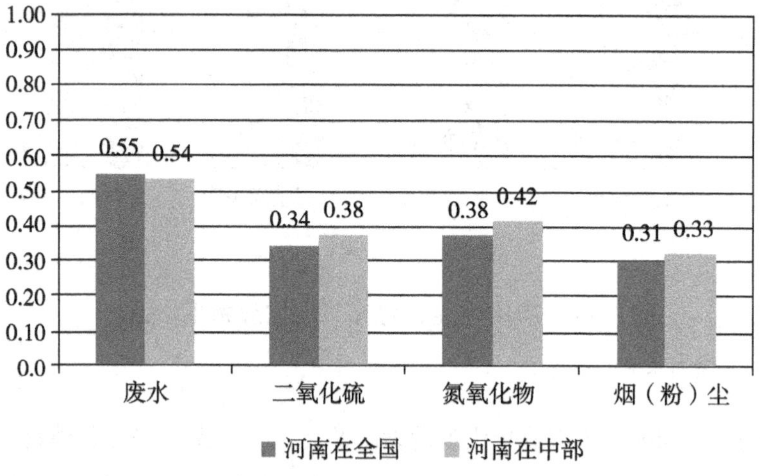

图 2－5　2018 年河南省城市工业污染平均排放指数

资料来源：同图 2－1。

具体到各类排放物，废水排放集中在北部：郑州市、新乡市、焦作市、洛阳市等工业发达的城市，河南省中部和南部城市工业废水排放压力较小（见图2－6）。二氧化硫排放城市间差距最显著，安阳市和郑州市在中部地区的指数排位靠前，煤炭城市平顶山市的排放指数也较高，但是在农区城市如周口市、驻马店市、濮阳市、漯河市排放量较低，在中部甚至全国都基本处于末位。所以二氧化硫的治理需要坚持重点城市监控的原则，另外可以转移部分企业到人口密度小、环境容量高的区域。对于其他气体排放物来说，郑州市、洛阳市、平顶山市、安阳市是突出的排放贡献城市，但是平顶山市和安阳市的相对产出都在全国城市150名以后，因此，这两个地区的环境资源产出效率是相对较低的，需要从技术创新和产业结构转型入手，提高资源产出率，减少总体排放量。

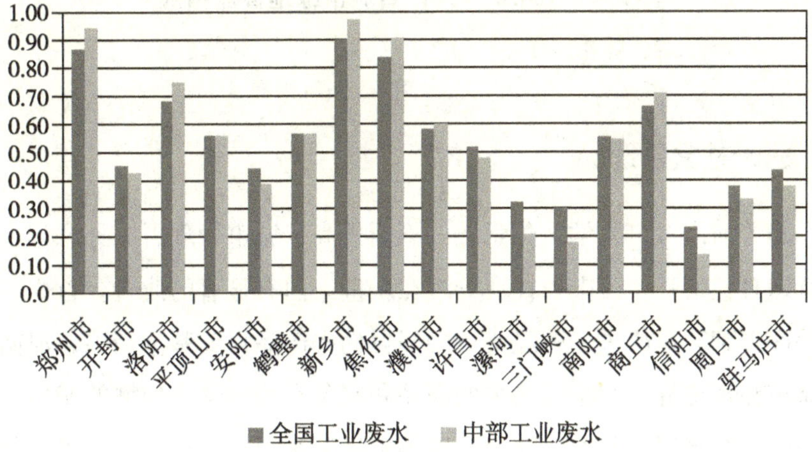

图2－6　2018年河南省城市工业废水污染指数

资料来源：同图2－1。

城市绿化有利于调节温湿度、储存地表水分、净化城市空气，是城市可持续发展的重要标志。统计数据中一般用建成区绿化覆盖率，即城市绿地面积除以建成区面积表示。河南省绿化覆盖率在各地市之间也存在较大的差距，绿化覆盖率指数高的城市有漯河市、三门峡市、信阳市，这些城市除了经济条件较好之外，所在区域植被覆盖率较高；绿化覆盖率指数低的城市有开封市、许昌市、南阳市，可能与城市人口密度大、绿化建设投资力度小有关（见图2－7）。

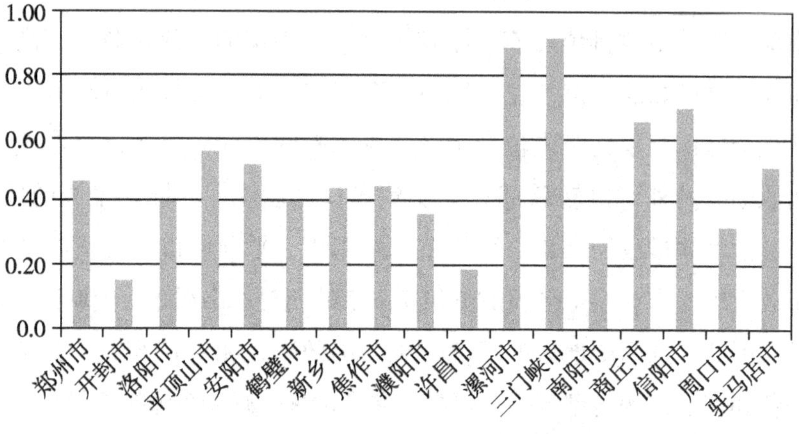

图2－7　2018年河南省城市绿地覆盖指数

资料来源：同图2－1。

三、社会管理

随着河南人口科学文化素质的不断提高，城市管理者服务意识、民主意识日益增强，河南省社会管理在新世纪内有显著的改善。首先，社会秩序得到明显改进，曾经盛行的假冒伪劣产品目前基本消除，河南省各城市涌现出许多在全国知名的商品和服务品牌，各个领域的诚信意识逐渐建立起来了；其次，社会治安得到显著改善，各类违法违规事件被有效遏制，居民的人身和财产安全保障水平不断提高，讲文明、树新风成为城市现代化建设的重要环节，也为河南省下一阶段经济社会转换升级营造了良好环境。但是在社会管理方面也存在与内陆城市相同的弊端，如制度规范性较低、农民工进城加大城市负担、资金和人力地域间分布不平衡。各城市政府几乎承担全部的社会管理任务，同时也垄断了大部分可支配资源，管理的公众参与度和透明度相对较低。因此，在城市管理中存在一些不规范的现象，信息不对称的管理往往出现偏向少数人群、利益分配不均等的问题。

社会资源配置在地域之间、城市之间存在显著不平衡，经济发展水平高的地区，如郑州市、新乡市、洛阳市有更多的能力承担社会建设任务，因此，在基础设施建设、居民生活保障、科教文卫投资方面都具备相当优势；而落后地区的资源转型城市，如平顶山市、安阳市，农区城市如驻马店市、濮阳市、商丘市政府财政收入有限、社会建设相对滞后，居民工资收入、城市设施建设、服务环境水平都低于郑州市都市圈内的城市。由于城市之间的协同分工相对欠缺，国家和省级政府对落后地区城市的转移支付力度有限，因此，城市社会管理中存在一些不平衡、不充分的问题，是未来建设全面小康社会道路上的突出障碍。

社会民生方面本章初步统计了人均财政收支、科教支出（见图2-8），其中财政收支和城市人均产出有密切联系，一般产出高的城市财政收支也相应多，并且经济条件好的城市财政相对盈余的可能性也更高。如图2-8所示，郑州市和洛阳市人均财政收入水平在所有城市中处于前两位，且郑州市收支的排位指数基本相等，说明财政收支间比例接近全国平均水平。其他城市如焦作市、鹤壁市财政收支水平也相对较高，并且均表现出财政收入指数高于支出指数的特征，即相对于全国其他城市有更多的财政盈余。这是因为区域内经济发展速度相对快；非省会城市的财政支出项目相对少的原因。财政收支水平较低的城市是商丘市和信阳市，这些城市缺乏规模型大企业，税源基数相对少，并且商丘市支出指数高于收入，因此，需要进一步加大招商引资和对本地企业扶持力度，扩大税收来源，提高城市财政可持续能力。在科技支出方面，除郑州市外，全省人均科技支出相对高的城市有洛阳市、新乡市、许昌市，相对低的城市有信阳市、周口市；教育支出相对多的有焦作市、濮阳市、三门峡市，相对少的城市有开封市、漯河市、商丘市。总体来说，河南省相当一部分城市的科教支出指数不到全国平均水平（0.5），与这些地区高校和科研院所的数量少有关，但是科教支出直接决定着地方的人力资本水平和产业创新能力，省内相对落后的城市应该将财政支出向科教领域进一步倾斜。

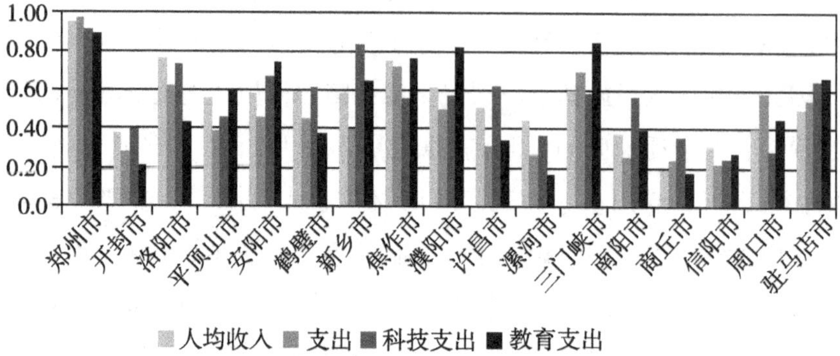

图2－8　2018年河南省城市财政科教指数

资料来源：同图2－1。

通过教育提高城市人力资源水平是河南省经济和社会发展的重要任务，也是创新动能转化的必要途径。河南省还处于城市化快速推进时期，不仅考虑到城市青少年的教育问题，还需要顾及进城农民工的知识技能提高，因此，从高等教育和职业教育入手统计，本章选取万人高中生和职校在校生数量这两个指标进行研究（见表2－3）。万人在校高中生数量各市的范围从许昌市的138到郑州市的230不等，由于职业教育每个城市的供需不同，因此差距更大为39～362人。有较好教育传统的城市，如郑州市、开封市、焦作市、信阳市万人高中在校生数量较多；存在大量制造业企业，对技能型劳动力需要多的城市如郑州市、洛阳市、新乡市职教学生数量相对较多。整体上万人在校生合计超过300的城市，如郑州市、洛阳市、鹤壁市、焦作市都是省内经济社会基础好和上升趋势明显的城市。人均互联网接入数指标除郑州市排名全国第52位之外，其他的排名都在第100名以外，河南省目前电信业务发展还相对滞后于东部发达地区，成为省内各城市实现跨越式增长的制约因素。观察各个城市的工资水平，在既定的产业结构和利润水平下，除郑州市外，各城市月工资水平大约在5000～7000元，由于劳动力城市间流动障碍因素少，省内城市间距离也相对较近，各城市工资差距不明显，在全国排位整体处于中等偏下水平（见表2－3）。

表2－3　2018年河南省各城市社会指标水平及排位

城市	万人高中在校生人数	万人职校在校人数	合计	人均互联网接入数	全国排位（292）	年工资（元）	全国排位（285）	失业率（%）
郑州市	230	362	592	0.38	52	76834	50	0.02
开封市	189	75	264	0.15	232	55075	245	0.06
洛阳市	187	118	305	0.26	101	66078	141	0.05
平顶山市	156	76	232	0.09	284	56788	234	0.10
安阳市	158	62	220	0.21	163	56352	236	0.07
鹤壁市	182	137	319	0.21	158	49746	271	0.13
新乡市	165	88	253	0.24	121	57251	231	0.08
焦作市	207	103	310	0.23	130	54115	252	0.09
濮阳市	182	93	275	0.20	167	57227	232	0.08
许昌市	138	58	196	0.19	180	57683	228	0.10
漯河市	176	110	286	0.11	278	53213	255	0.08
三门峡市	186	67	253	0.25	119	67670	121	0.27
南阳市	169	67	236	0.12	268	59544	215	0.08
商丘市	156	45	201	0.14	244	54131	251	0.09
信阳市	205	78	283	0.11	276	50396	266	0.11
周口市	198	39	237	0.10	280	65127	153	0.24
驻马店市	185	74	259	0.12	267	50349	267	0.12

资料来源：同表2－1。

四、政府治理

人均公共服务支出地区间存在较大差异，支出较多的是郑州市、三门峡市、开封市、许昌市；支出较少的是东部和南部城市，如南阳市、周口市、商丘市等（见图2－9）。

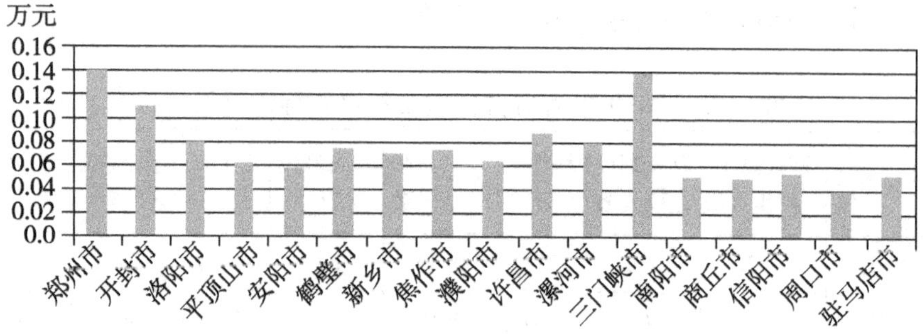

图 2-9　2018 年河南省城市人均公共服务支出

资料来源：同图 2-1。

人均政府信息公开数高的城市有洛阳市、鹤壁市、焦作市和许昌市，这几个都是省内的新兴城市。由此可见，政府信息公开透明有利于城市投资、居住、消费等活动的顺利开展，可以优化商务环境和政务环境，推动城市可持续发展（见图 2-10）。因此，省内更多城市政府在治理过程中需要更加注重同市民和企业之间的沟通协调，逐步消除信息和制度障碍，营造公开、公正、透明的治理环境。

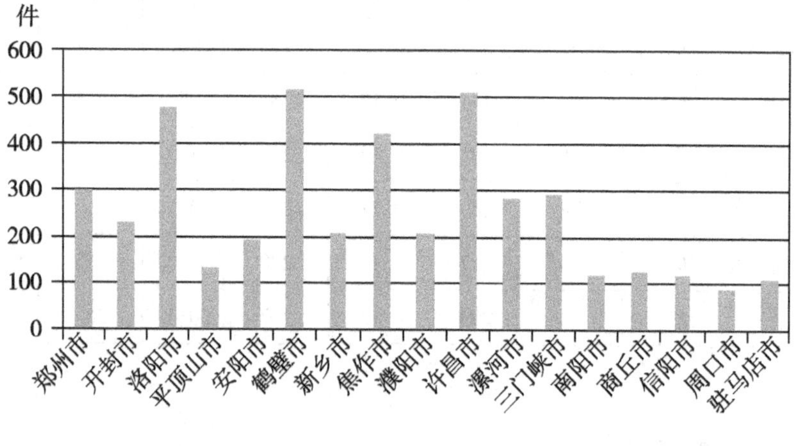

图 2-10　2018 年河南省城市人均政府信息主动公开数

资料来源：同图 2-1。

第3章　河南省城市可持续发展指标体系的综合构建

一、双向可持续发展指标体系构建的意义

城市可持续发展指数不仅具有测量与解释功能，还可以加深社会整体对于环境和社会问题的认识，推进治理能力和治理体系现代化，指导政策和规划制定。

当前学术界有一种看法是：需要在可持续发展指标制定中引入公众参与，即自下而上的由公众界定研究框架和可持续发展指标集，并以此确定贴近民生的公共政策（Bell & Morse，2004；Chambers，1994）。这种方案具有以下几点优势：

（1）实用性。由于由专家选择的指标不能确保同当地社会的实际情况相符，地方群众参与可以确保指标衡量的内容的针对性，并能够随着时间环境的变化而发展。因此，为获取同地方相关和有意义的观点，必须将社会成员包括在研究过程中。

（2）地方参与能够提高社会群体处理预期事务的能力，即具有显著的社会成员教育引导意义。Freebairn 与 King（2003）认为，参与的办法或者说是协商的办法，强调了解地方背景对目标设定和问题提出的重要性，能够使可持续发展管理成为一个社会成员和研究者相互促进学习的过程，从而产生和当地社会相联系的新知识和激励机制。

（3）有助于建立更加包容和差异化的指标体系。对于城市可持续发展的认识和需求，不同社会群体之间存在差异，如不同收入、年龄阶段的居民因其生活经历、教育程度差异，会产生对可持续发展指标的选择及排序差异。如何辨析各类人群的需求，从而建立更加包容或者是适

应于不同群体的可持续发展指数也是迫切需要研究的问题之一。需要增添自下而上的方法，从草根层的视角发现问题，表达地方社会的意见，强调可持续发展指标识别问题的功能，从而设定区域层面的可持续发展目标和管理方案。

然而值得注意的是：尽管自下而上的办法可以确保普遍概念背景和整体政策框架的针对性，在指标制定中仍然需要强调专家指导的重要性，因为通过公众制定的指标有可能不够精准全面，存在一定程度上的群体偏向或局限性而不能直接用于可持续发展管理。与此同时，由于社会环境存在易于改变的特征，公众参与的可持续发展指标选择结果必须直接快速地反映到规划制定过程中才有效（Carruthers & Tinning，2003）。因此，存在一些要求综合这两种方案的研究主张，即专家学者和社会公众的双向互动，通过反复反馈的过程达到对指标体系范围确定、目标策略设定的目的。如先由专家提出可选择指标的类型，制定指标评估方法，社会成员参与指标的选择，专家组依据社会调查的结果进行最终确定包容性的指标体系。专家拟定可持续发展指标的轮廓有利于保障指标体系的全面客观性，最后通过专家学者对指标的实证质量检验可以在保留指标的社会属性的同时，提高指标的有效性，使社会成员和学者可以在对比社会、经济、环境背景下进行相关知识的分享。Reed 等（2005）认为，这种双向的方法特别适用于环境快速变化、相应的地方化知识并不能充分指导社会成员的情况，研究者与公众的互动，能够澄清问题并更好地进行可持续发展管理。共同协商得出的指标体系可以避免过于笼统或过于具体化的政策安排，避免因为目标泛化而分散管理者注意力及浪费资源，有利于在政策制定中兼顾各类社会群体的利益。

在主观确定指标重要性之外，数据本身的性质在一定程度上也能够反映某项指标对于城市发展的意义。如各城市指标数据排名如果保持相对稳定的水平，则说明该指标数据的变动具有较强的历史积累性，指标相对水平在短时期内不会发生明显变动，对衡量城市发展也具有更显著的意义。因此，本章在采取可持续发展指标主观赋权的基础上，参照哥伦比亚大学地球研究院与中国国际经济交流中心的研究方法，用数据排位标准差的方法确定指标权重，并同主观权重法相结合得到最终的指标体系和权重数值。

二、基于调查问卷的指标体系确定法

（一）问卷的设置与指标体系重要度统计

对于城市可持续发展指标体系的认识，同可持续发展概念本身一样有从生态环境扩展至经济、社会各维度的倾向。尤其是近些年来形成的共识是政府对城市的可持续发展的认识及采取的政策将会显著影响城市未来发展；推进治理体系和治理能力现代化，实现信息公开和科学民主决策也是党的十九大对政府治理方面的重要要求。因此，本章对可持续发展指标体系进行了再扩展，在城市环境、经济、社会之外加入了平行的治理维度，用来衡量当地政府管理效率。本项目城市可持续发展调查问卷的设计由美国哥伦比亚大学地球研究院和河南大学中原发展研究院共同完成，调查问卷分为受访者的基本情况、受访者对可持续发展指标体系重要度的认识、受访者对城市可持续发展水平的评价、对环境治理的支付意愿等几个部分。河南省处于中部地区，2018 年人均 GDP 为 4.81 万元，位于全国中上等水平，对中部地区的调查能够在一定程度上反映中等收入地区人群对于可持续发展的认知。本章选取了河南省三个代表城市，分别是省会郑州市、矿业城市平顶山市、农区城市驻马店市，每个城市发放 1010 份问卷，共收回有效问卷 3023 份。本章重点在于研究公众对城市可持续发展指标重要度的认识，在此基础上形成城市可持续发展指标体系，并依据指标体系进行城市可持续发展水平测度和排名。在充分采纳各领域专家的建议，以及进行问卷试调查的前提下，本项目首先选取了 51 个城市发展指标，分别解释以上 4 个维度，并用问卷访谈的形式征求公众对于这 51 个指标的重要度评价，分别设置不重要为 1，一般为 2，比较重要为 3，重要为 4，四个选项供受访者选择；本章设定指标平均得分低于 3，即处于“不重要”和“一般”区间的指标为需要排除在指标框架外的。

环境领域的指标受到了广泛重视，尤其是空气和淡水质量，环境同居民的日常生活息息相关，河南省在工业化的过程中传统产业和资源型产业偏多，采矿、冶金、机械、钢铁、水泥等行业还占据相当份额，并存在企业规模化生产不足、技术升级相对滞后的问题，形成的环境影响已经被大多数人认识到并期望环境得到持续改善。经济领域指标设置既同现有存量水平，如总产出、资本规模相关，又关注于经济内生增长潜能，如技术水平、产业附加值等。在形成一定规模效应的基础上，经济增长需要聚集新动能，依靠技术进步和人力资本激发潜在增长能力，因此，本项目构建了存量和增量相统一的经济可持续发展度量体系。调查结果发现即期产出和收入水平最受到关注，增长潜能、产业结构等也入选重要度指标体系，市场竞争度和贸易依存度指标因为离公众生活距离较远或专业性过强而被给予较低的重要度评价。社会维度突出社会资源获取度、社会公平、文化建设等关系到社会进步和人类全面发展的内容，由于包括的内容较多本项目在问卷调研中共选取18个指标来解释社会可持续发展（见表3－1），其中教育资源、健康、安全、就业被认为是社会可持续发展中最为重要的方面，相反公共文化活动、文化馆所、宗教设施在调研中给了较低的重要度得分，同城市居民日常生活相关度高的指标维度重要度高于宗教文化相关指标也是社会发展特定阶段的特点之一，同物质生活质量相关的指标被给予更高的重视度，文化和宗教的重要性还未被更多的人认识到。

表3－1　可持续发展指标重要度得分

环境	分值	经济	分值	社会	分值	治理	分值
空气质量	3.67	最低工资水平	3.33	教育资源	3.68	法律公平	3.66
淡水质量	3.58	人均收入水平	3.23	健　康	3.6	腐　败	3.52
绿地面积	3.4	产出水平	3.22	安　全	3.6	政府效率	3.44
土地利用	3.3	增长潜能	3.17	就　业	3.42	人　权	3.42
淡水消耗	3.27	通货膨胀率	3.14	养老服务	3.38	政策公平	3.43

续表

环境	分值	经济	分值	社会	分值	治理	分值
废弃物回收	3.2	财政可持续	3.03	卫生设施	3.37	财政透明度	3.38
土壤质量	3.16	产业结构	3.01	住房保障	3.31	政策透明度	3.24
噪音污染	3.1	企业利润水平	2.88	贫　困	3.28	公民参与度	3.12
固废产生	3.09	人均资本	2.81	交　通	3.21		
能源消耗	3.07	市场竞争度	2.6	收入差距	3.17		
水土保持	2.98	贸易依存度	2.51	电信设施	3.07		
材料消耗	2.86			能源获取	3.04		
生物多样性	2.8			性别收入	3.01		
				老龄化	2.95		
				文物保护	2.92		
				公共文化活动	2.84		
				文化馆所	2.67		
				宗教设施	2.21		

解释治理维度的指标最少，但大多被给予较高的重要度评价，说明公众相当关注于治理效率和公平，其中，同公平相关的指标如法律公平、人权等得到一致性的重视，同治理透明度和公众参与相关的指标重要度虽然排在公平相关指标之后，但也都给予了“比较重要”以上的评价。整体上，从重要度排序中可以看到公众认为某些指标“不重要”可能与收入水平、知识层次有关，同时也关系到受访者的考虑角度。对于被评

价为“不重要”的指标只能说在当前阶段被相对忽视，不能完全依照自下而上的评价方法直接删去，仍需论证其背景和性质后决定。因此，本章后半部分将结合专家调查的意见，选取部分指标体系并设置权重。

横向分析城市之间的差异发现，省会郑州市和煤炭城市平顶山市居民都把空气质量作为关系可持续发展的首要问题，平顶山市近期矿业企业下岗职工偏多，因此，同生存保障相关的指标——“就业”和“最低工资水平”的排序显著高于其他城市，另外对于社会分配公平项——“收入差距”也更为关注。农区城市驻马店市由于本地缺少高等院校，所以居民最为关心的是教育资源；另外，驻马店市居民相对于其他城市更为关注政策公平，这同传统农业社会居民维权能力相对低，对公平治理有更高的期望值有关。省会郑州市由于人口稠密、经济活动多，环境承载压力大，居民对自己生存的生态环境更为关注，空气质量、淡水质量、废水处理、绿地面积等指标排序高于其他城市，同时对改善城市交通的要求也更为迫切。与此相对应，郑州市经济基础较好，居民对经济发展较有信心，收入水平、增长潜能、人均资本等项的排序落后于平顶山市、驻马店市。总体而言，三个城市指标排序的结果基本一致，有不少单个指标横向看在同一水平位置，既反映了在所调研的中等区域地区人群态度基本相近，也反映了本次调研结果的真实稳健性。

（二）人群属性同指标重要性的偏相关分析

为了更加明确地描述各人群属性和指标重要度之间的关系，以制定满足各类人偏好的规则。本章以下进行偏相关分析，偏相关的目的在于排除其他人群属性对于指标相关度的间接干扰，如在研究收入同淡水质量重要度的关系时，控制共同相关因素“学历”，就使得结果更加准确和易于解释。在相关性分析中本章假定男性为1，女性为0；城市户籍为1，农村户籍为0；已婚为1，未婚为0，其他各项按问卷统计结果赋值，从表3－2看出，年龄、收入和婚姻同其他人群属性相关度较为显著，在分析这些因素同可持续发展指标之间关系时需要控制其他因素。需要注意的是，具体可持续性指标同人群特征的偏相关分析结果是一个相对数值，各类人群表现出不同的倾向，相关度不高也可能是各类人群，如男女、老少对该指标有一致重要性的认识。因此，该项结果重在反映人群差异。本章只列出了同具体指标偏相关度显著的人群属性，如表3－3所示。从单个人群属性来看，同可持续发展指标认识相关性较高的人群属性是年龄（显著频率32）、学历（显著频率31）、年收入（显著频率17），说明同学习生活经历、生存状态相联系的个体特征是决定受访者可持续发展认知的关键因素，相反户籍、婚否、居住年限等因素影响较小（见表3－2、表3－3）。

表3－2　人群属性相关度检验

类　别	性别	年龄	户籍	居住年限	学历	年收入	婚否
性　别	1						
年　龄	0.02	1					
户　籍	－0.01	0.183**	1				
居住年限	－0.02	0.291**	0.295**	1			
学　历	－0.01	－0.323**	0.198**	－0.03	1		
收　入	0.03*	0.047**	0.097**	0.051**	0.182**	1	
婚　否	0.01	0.371**	0.103**	0.207**	－0.148**	0.181**	1

注：* 代表10%的显著度，** 代表5%的显著度，*** 代表1%的显著度。

表3－3　指标偏相关显著度频率

类　别	环境	经济	社会	治理	总和
性　别	2	2	6	0	10
年　龄	5	9	13	5	32
户　籍	4	2	1	1	8
居住年限	3	0	4	2	9
学　历	10	6	8	7	31
年收入	7	4	5	1	17
婚　否	2	3	2	1	8

图3－1和图3－2分别列出了环境、经济、社会、治理四个方面的相关指标，相关度越高说明相应人群对指标的重视度越强。如图3－1所示：①对于环境来说，教育背景及收入同各项指标正相关性较为显著，个体学历和收入越高，越关注于自身的健康和生态环境的持续性，对环境保护的要求就越严格，尤其体现在土地利用、废弃物回收和生物多样性上。②年龄因素和环境指标有较高的负相关性，年龄越小越认为环境指标重要。观察发现，年轻人更为重视空气质量、绿地面积、废弃物回收，说明受过更好的教育。在新时代中成长起来的年轻人对城市环境，尤其是同市容、市貌相关的生态指标的重视度和期望值更高。其他人群属性影响的一致性要低一些，存在一定的态度差异，如居住时间长的居民更为重视噪声污染，女性比男性更认为能源消耗重要；城市户籍

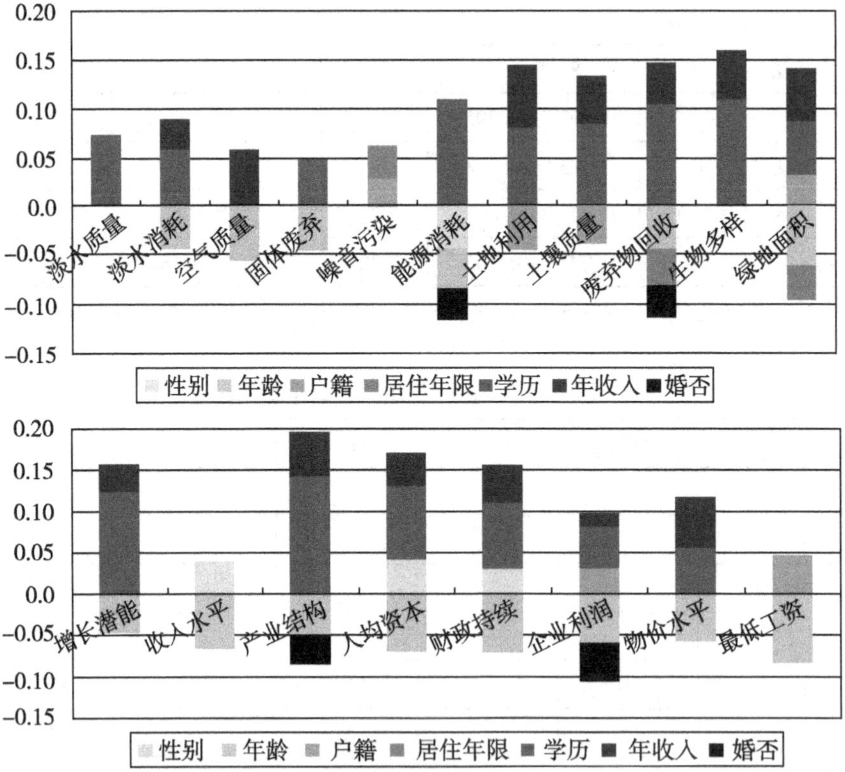

图3－1　环境和经济指标相关度

居民相对更关心城市绿地面积和噪声污染，农村户籍居民更关心土地利用和土壤质量，这可能与之前的成长经历有关。

对于经济指标，仍表现出高学历、高收入年轻的受访对象关注度更高（最低工资项除外），其中高学历者尤其关注增长潜能和产业结构，这与其相应的知识结构有关，也说明高学历者对经济增长有更深入的理解，这两项指标是决定要素投入及发展动力，在知识信息社会中是决定经济可持续性的关键。中老年人对经济指标的重视程度要低于年轻人，尤其是在财政可持续和最低工资方面，对提高经济条件有更高的期望值。与其他三个维度女性更加敏感不同，男性比女性更关注经济发展，具体表现在收入水平、人均资本和财政持续方面。城市户籍居民对与其稳定收入相关的因素关注度更高，具体表现在企业利润、最低工资与户籍的显著正相关性，原因在于城市工作是城市户籍居民收入的主要来源，对工作给予的生活保障更为重视。农村户籍居民到城市是想获得土地收入之外的财富，用最低工资制度维护权利的观念较为淡薄。针对单个持续发展指标：年轻人、高学历、高收入对物价水平关注度更高些，与这些群体的知识背景更好和信息来源更广有关。

社会指标人群差异显著体现在年龄上，年轻人对社会发展的关注度更高（见图3－2）。同其他经济、治理、环境指标相比，学历水平的组内差异度要低一些，高低学历者对社会指标的认识相对一致；然而学历同住房保障项负相关，表明低学历人群对该项的关注度高于高学历人群。相对来说，女性作为日常生活的主要料理者，比男性更重视能源获取、电信设施、社会安全、交通情况、住房保障等与生活息息相关的指标，相反男性对关系到个体长期发展的教育资源更为重视。城市户籍的居民对社会发展的要求更高，表现在能源获取、收入差距项同户籍的正相关。高收入者更加关注于生活质量和便利化程度，具体反映在收入与安全、卫生、交通情况等指标需求的正相关。短期居住的受访者对公共服务和个人权利的重视度更高，具体表现在教育、医疗卫生、安全这些项，这同短时期居住者较为年轻，尚未获取足够的社会服务保障有关；相反，居住时间长和年长受访者更为关心养老设施。对于社会指标需要更加关注在某些方面的弱势群体，如低学历者、低收入者的住房保障；短期居住者和年轻人的公共服务的获得；老年人的养老问题；保障这些群体的权益、实现机会面前人人平等是维护社会公平正义的前提。

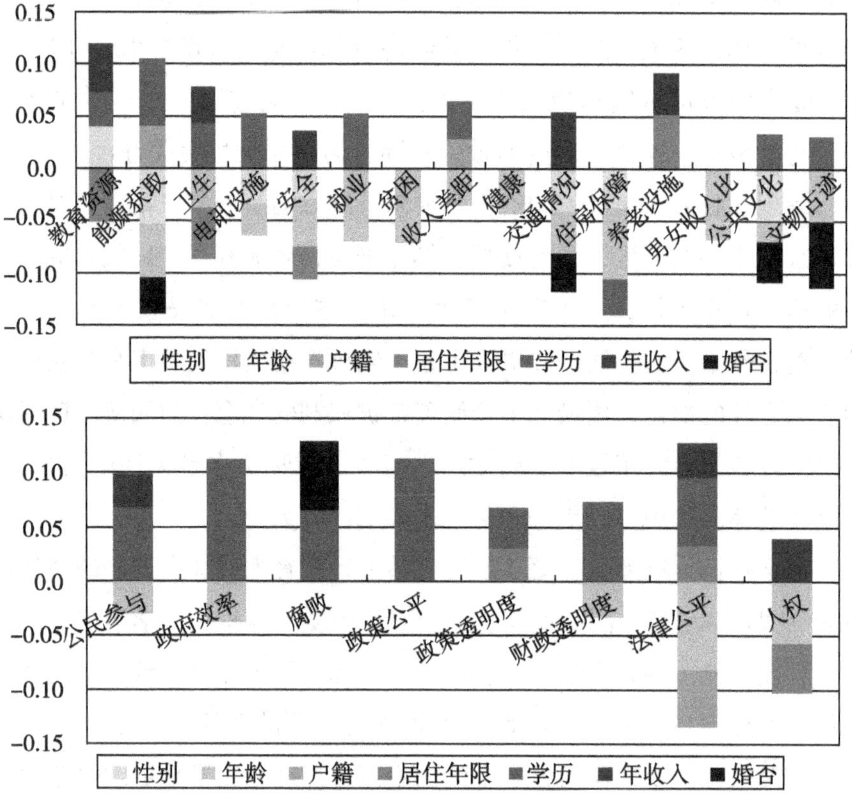

图3-2　社会和治理指标相关度

公共治理方面，学历和多数治理指标具有高度正相关性，即高学历普遍比较低学历更为重视制度的公平、透明，以及公民的参与权；另外一个较为显著的人群属性是收入，高收入者相对于低收入者更加看重教育、法律公平和公民参与权。年龄差异具体反映在年轻人对政府效率、法律公平指标的重视度高于老年人。其他人群属性的差异性不明显，但也有值得注意的细节，如居住年限越长越关注于政策透明度和法律公平，相反短期居住者有一部分学生和农民工，更重视人权，而已婚人群更加关注腐败问题。说明在城市生活较为稳定的人群更加注重治理的透明度，而刚进入城市的居民更看重自身权益的维护，并且农村户籍的城市居民对政策和法律公平给予更高的评价。因此，尤其需要注意农村户籍人群在城市的生存发展保障，在推动经济社会发展的同时，更要重视制度和规则的公平。

（三）因子分析简化指标体系

为使各分析维度的指标含义更为明确，避免各指标意义相关度高造成的重复计量的现象，本章在目标一致的前提下采用因子分析法选取解释度更高的指标体系，从而起到降维和指标提纯的作用。即分别对环境、经济、社会、治理等 4 个维度应用因子分析，得到各自的主因子及对其解释度较高的指标集（见表 3 –4）。

表 3 –4　主因子提取及贡献率（%）

维度	环境		经济		社会				治理
因子名称	消耗程度	保护程度	存量水平	增长潜能	服务类	文化类	资源类	安全保障	治理水平
相对贡献	68	32	60	40	41	15	23	21	100
代表性指标（高因子载荷）	淡水消耗	大气治理	人均资本存量	产业结构合理	交通运输	文化设施（文化馆所）	能源获取度	安全	透明度
	固体废弃物产生	土地可持续利用	经济产出水平	创新增长潜能	养老服务	文化规模（公共文化活动）	水源获取度	贫困保障（贫困）	政府效率
	能源消耗	废水处理		产业附加值水平	电信设施获取度		教育获取度	就业	制度公平
	空气污染						卫生设施	住房保障	公民参与

指标选择如表 3 –4 所示，首先对一级指标 4 个维度：在环境、经济、社会、治理等方面双向选择评测的基础上进行因子分析得到各维度

的主因子，并依据因子含义予以命名，如环境维度包括消耗程度和保护水平两个主因子；经济维度包括存量水平和增长潜能。由于社会维度二级指标数量较多且涉及多个方面，总共提取出 4 个不同类型的主因子，分别是：服务类、文化类、资源类、保障类。选择每个主因子上载荷较高的指标（从原问卷中提出的 51 个指标中选取）作为代表性指标解释主因子，依据因子分析法二级指标体系从 51 个降低到 29 个（见表 3 - 5）。指标权重依据调查问卷指标重要度统计结果划分，因为各指标重要度得分差距较小，为增加指标的区分度本章采取逆向法设置指标权重，即以同满分的距离作为矢量，取倒数之后再依据数值大小赋权，Zi 为指标的原始重要度得分，i 指标的权重为 $W = \frac{1}{4-Z_i} / \Sigma_1^n \frac{1}{4-Z_i}$，依据此方法设权重，环境、经济、社会、治理维度的权重依次为 28.67%、19.50%、23.53%、28.30%，因子指标权重参照因子分析方差贡献率结果，二级指标权重设置和一级指标类似采用上式逆向重要度测量。

表 3 - 5　调查问卷法—各级评价指标名称及权重

一级指标	二级指标分类	二级指标	问卷重要度权重（%）	
环境	环境污染程度	淡水消耗	3.21	合计
		固体废弃物产生	2.70	
		能源消耗	2.56	28.67
		空气质量	6.92	
	环境保护水平	治理投入	5.51	合计
		土地可持续利用	3.47	19.50
		废水处理	4.30	
经济	增长潜能	产业结构合理	3.86	合计
		经济增长潜能	4.52	
		产业附加值水平	3.26	
	存量水平	经济发展水平	4.56	23.53
		人均资本存量	3.30	

续表

一级指标	二级指标分类	二级指标	问卷重要度权重（%）	
社会	服务类	交通运输	1.37	合计
		养老服务	1.92	23.53
		电信设施获取度	1.25	
	文化类	文化设施（文化馆所）	1.01	
		文化规模（公共文化活动）	0.91	
	资源类	能源获取度	1.28	
		水源获取度	1.78	
		教育获取度（教育）	3.79	
		卫生（卫生设施）	1.93	
	保障类	安　全	2.99	
		贫困保障（贫困）	1.55	
		就　业	2.06	
		住房保障	1.69	
治理	治理	透明度	6.98	合计
		政府效率	8.14	28.30
		制度公平	8.14	
		公民参与度	5.04	

三、结合专家打分和排位标准差法确定总体指标权重

在确定权重的过程中为兼顾受访者的主观感受和数据本身的稳定性，本章在采用上述依据调查问卷重要性和因子分析提取主因的方法确定权重外，还采取第二种专家打分法，即分别给一级和二级指标赋权（即综合本领域若干位专家的意见后得到结果），以上两种方法虽然受访对象和打分方法略有不同，但是都属于主观赋权法。本章的第三种方法是借鉴哥伦比亚大学与中国国际经济交流中心的数据序列标准差赋权法，即以同一指标不同年份的标准差为依据（由单个城市排名的标准差，得出18个城市该指标排名标准差的平均值）：

$$a_{in} = \sqrt{\frac{\sum_{t}^{4} = 1(x_{int} - x_{in})^{2}}{x_{in}}}$$

然后依据在标准差倒数之和中的比重确定指标权重 X_{int} 为 n 城市 t 年 i 指标的排名值；X_{in} 为该城市该指标历年排名的平均值； $a_{in,}$ 为 n 城市 i 指标 排名标准差； A_i 为 18 个城市 i 指标排名标准差的平均值，W_i 为 i 指标在指标体系中的权重 。

$$A^i = \frac{1}{18}\Sigma_{n=1}^{18} a_{in} \qquad W_i = \frac{\frac{1}{A_i}}{\Sigma_{n=1}^{62}\frac{1}{An}}$$

该方法属于客观赋权法，指标数据排名标准差越大说明数据越不稳定，该指标的参考价值就越低。这类客观赋权法从形式上类似于通常使用的熵值法，但同熵值法也存在一定差异，熵值法从数据横截面的角度观测一组数列的变动，依据统熵原理原始值变动越大权重值越高，是相同年份各单元之间数据对照后对该指标予以赋权；而排位标准差是对某一指标数据的年份序列排位值求标准差，因此排位越稳定就可认为该指标价值越高；前者突出各单元的静态特点，后者强调各单元的动态特点。本章主观和客观两种权重设定结果分别如表 3－6 所示，然后同表 3－5 中调查问卷得到的权重相结合，即三种权重的平均值为最终指标权重如表 3－7 所示。观察发现，两类主观权重法的结果相对接近，排位标准差客观权重法由于前提依据不同，权重结果和前两种存在一定差异，尤其反映在经济类指标上。

表 3－6　专家打分和排位标准差法赋权结果

一级指标	二级指标分类	二级指标	专家打分 %	排位标准差 %
环境	环境污染程度	淡水消耗	4.50	3.58
		固体废弃物产生	3.75	2.90
		能源消耗	4.25	6.95
		空气质量	4.25	2.51
	环境保护水平	治理投入	3.75	1.05
		土地可持续利用	4.00	6.10
		废水处理	3.50	1.21

续表

一级指标	二级指标分类	二级指标	专家打分 %	排位标准差 %
经济	增长潜能	经济发展水平	5.75	5.23
		经济增长潜能	5.50	10.33
		产业附加值水平	4.75	1.45
	存量水平	产业结构合理	5.00	4.22
		人均资本存量	4.75	5.86
社会	服务类	交通运输	1.75	5.34
		养老服务	2.13	1.21
		电信设施获取度	2.13	3.77
	文化类	文化设施（文化馆所）	1.75	7.65
		文化规模（公共文化活动）	1.75	1.22
	资源类	能源获取度	2.13	3.59
		水源获取度	2.13	1.00
		教育获取度（教育）	2.50	2.30
		卫生（卫生设施）	2.50	1.41
	保障类	安　全	1.63	2.11
		贫困保障（贫困）	2.25	0.98
		就　业	1.75	1.81
		住房保障	1.63	0.95
治理	治　理	透明度	5.50	1.20
		政府效率	4.75	8.58
		制度公平	5.00	2.02
		公民参与度	5.00	3.46

三级指标来源于《中国城市统计年鉴》和《河南省统计年鉴》，数据跨度为2015—2018年，其中，政府治理中依据申请公开的信息数量和主动公开的信息数量（来源于各市政府信息公开栏中的工作年度报告）。指标集中包括负向指标，如空气污染物排放量、固体废弃物排放量、城市火灾数量等采取逆向数值统计法，原始数值越大则指标值越小（见表3－7）。

表3－7　三种方法综合指标权重（%）

一级指标 %	二级指标分类 %	二级指标	二级指标权重 %	数据代码	正负关系	三级指标
环境 27.25	消耗程度（环境污染）15.49	淡水消耗	3.69	1	负	人均日生活用水量
				2	负	规模以上工业企业取水总量
		固体废弃物产生	3.04	3	负	一般工业固体综合产生量
				4	负	城市生活垃圾清运量
		能源消耗	4.35	5	负	万元 GDP 能耗
				6	负	全社会用电量
				7	负	城市居民天然气消耗量
		空气质量	4.41	8	负	烟（粉）尘排放量
				9	负	二氧化硫排放量
				10	负	氮氧化物排放量
	保护水平（环境保护）11.76	治理投入	3.40	11	正	一般公共预算节能环保支出占总支出比
				12	正	单位 GDP 能耗降低率的绝对值
		土地可持续利用	5.38	13	正	城市建成区绿化覆盖率
				14	正	全市每平方公里产出生产总值
		废水处理	2.98	15	负	单位 GDP 废水排放量
				16	正	城市污水处理率

续表

一级指标 %	二级指标分类 %	二级指标	二级指标权重 %	数据代码	正负关系	三级指标
经济 24.51	增长潜能 11.53	产业结构合理度	4.14	17	正	规上工业增加值占第二产业生产总值比重
				18	正	三产产值占 GDP 比重
		经济增长潜能	4.12	19	正	GDP 增长率
				20	正	全市研究与试验发展研究（R&D）人员占常住人口比重
		产业附加值水平	3.27	21	正	城镇单位从业人员平均工资
				22	正	规模以上工业企业成本费用利润率
	存量水平 12.98	经济发展水平	8.43	23	正	人均产值
				24	正	全市每平方公里 15 ~ 64 常住人口数
		人均资本存量	4.55	25	正	人均固定资产投资额
				26	正	城市人均居民人民币储蓄存款余额
社会 28.97	服务 6.46	交通运输	2.81	27	正	公路线路总长度
				28	正	公路每公里货运量
		养老服务	1.68	29	正	养老保险覆盖率
		电信设施获取度	1.97	30	正	移动电话用户 + 国际互联网用户占常住人口比重

续表

一级指标 %	二级指标分类 %	二级指标	二级指标权重 %	数据代码	正负关系	三级指标
社会 28.97	文化类 5.82	文化设施（文化馆所）	4.05	31	正	健身场地设施数
				32	正	公共图书馆个数
		文化规模（公共文化活动）	1.77	33	正	文化服务业企业营业收入
				34	正	国内旅游人次
	资源类 9.53	能源获取度	2.76	35	正	用气人均天然气供气量
				36	正	城市人均用电量
		水源获取度	1.57	37	正	居民家庭用水量占供水总量比重
		教育获取度（教育）	2.74	38	正	普通高中在校学生数占全市人口比重
				39	正	人均教育经费
		卫生（卫生设施）	2.46	40	正	人均床位数量
				41	正	万人医生数量
	保障类 7.16	安全	2.46	42	负	财政预算赤字
				43	负	万人火灾事故数量
				44	负	万人刑事案件数量
		贫困保障（贫困）	1.61	45	正	城市居民最低生活保障人数占全市城镇人口比重
		就业	1.64	46	负	城镇人口失业率

续表

一级指标 %	二级指标分类 %	二级指标	二级指标权重 %	数据代码	正负关系	三级指标
社会 28.97	保障类 7.16	住房保障	1.45	47	正	工资房价比
				48	正	人均住房保障支出
治理 19.27	治理 19.27	透明度	4.39	49	正	人均政府信息依申请和主动公开数量
		政府效率	6.22	50	负	行政事务支出占 GDP 比重
				51	正	各市实际利用外资占 GDP 比重
		制度公平	4.79	52	正	私营经济和个体经济从业人员占城镇从业人员比重
				53	负	国企和私营企业平均工资差距
		公民参与度	3.87	54	正	人均申请政府信息公开数
				55	正	万人工会受理职工举报件数

第4章　河南省城市可持续发展度测量与分析

一、城市可持续发展测量结果动态分析

（一）环境

本章将以下各指标的城市排名作为实际值，以综合指标权重作为实际权重得到可持续发展四个维度的分值（见表4－1）。从表4－1看出指标得分越高排名就越靠后，所以最后的得分值是逆向排列，即分值越低排名就越靠前。

表4－1　2015—2018年河南省城市环境可持续发展得分及排名

年份	2015		2016		2017		2018	
城市	环境总体指标得分	排名	环境总体指标得分	排名	环境总体指标得分	排名	环境总体指标得分	排名
郑州市	2.6630	10	2.6850	11	2.4537	7	3.2004	17
开封市	2.7425	12	2.5129	9	2.5429	9	2.4281	8
洛阳市	3.0461	14	3.3975	18	3.3349	18	2.9903	14
平顶山市	3.0389	13	2.9927	13	2.7462	12	3.1333	16
安阳市	3.3704	18	3.2126	15	3.2699	17	3.1164	15
鹤壁市	2.1585	5	1.6263	1	1.8159	1	1.8983	2
新乡市	3.1575	17	3.3331	17	3.1198	16	3.3454	18
焦作市	3.1092	16	3.1074	14	2.8891	14	2.7585	11
濮阳市	2.2598	7	2.2714	6	2.7039	11	2.0405	3
许昌市	2.1051	4	2.0014	4	2.2447	5	2.1496	4
漯河市	2.0655	3	1.8908	3	2.0171	2	1.8416	1
三门峡市	2.6449	9	3.3024	16	2.4556	8	2.7370	10
南阳市	3.0948	15	2.6989	12	2.8946	15	2.9107	12
商丘市	1.9172	1	2.4580	8	2.0721	3	2.2003	5
信阳市	2.6718	11	2.6725	10	2.8336	13	2.9202	13

续表

年份	2015		2016		2017		2018	
城市	环境总体指标得分	排名	环境总体指标得分	排名	环境总体指标得分	排名	环境总体指标得分	排名
周口市	2.2288	6	2.2461	5	2.5983	10	2.2278	7
驻马店市	2.3437	8	2.4197	7	2.3634	6	2.4680	9
济源市	1.9807	2	1.7279	2	2.2009	4	2.2171	6
变异系数	0.1808		0.2166		0.1660		0.1859	

从环境可持续发展维度分析，2018年河南省环境质量较好的城市是漯河市、鹤壁市、濮阳市和许昌市。这些地区轻工业和农业比重高、有一定经济实力进行环境治理，因此环境质量相对好。其中，鹤壁市废气和生活垃圾排放量显著较低，环保支出占财政支出的比重也相对较高；而漯河市产业以食品加工等轻工业为主，工业固体废弃物和废气排放数量较少，生产对环境没有显著的负面影响；濮阳市的烟（粉）尘及二氧化硫的排放量较低；许昌市的废水排放总量较低，且在环保支出上投入较大。较差的是河南省中部和北部的安阳市、平顶山市、郑州市和新乡市，机械制造、建材、能源等重工企业分布较多的地区，环境整体水平低，安阳市的主要问题是生活用水耗费程度高，并且企业生产能耗相对较高；平顶山市作为煤炭生产基地，过去大量开采煤矿，形成瓦斯气、煤矸石、尾矿渣等工业废弃物，给环境造成了巨大的压力；新乡市、郑州市有较多的产业园区，主要问题是废水排放和污水处理指标水平都较差，天然气用量和社会用电量也居高不下。

2018年，环境总体指标得分与2015年相比下降较快的是焦作市、开封市、濮阳市，排名分别从第16、12、7位上升到第11、8、3位，焦作市在废弃物排放方面有明显改善，其中，氮氧化物排放、单位GDP废水排放量、城市污水处理率指标排名提升明显；濮阳市加大了环境治理投入，其建成区绿化覆盖率有明显的提高；开封市在空气质量上有明显改善，烟（粉）尘、二氧化硫、氮氧化物排放显著下降，排位上升。近几年环境总体下降较快的是郑州市、商丘市、济源市，排名分别从第10、

1、2 位下降到第 17、5、6 位（见图 4－1），这三个城市在环境的保护水平上有明显的下降趋势，其中郑州市的空气质量日益变差。

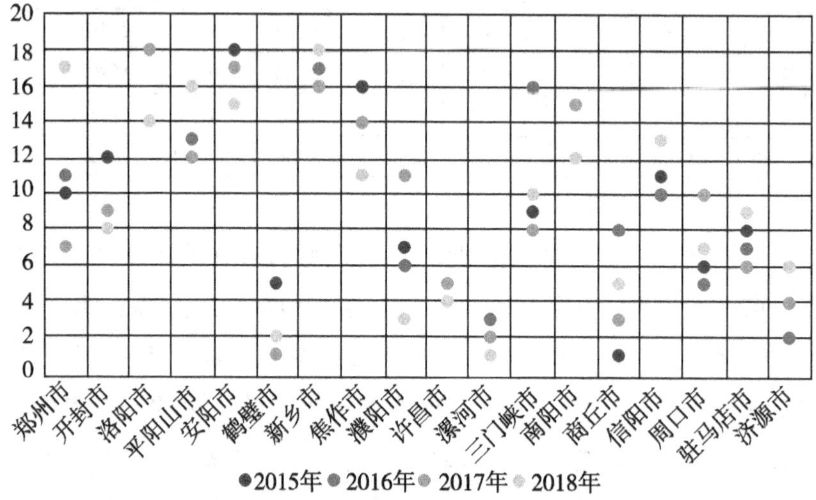

图 4－1　2015—2018 年河南省城市环境可持续发展指标排名

从环境可持续发展得分变异系数的变化看，2018 年，环境总体的变异系数为 0.1859，环境污染整体处于较低水平，但同 2017 年相比较稍有上升。第一个因子——环境污染具有很大程度上不可逆性，因此相对于环境的另一个因子——环境保护获得了更高的权重。环境污染减量化方面（见表 4－2、图 4－2），最好的是漯河市、周口市和鹤壁市，靠近太行山脉过渡地区和河南中部地区生产制造业份额较低、污染物排放量相对较少。其中，漯河市空气质量连续四年位居全省前列，粉尘、二氧化硫和氮氧化物的排放量更是连续三年全省最少。漯河市以食品加工为主导产业，气体污染物排放相对较小，环境污染的压力主要表现在水资源消耗方面（见图 4－3）。周口市的工业对环境造成的污染比较小，主要体现在垃圾的排放量显著较少；鹤壁市的企业节水指标连续三年第一，而且全社会用电量也比较少，对资源的利用比较合理。较差的是郑州市、安阳市和洛阳市，郑州市的弱势在于气体排放和固体废弃物产生；安阳市钢铁水泥产业较为密集，因此废气排放量和能源消耗量高；

洛阳市的弱势在于气体排放（见图4－4、图4－5）。上升幅度较大的城市是开封市和三门峡市，排名分别从第9、12位上升到第6、8位。开封市和三门峡市 $PM_{2.5}$ 趋于良好，粉尘、二氧化硫和氮氧化物的排放量明显下降。总体来说，四年内环境消耗排名降幅较大的是许昌市和驻马店市。许昌市从第7位下降到第11位；驻马店市也从第4位下降至第7位。近几年来许昌市经济持续发展，汽车和工业的快速增加引起了废气排放过快增长，驻马店市产业引进速度加快，对环境的压力也呈上升趋势。

表4－2　2015—2018年河南省城市环境污染指标得分及排名

年份	2015		2016		2017		2018	
城市	环境污染	排名	环境污染	排名	环境污染	排名	环境污染	排名
郑州市	2.1670	16	2.2010	16	2.1382	16	2.3005	17
开封市	1.3413	9	1.2944	9	1.1816	5	1.0361	6
洛阳市	2.2791	17	2.2898	17	2.2016	17	2.1347	16
平顶山市	2.0123	15	1.9753	15	1.7907	13	2.0184	14
安阳市	2.3740	18	2.3889	18	2.4022	18	2.4208	18
鹤壁市	1.0515	5	0.6845	2	0.7976	2	0.8630	3
新乡市	1.8225	13	1.9343	13	1.9640	15	2.0380	15
焦作市	1.9568	14	1.9706	14	1.9267	14	1.8819	13
濮阳市	1.0760	6	1.1506	5	1.2664	7	1.0280	5
许昌市	1.1795	7	1.1905	6	1.4327	10	1.5398	11
漯河市	0.7782	2	0.6844	1	0.6845	1	0.7101	2
三门峡市	1.6808	12	1.5704	12	1.3209	9	1.2582	8
南阳市	1.5875	11	1.4661	11	1.6518	12	1.6559	12
商丘市	0.8070	3	1.2202	7	0.8555	3	0.9972	4
信阳市	1.4215	10	1.4363	10	1.4706	11	1.5005	10
周口市	0.7220	1	0.7690	3	0.8797	4	0.6259	1
驻马店市	1.0077	4	1.0418	4	1.2264	6	1.1857	7
济源市	1.2241	8	1.2207	8	1.2977	8	1.2941	9
变异系数	0.3632		0.3696		0.3485		0.3791	

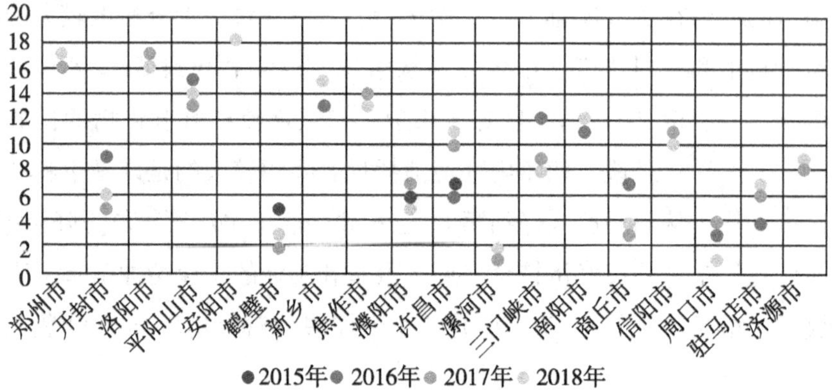

图 4－2　2015—2018 年河南省城市环境污染指标排名

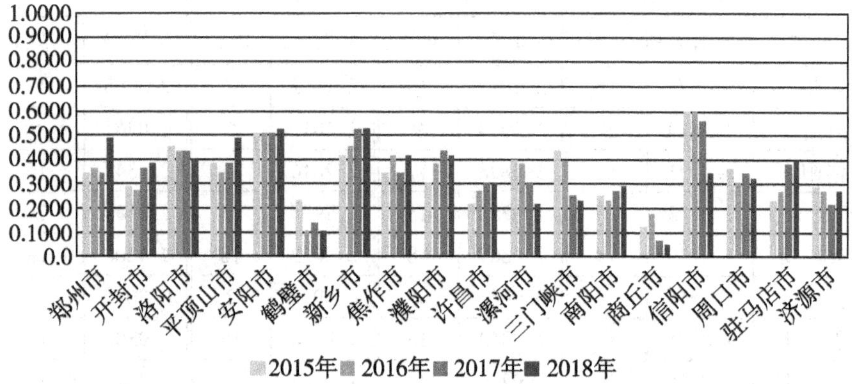

图 4－3　2015—2018 年河南省城市淡水消耗指数

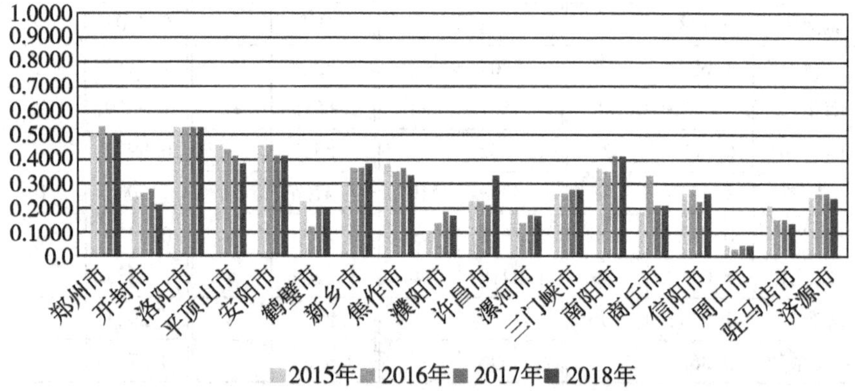

图 4－4　2015—2018 年河南省城市固体废物产生指数

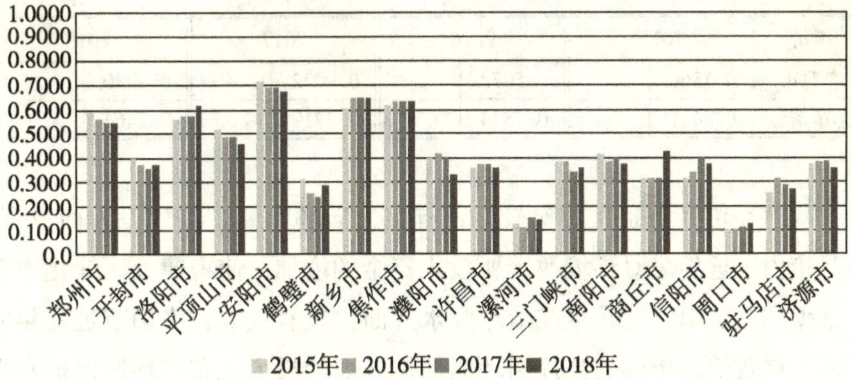

图4-5 2015—2018年河南省城市能源消耗指数

第二个因子——环境保护方面得分高的是许昌市、安阳市和洛阳市（见表4-3）。

表4-3 2015—2018年河南省城市环境保护可持续发展得分及排名

年份	2015		2016		2017		2018	
城市	环境保护	排名	环境保护	排名	环境保护	排名	环境保护	排名
郑州市	0.4960	1	0.4840	1	0.3155	1	0.8999	5
开封市	1.4012	16	1.2185	11	1.3613	15	1.3920	15
洛阳市	0.7670	3	1.1077	7	1.1333	8	0.8556	3
平顶山市	1.0266	7	1.0174	6	0.9555	5	1.1149	9
安阳市	0.9964	6	0.8237	4	0.8677	3	0.6956	2
鹤壁市	1.1070	8	0.9418	5	1.0183	7	1.0353	8
新乡市	1.3350	14	1.3988	16	1.1558	11	1.3074	14
焦作市	1.1524	10	1.1368	9	0.9624	6	0.8766	4
濮阳市	1.1838	11	1.1208	8	1.4375	17	1.0125	7
许昌市	0.9256	4	0.8109	3	0.8120	2	0.6098	1
漯河市	1.2873	13	1.2064	10	1.3326	14	1.1315	10
三门峡市	0.9641	5	1.7320	18	1.1347	9	1.4788	17
南阳市	1.5073	18	1.2328	12	1.2428	13	1.2548	12
商丘市	1.1102	9	1.2378	14	1.2166	12	1.2031	11
信阳市	1.2503	12	1.2362	13	1.3630	16	1.4197	16
周口市	1.5068	17	1.4771	17	1.7186	18	1.6019	18
驻马店市	1.3360	15	1.3779	15	1.1370	10	1.2823	13

续表

年份	2015		2016		2017		2018	
济源市	0. 7566	2	0. 5072	2	0. 9032	4	0. 9230	6
变异系数	0. 2431		0. 2844		0. 2719		0. 2464	

这些城市经济条件相对较好，有实力向环保和生态建设方面投资，许昌市由于近年来对环境改善所投入资金的增加，使得建成区绿化率有明显增加；安阳市近几年在治理废水方面比较有成效；洛阳市近几年的经济发展较快，相应的会提高环境保护方面的投入比重。环境保护水平较低的是周口市、三门峡市和信阳市（见图4－6），其中，周口市的废水排放量较高，造成了环境保护排名较为靠后；三门峡市土地面积相对广阔，但建成区绿化率却相对其他城市较低；信阳市在公共预算上投入环保的支出较低（见图4－7）。从表4－3看，2018年上升较快的是安阳市、许昌市和焦作市，自2015年起，排名分别从第6、4、10位上升到第2、1、4位。安阳市和许昌市上升较快的原因都在于环保资金投入力度的加大；焦作市城市污水处理率和单位GDP废水排放量上升较快。建成区绿化率也比较高（见图4－8）。下降较快的是三门峡市和信阳市，三门峡市的建成区绿化率一直相对其他地市比较靠后，废水处理率也相对较低（见图4－9）。

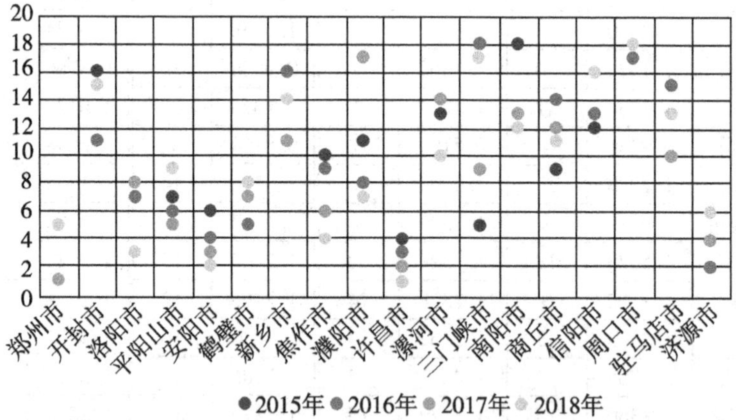

图4－6　2015—2018年河南省城市环境保护指标排名

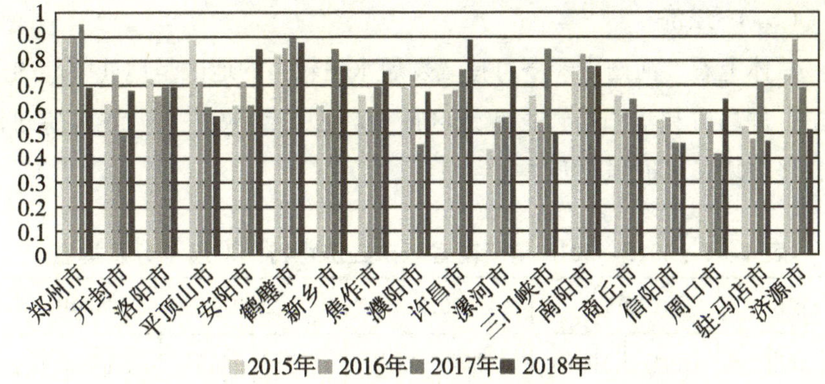

图4－7　2015—2018年河南省城市治理投入指数

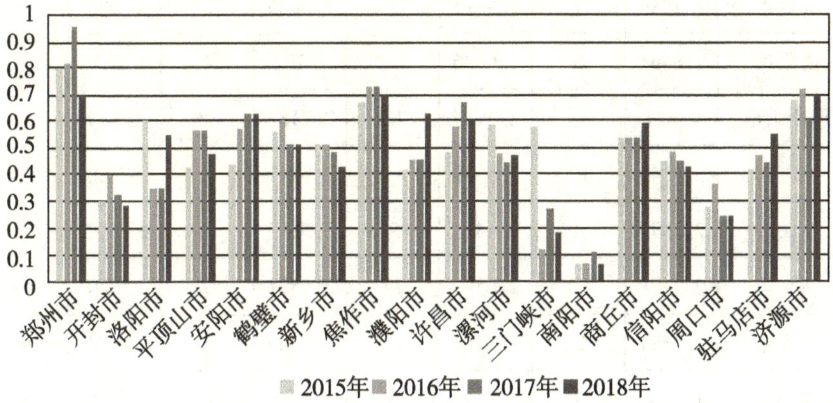

图4－8　2015—2018年河南省城市土地可持续利用指数

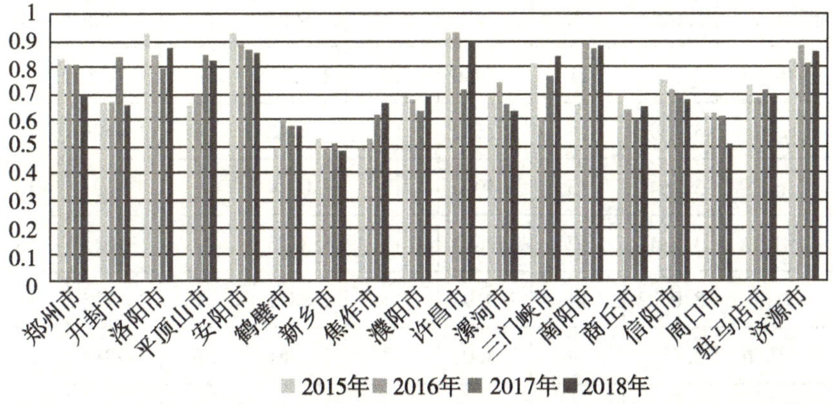

图4－9　2015—2018年河南省城市废水处理指数

（二）经济

总体上看，河南省经济可持续发展水平较高的地区是地处中部的郑州市、许昌市和洛阳市，这些地区产业转型升级快，工业商贸基础较好，经济增长潜能强（见表4－4）。

表4－4　2015—2018年河南省城市经济可持续发展得分及排名

年份	2015		2016		2017		2018	
城市	经济	排名	经济	排名	经济	排名	经济	排名
郑州市	0.5302	1	0.4577	1	0.6455	1	0.6206	1
开封市	2.1986	9	1.9315	7	1.8886	5	2.066	8
洛阳市	1.8461	6	1.6606	4	1.702	4	1.5661	3
平顶山市	2.641	13	2.6954	13	2.7183	13	2.572	11
安阳市	2.4645	12	2.6339	11	2.6741	12	2.5925	12
鹤壁市	2.1977	8	2.4428	9	2.5565	10	2.2725	9
新乡市	2.3178	10	2.6347	12	2.5521	9	2.6676	13
焦作市	1.5891	2	1.5787	2	1.5409	3	1.6069	4
濮阳市	1.6202	3	1.7140	5	1.9886	8	1.9796	6
许昌市	1.6496	4	1.6041	3	1.2636	2	1.3941	2
漯河市	2.0135	7	1.7287	6	1.8935	6	1.7308	5
三门峡市	2.3607	11	2.5950	10	2.6621	11	2.435	10
南阳市	3.3594	16	3.2322	15	3.2948	16	3.4509	17
商丘市	3.1646	15	3.3076	17	3.0149	15	3.0391	14
信阳市	3.4341	17	3.2614	16	3.3275	18	3.54	18
周口市	3.0602	14	2.9197	14	2.8871	14	3.1713	15
驻马店市	3.6354	18	3.4008	18	3.3061	17	3.2282	16
济源市	1.8158	5	2.0953	8	1.9823	7	1.9816	7

续表

年份	2015		2016		2017		2018	
城市	经济	排名	经济	排名	经济	排名	经济	排名
变异系数	0.3411		0.3382		0.3254		0.3386	

郑州市作为省会城市，在经济转型升级方面走在全省前列，增长潜能较高，而长期以来作为全省政治经济中心资本存量较高，为郑州市的经济发展奠定了良好的基础，其劳动人口密度、人力资本存量、城镇从业人员平均工资、第三产业产值占 GDP 比重、居民人民币储蓄存款余额等指标为主要优势指标，显著高于其他城市。许昌市制造业近年来发展较好，整体效率高，良好的营商环境为许昌市民营企业的发展带来了契机。发达的制造业和民营企业使得许昌市的 GDP 增长率为 8.67%、规模以上工业增加值占第二产业生产总值比重为 93.57%，在全省范围内明显占优，规模效益提高了许昌市经济质量的总体水平。洛阳市是中部地区重要的工业城市，装备制造、能源电力、石油化工、新材料、硅光伏及光电等五大支柱产业占规模以上工业总量的比重达到 71.5%，新能源、节能环保、生物医药、电子信息等战略新兴产业也呈快速勃兴之势。洛阳市 GDP 增长率、人力资本存量、城镇从业人员平均工资、第三产业产值占 GDP 比重等指标为主要优势指标，显著高于其他城市。

经济总体水平指标中表现相对较差的是地处南部、以农业为主要支柱产业的驻马店市、南阳市和信阳市。其中，驻马店市在居民人均固定资产投资、人均生产总值及城镇单位从业人员平均工资指标方面处于劣势地位。南阳市地处河南南部，农业产值比重高、多山地丘陵地貌、内部交通受限，缺乏科研机构支撑。因此，高技术含量、高附加值的现代企业，尤其规模以上工业企业经济效益、居民人均储蓄存款余额指标水平在全省处于较落后的位置，导致南阳市经济发展相对落后。信阳市的弱势在于位置偏远，缺乏有效的产业支撑，规模以上工业企业增加值在第二产业产值当中占比较低，产业聚集度和规模化水平相对低。

近4年经济总体水平上升较快的是洛阳市。洛阳市经济总体排名从2015年的第6位上升至2018年的第3位。洛阳市在GDP增长率、规模以上工业企业成本利润率、规模以上工业增加值占第二产业生产总值比重等指标方面有上升，即产业规模效应和创新效应带动了经济发展，因此，GDP增长率排名上升幅度较大，从第12位上升至第1位。而相应的经济总体排位水平下降明显的是新乡市和濮阳市，在全省经济质量总体排名中均下降3位；新乡市经济总体指标从第10位下降至第13位；濮阳市经济总体指标从第3位下降至第6位。其中，新乡市规模以上工业增加值占第二产业生产总值比重、第三产业占GDP比重、GDP增长率、人均固定资产投资、居民人民币储蓄存款余额等指标相较于其他城市有明显下降迹象；濮阳市下降明显的指标是规模以上工业企业增加值占第二产业比重、GDP增长率、从业人员平均工资、人均资本存量、规模以上工业企业成本利润率、人均储蓄存款余额等。

存量水平维度的离散程度要显著高于经济增长潜能的离散程度，各地区经济发展基础存在显著的差异，可以通过跨区域调配人力和资本资源实现城市群的协调发展。

从第一个因子经济增长潜能的角度来看（见表4-5、图4-10～图4-13），发展潜能相对较高的是郑州市、洛阳市和许昌市。

郑州市作为省会，是河南省的政治、经济、文化的核心地带，政策作用相当显著。郑州市在国家级和省级的规划建设中都具有重要的地位，郑州市是大都市区，中原经济区建设的中心城市、一带一路节点城市等多项规划建设为郑州市带来了优于其他城市的发展前景；同时郑州市地处河南省中心，京广、陇海等多条铁路的交会点，便利的交通条件和区位优势提高了郑州市经济的增长潜能；郑州市高校和科研院所众多，是城市经济社会发展所依赖的创新动力。近年来郑州市加大了对人才引进的力度，为郑州市未来的发展带来了人力资本外部优势。具体到各项指标来看，郑州市表现较好的是经济增长潜能和产业附加值水平两个二级指标，其第三产业占 GDP 比重、人均资本存量及从业人员工资等三级指标处于各城市领先地位。

洛阳市是中部地区重要的工业城市，拥有洛阳市石化、中信重工、一拖集团、中铝洛铜等众多具有较强市场竞争力的大型企业集团。具体到各项指标来看，洛阳市得分较高的指标是产业结构合理度，另外，在 GDP 增长率、第三产业占 GDP 比重、从业人员工资等三级指标方面都有较为优良的表现。

许昌市作为河南省近年来的制造业新秀，拥有着河南省内最多的上市企业，同时许昌市民营经济在经济总量中的占比达到 80%，在经济市场化转型方面也相当成功，商贸、服务和新科技的发展为许昌市经济的增长带来了机遇。另外，在 GDP 增长率、从业人员工资和规模以上工业企业成本利润率方面都有较为优良的表现。

经济增长潜能相对较低的城市是鹤壁市、信阳市、南阳市。

鹤壁市面临严重经济转型压力，新增长点发展不足，因此经济发展也相对落后。从具体指标来看：鹤壁市表现相对较差的是第三产业占 GDP 比重、从业人员工资。虽然良好的农业种植条件为信阳市农业的发展奠定了基础，但是信阳市多山地，交通条件相对落后，且距离具有大型农贸市场的都市相对较远，因此，农产品的生产加工仍处于初级阶段，对于经济支撑力度相对有限。

信阳市虽然具有良好的旅游和地貌条件，但是近年来全域旅游开发的理念还没有建立起来，配套的交通、电信、住宿、商贸等设施和产业还有待进一步提高。同时信阳市位于我国南北的交界地，信阳市劳动人口的流出相对较大，在一定程度上也削弱了信阳市进一步发展的潜能。从具体指标来看：信阳市表现相对较差的是规模以上工业增加值占第二产业总值比重、GDP 增长率。

南阳市位于河南省西南部，是省内人口和农业大市，2018 年三次产业结构比为 14.7：41.4：43.9，第一产业占比仍相对较高；制造业规模和附加值都相对较低，缺乏市场竞争力强、能够有效带动就业的大企业。南阳市农业占用了大量的劳动力，工商业的相对落后，劳动人口的流出显著，造成城市发展过程中人力资本供给缺乏，但是南阳市道路交通相对发达，人力资源丰富，有希望成为河南省辐射湖北、陕西、广东等省的交通物流中心。从各指标水平上看，南阳市在经济增长潜能下的规模以上工业增加值占第二产业生产总值比重、GDP 增长率和规模以上工业企业成本利润率指标方面表现较为薄弱。

从经济增长潜能维度的指标变动角度来看，上升幅度较大的城市是漯河市、驻马店市，排名分别从第 13、18 位上升至第 6、11 位，上升幅度均为 7 位。

漯河市上升较快的指标有规模以上工业增加值占第二产业生产总值比重、GDP 增长率及城镇单位从业人员平均工资。漯河市在经济增长方面逐渐找到着力点，产业引进规模和质量水平都相当高，为经济持续增长提供新的动力。

驻马店市在经济增长潜能下的 GDP 增长率，以及产业附加值水平下的从业人员工资、规模以上工业企业成本利润率的指标排名有所上升，表明驻马店市在产业结构方面、提升产业质量方面的着力有着相对良好的效果。

下降幅较大的城市为濮阳市、三门峡市和安阳市，分别从第 2、9、11 位下降至第 7、14、15 位，下降幅度分别为 5、5、4 位。濮阳市在增长潜能维度下降较大的原因是其在产业结构合理度、GDP 增长率、城镇单位从业人员工资、规模以上工业企业成本利润率均有下降，其 GDP 增长率下降较为显著；三门峡市下降较多的指标为研发人员占常住人口比重和规模以上工业企业成本利润率；安阳市下降幅度较大主要体现在规模以上工业企业成本利润率方面。可以看出，产业附加值水平及人员工资排位降低是增长潜能下降的直接表现，其内在的原因是产业结构转型缓慢、技术创新能力弱，并且劳动人口尤其是高素质劳动人口的流失可能造成这些城市在经济增长潜能方面的表现相对薄弱，而经济增速放缓则进一步加剧了人口流失的现象。因此，提高经济增长潜能重要的是推进支柱产业升级，提高劳动人口素质，制定吸引劳动人口的优惠政策。

表4-5　2015—2018年河南省城市经济增长潜能得分及排名

年份	2015		2016		2017		2018	
城市	经济增长潜能	排名	经济增长潜能	排名	经济增长潜能	排名	经济增长潜能	排名
郑州市	0.3547	1	0.305	1	0.47	1	0.4451	1
开封市	0.8356	4	0.6301	2	0.6099	3	0.8521	4
洛阳市	0.9052	5	0.7197	4	0.7611	4	0.6252	2
平顶山市	1.2199	12	1.2321	10	1.2322	12	1.1086	8
安阳市	1.1891	11	1.3164	13	1.3533	15	1.2911	15
鹤壁市	1.3084	14	1.5762	18	1.6217	18	1.3832	16
新乡市	0.9776	7	1.2262	9	1.0981	7	1.1681	9
焦作市	0.9755	6	0.9878	6	0.9466	5	1.0126	5
濮阳市	0.6921	2	0.828	5	1.1026	8	1.0288	7
许昌市	0.7503	3	0.7048	3	0.5236	2	0.6313	3
漯河市	1.2279	13	0.9887	7	1.1535	10	1.0135	6
三门峡市	1.1342	9	1.323	14	1.5072	17	1.2574	14
南阳市	1.3474	15	1.2884	12	1.3056	14	1.4617	17
商丘市	1.4088	16	1.487	17	1.1293	9	1.199	12
信阳市	1.5813	17	1.4086	16	1.4292	16	1.619	18
周口市	1.1874	10	1.0469	8	1.0143	6	1.2564	13
驻马店市	1.5973	18	1.3627	15	1.268	13	1.1901	11

续表

年份	2015		2016		2017		2018	
城市	经济增长潜能	排名	经济增长潜能	排名	经济增长潜能	排名	经济增长潜能	排名
济源市	1.0082	8	1.2649	11	1.1747	11	1.174	10
变异系数	0.2903		0.3125		0.2991		0.2756	

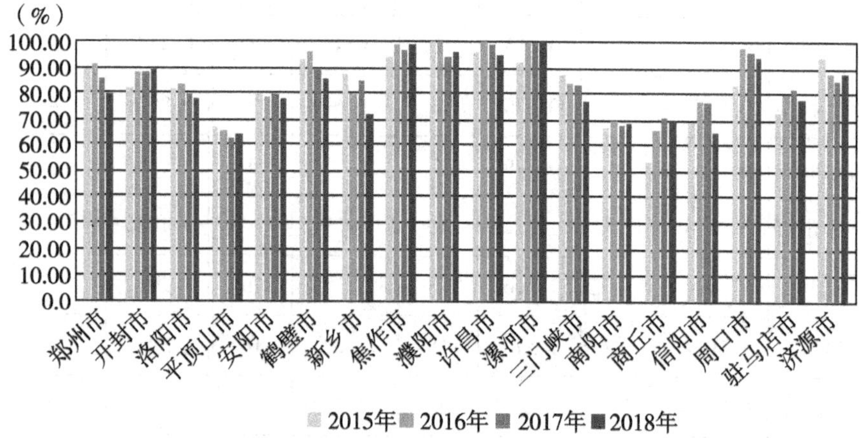

图4-10　2015—2018年河南省城市规模以上工业增加值占第二产业生产总值比重（%）

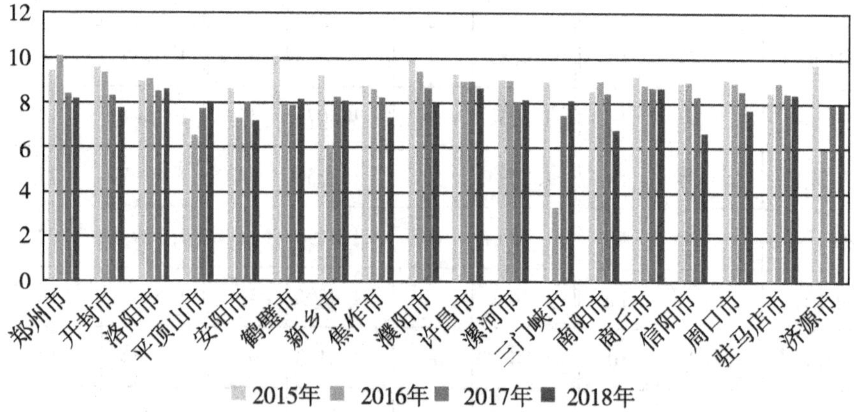

图4-11　2015—2018年河南省城市GDP增长率（%）

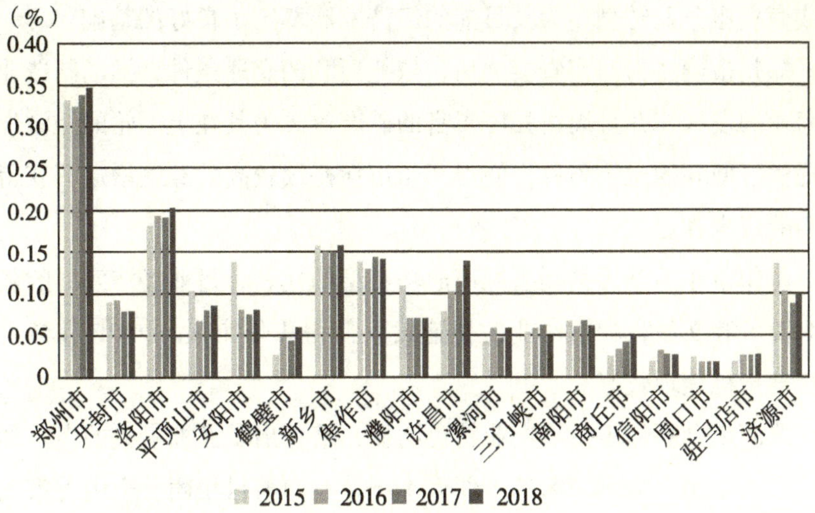

图 4－12　2015—2018 年河南省城市研发人员占常住人口比重（%）

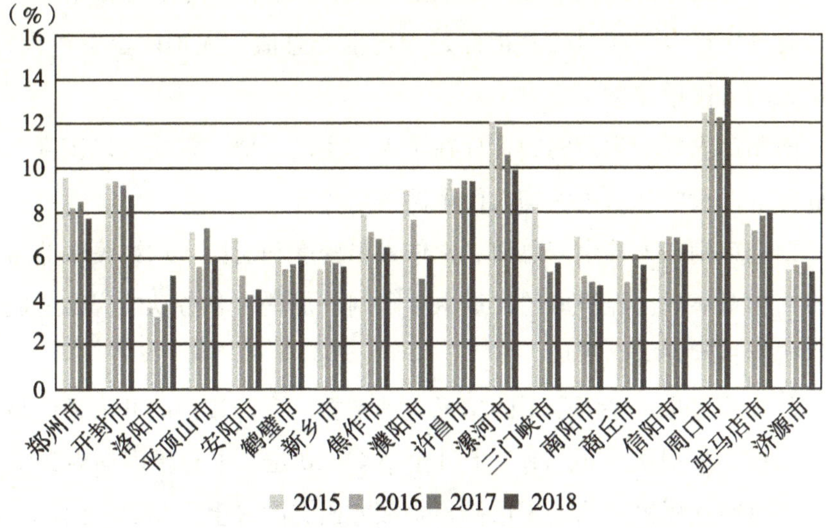

图 4－13　2015—2018 年河南省城市规模以上工业企业成本利润率（%）

从第二个因子经济存量水平方面来看，排名最前的三个城市为郑州市、焦作市和漯河市，这三个城市在历史发展的过程中较早由农业向工业或商贸服务业转型，为其目前的经济发展奠定了良好的基础。

郑州市确立为河南省会之后，依托便利的交通条件，推动制造业和工商业的发展，并且周边县区丰富的矿产资源为其在上一轮的经济发展中提供了便利的先天条件，使得郑州市在持续较高的经济增速下获得了较高的资本存量。

焦作市作为资源枯竭型城市成功转型的代表，目前经济发展的新方向为商贸和文旅，朝阳产业的快速发展使得焦作市人均 GDP 和劳动人口密度指标表现较好。

漯河市食品加工主导产业特色明显，培育出了亚洲最大的肉类加工企业双汇集团、全国著名的方便面生产企业南街村集团、全国首家葡萄糖饮料生产企业乐天澳的利集团等一批知名食品企业，为全市的劳动人口密度和居民人均储蓄余额的提升提供了良好的基础。

排名较为靠后的三个城市分别是驻马店市、南阳市和信阳市。

驻马店市表现相对较差指标是人均生产总值、人均固定资产投资、居民人均人民币储蓄余额。

南阳市表现较为薄弱的指标在于人均生产总值、常住人口密度、人均固定资产投资和居民人均人民币储蓄余额。

信阳市则在人均生产总值、常住人口密度和居民人均人民币储蓄余额排名相对靠后。经济原始存量由于限制外加资本和劳动的流出造成这些城市存量因子排名靠后。

从经济存量水平因子下的指标变动来看，上升较快的城市是许昌市和开封市，分别从第 6、12 位上升至第 4、10 位，上升幅度均为 2 位。

许昌市在居民人均人民币储蓄余额方面有明显上升趋势，因此，带动许昌市经济存量水平的上升。

开封市上升较大的指标为人均生产总值、居民人均人民币储蓄余额，虽然在人均固定资产投资指标方面略有下降，但是整体经济存量水平仍呈上升趋势。

经济存量下降较大的城市是新乡市，新乡市下降较为明显的指标为居民人均人民币储蓄余额和人均固定资产投资（见表4-6、图4-14~图4-16）。

表4-6　2015—2018年河南省城市经济存量水平得分及排名

年份	2015		2016		2017		2018	
城市	经济存量水平	排名	经济存量水平	排名	经济存量水平	排名	经济存量水平	排名
郑州市	0.1755	1	0.1527	1	0.1755	1	0.1755	1
开封市	1.3630	12	1.3014	10	1.2787	10	1.2139	10
洛阳市	0.9409	8	0.9409	8	0.9409	8	0.9409	7
平顶山市	1.4211	13	1.4633	13	1.4861	13	1.4634	12
安阳市	1.2754	10	1.3175	11	1.3208	11	1.3014	11
鹤壁市	0.8893	5	0.8666	5	0.9348	7	0.8893	6
新乡市	1.3402	11	1.4085	12	1.454	12	1.4995	13
焦作市	0.6136	2	0.5909	2	0.5943	2	0.5943	2
濮阳市	0.9281	7	0.886	6	0.886	6	0.9508	8
许昌市	0.8993	6	0.8993	7	0.74	3	0.7628	4
漯河市	0.7856	3	0.74	3	0.74	3	0.7173	3
三门峡市	1.2265	9	1.272	9	1.1549	9	1.1776	9
南阳市	2.0120	17	1.9438	17	1.9892	17	1.9892	17
商丘市	1.7558	14	1.8206	14	1.8856	15	1.8401	14
信阳市	1.8528	15	1.8528	15	1.8983	16	1.921	16
周口市	1.8728	16	1.8728	16	1.8728	14	1.9149	15
驻马店市	2.0381	18	2.0381	18	2.0381	18	2.0381	18

续表

年份	2015		2016		2017		2018	
城市	经济存量水平	排名	经济存量水平	排名	经济存量水平	排名	经济存量水平	排名
济源市	0.8076	4	0.8304	4	0.8076	5	0.8076	5
变异系数	0.4254		0.4320		0.4448		0.4457	

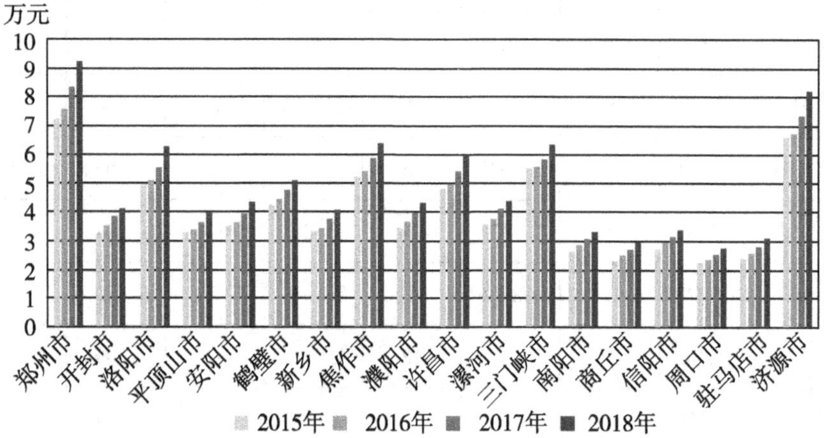

图 4－14　2015—2018 年河南省城市人均生产总值（万元）

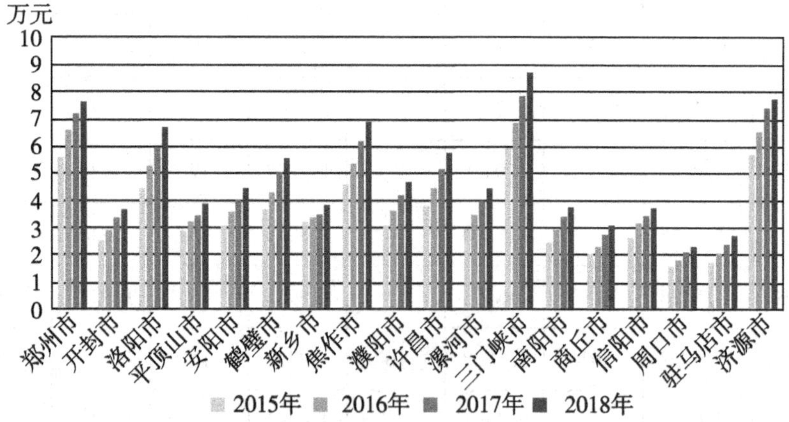

图 4－15　2015—2018 年河南省城市人均固定资产投资额（万元）

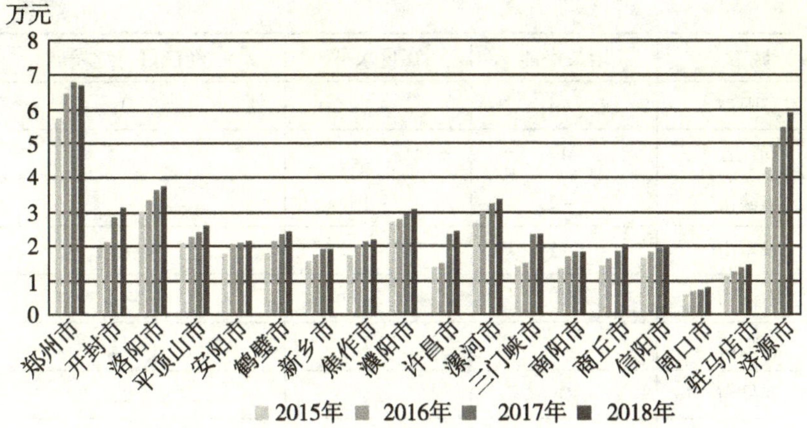

图 4－16　2015—2018 年河南省城市人均居民人民币储蓄存款余额（万元）

一个城市在经济方面的发展不仅与其历史因素所带来的存量水平有关，更与其在增长潜能方面的表现有着很大的关系。如果说存量水平代表的是城市发展的基础和历史，那么增长潜能就是城市发展的速度和未来。因此，在经济可持续性测量中，我们对城市在增长潜能维度的指标赋予了更高的权重，以更好地反映城市经济的转变和发展。在河南省 18 个城市当中（见表 4－7、图 4－17），虽然存量水平有所下降或不变，但是由于增长潜能的上升而带来总体指标排名上升的是漯河市、商丘市和驻马店市；由于存量水平变动相对较大，带动总体指标同向变动的是开封市、许昌市；由增长潜能指标变动带动总体排名同向变动的有漯河市、商丘市、驻马店市和南阳市；而安阳市增长潜能与存量水平指标排名同时发生同向变化，但是总体指标没有发生变化。

表 4－7　2015—2018 年河南省城市三项指标排名变动情况

城市	增长潜能	存量水平	经济可持续发展
郑州市	0	0	0
开封市	0	2	1
洛阳市	3	1	3

续表

城市	增长潜能	存量水平	经济可持续发展
安阳市	-4	-1	0
平顶山市	4	1	2
鹤壁市	-2	-1	-1
新乡市	-2	-2	-3
焦作市	1	0	-2
濮阳市	-5	-1	-3
许昌市	0	2	2
漯河市	7	0	2
三门峡市	-5	0	1
南阳市	-2	0	-1
商丘市	4	0	1
信阳市	-1	-1	-1
周口市	-3	1	-1
驻马店市	7	0	2
济源市	-2	-1	-2

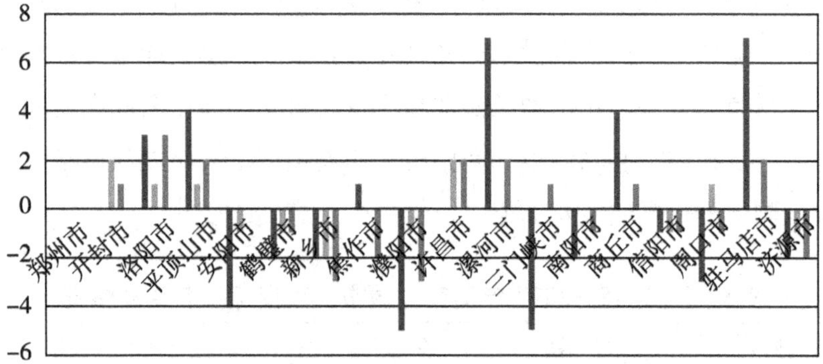

图 4-17　2015—2018 年河南省城市经济指标变动幅度

（三）社会

总体来看，河南省社会方面可持续发展水平较高的城市是中部和北部的郑州市、洛阳市和安阳市，这些城市公共基础设施完善、公共资源投入情况良好。其中，郑州市的优势在于交通运输和养老服务。郑州市作为全省乃至全国一个重要的交通枢纽，其四通八达的交通线贯穿着郑州市整个城区，另外郑州市的养老保险覆盖率也一直位于全省第一。洛阳市文化类领域整体排名一直位于全省第 1 位。作为一座古都城市，洛阳市的文化及相关产业规模以上文化服务业企业营业收入一直处于全省前列水平。安阳市的电信设施获取度和能源获取方面在全省范围内位于前列，尤其是在 2018 年，安阳市的天然气平均人口的供应量位列全省第一。

整体较差的是濮阳市、鹤壁市和漯河市。濮阳市服务类和文化类指标排名靠后；鹤壁市同样是在文化类维度表现较差的城市，无论是健身场地设施还是图书馆的数量，都处在较低的水平；漯河市的服务类和资源类指标较为落后，其中人均天然气用气量指标是明显的短板。

近几年社会整体水平上升较快的是许昌市、信阳市和济源市，排名从 2015 年的第 14、9、16 位分别上升至 2018 年的第 10、5、12 位，均上升了 4 位。

许昌市排名的快速上升，主要得益于文化设施指标，健身场地设施通过近几年的发展已经排列至全省第 1 位。信阳市的养老服务水平明显提高，且全市的公共图书馆个数也一直处于全省靠前的位置；平顶山市的资源供给水平明显改善，其中水源获取度指标较 2015 年上升 2 位。

近几年社会整体水平下降较快的是濮阳市、驻马店市和商丘市，排名从 2015 年的第 11、7、6 位分别下降至 2018 年的第 18、13、11 位，下降了 7、6、5 位。濮阳市在文化规模和水源获取度方面下降明显，同时濮阳市在养老服务方面也一直处于较低的水平，养老保险的覆盖率较低；驻马店市在电信设施获取度和养老服务方面发展滞后；商丘市社会维度整体下降趋势较大，其中资源类中的教育获取度指标较 2015 年下降 8 位。

从社会可持续发展各年份的变异系数发现，河南省城市的社会领域可持续发展指标得分离散程度较低，4 年的变异系数稳定在 0.1290 ~ 0.1331范围内，证明城市间社会总体指标发展差距较小，且趋势平稳（见表 4 – 8）。

表 4 – 8　2015—2018 年河南省城市社会总体指标得分及排名

年份	2015		2016		2017		2018	
城市	社会总体指标	排名	社会总体指标	排名	社会总体指标	排名	社会总体指标	排名
郑州市	2. 1163	1	2. 0912	1	2. 0308	1	2. 043	2
开封市	3. 0467	15	2. 7718	10	2. 7557	10	2. 9334	14
洛阳市	2. 1369	2	2. 1432	2	2. 0351	2	2. 0063	1
平顶山市	2. 9415	12	2. 9981	14	3. 011	14	2. 7429	9
安阳市	2. 5796	5	2. 5895	6	2. 4235	4	2. 3441	3
鹤壁市	3. 193	17	3. 2645	17	3. 1204	16	3. 2009	17
新乡市	2. 163	3	2. 3666	3	2. 3664	3	2. 5626	6
焦作市	2. 6774	8	2. 8274	11	2. 7179	8	2. 7177	7
濮阳市	2. 9137	11	3. 0301	15	3. 3833	18	3. 3501	18
许昌市	2. 9755	14	3. 2784	18	3. 1176	15	2. 8477	10
漯河市	3. 2249	18	3. 2169	16	3. 145	17	3. 1339	16
三门峡市	2. 3754	4	2. 412	4	2. 5506	6	2. 4821	4
南阳市	2. 9712	13	2. 9298	12	2. 9676	12	2. 9787	15
商丘市	2. 6138	6	2. 625	8	2. 6486	7	2. 8485	11
信阳市	2. 6902	9	2. 4764	5	2. 4688	5	2. 5074	5
周口市	2. 9118	10	2. 6854	9	2. 7362	9	2. 7391	8
驻马店市	2. 6417	7	2. 6123	7	2. 8271	11	2. 9261	13
济源市	3. 0493	16	2. 9845	13	2. 9811	13	2. 9249	12
变异指数	0. 1290		0. 1312		0. 1376		0. 1331	

2018 年，服务类方面占明显优势的是郑州市、洛阳市和新乡市，也是省内经济较为发达的城市。郑州市作为省会在各方面发展相对更加成熟，有条件加大社会服务和建设领域投入，郑州市和洛阳市的交通运输

一直处于全省的领先地位，而新乡市在养老服务方面处于较高水平。相对较差的则是驻马店市、濮阳市和南阳市，驻马店市和濮阳市的养老保险覆盖率都明显低于省内其他城市，其中，南阳市的电信设施获取度在全省范围内排位较低。近几年上升幅度较大的是许昌市、三门峡市和信阳市，从2015年的第14、9、15位分别上升至2018年的第9、6、12位，上升了5、3、3位。许昌市在养老服务方面进步较快，而三门峡市和信阳市的养老覆盖率有着大幅度的提高。4年内降幅较大的是漯河市、开封市和南阳市，分别从第11、12、13位下降到第15、14、16位，下降了4、2、3位，这三座城市排名下降的共同原因是养老服务指标下降幅度较大。

从社会服务类指标各年份的变异系数发现，服务领域各城市发展的差距相对较大，但2018年较前三年有轻微下降趋势（见表4-9、图4-18~图4-20）。

表4-9　2015—2018年社会服务类指标得分及排名

年份	2015		2016		2017		2018	
城市	服务	排名	服务	排名	服务	排名	服务	排名
郑州市	0.2052	1	0.2052	1	0.1771	1	0.177	1
开封市	0.7113	12	0.6859	10	0.756	13	0.7617	14
洛阳市	0.382	3	0.382	4	0.3399	2	0.3537	2
平顶山市	0.6236	7	0.6433	8	0.6517	9	0.6433	8
安阳市	0.3821	4	0.4017	5	0.3511	4	0.4579	5
鹤壁市	0.702	10	0.716	11	0.6233	7	0.6991	11
新乡市	0.2949	2	0.2809	2	0.34	3	0.3625	3
焦作市	0.4634	6	0.5334	6	0.5447	6	0.5164	7
濮阳市	0.8536	18	0.8564	17	0.8451	17	0.8254	17
许昌市	0.7862	14	0.6574	9	0.6798	10	0.6769	9
漯河市	0.7025	11	0.7334	13	0.7193	12	0.7865	15
三门峡市	0.6545	9	0.6068	7	0.6265	8	0.4947	6
南阳市	0.7557	13	0.7557	14	0.7893	15	0.809	16
商丘市	0.6516	8	0.7189	12	0.6907	11	0.6936	10
信阳市	0.8007	15	0.8007	15	0.7671	14	0.7138	12

续表

年份	2015		2016		2017		2018	
城市	服务	排名	服务	排名	服务	排名	服务	排名
周口市	0.8229	16	0.8201	16	0.8314	16	0.7587	13
驻马店市	0.8509	17	0.8789	18	0.8621	18	0.8622	18
济源市	0.4044	5	0.3708	3	0.4524	5	0.4551	4
变异指数	0.3337		0.3336		0.3308		0.3163	

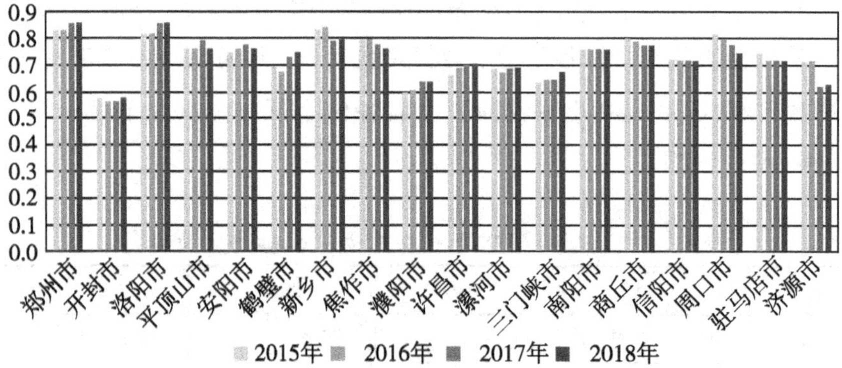

图 4－18　2015—2018 年河南省城市交通运输指数

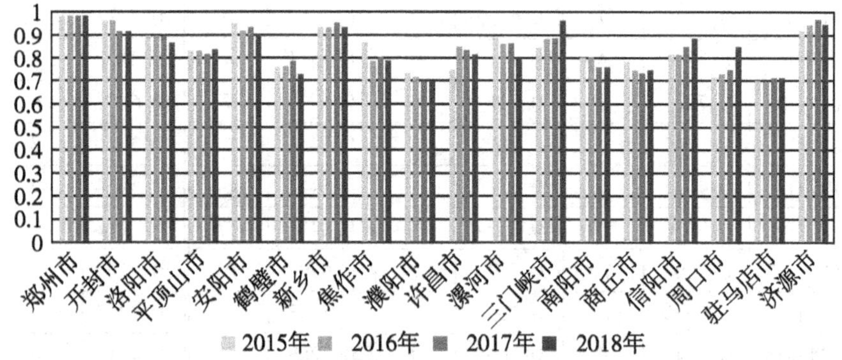

图 4－19　2015—2018 年河南省城市养老服务指数

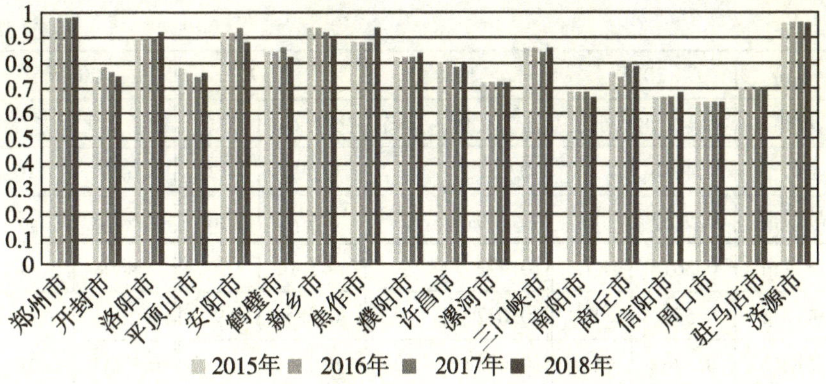

图4-20 2015—2018年河南省城市电信设施获取度指数

2018年，文化方面排名靠前的是洛阳市、郑州市和周口市，这些城市的文化设施相对较为完善，文化产业规模也较其他城市更大。另外，洛阳市作为旅游城市，旅游人次在全省排第1位。处于弱势的是济源市、濮阳市和鹤壁市，这些地区的健身场地设施较其他城市数量较少。文化产业规模也是相对落后。上升较快的是郑州市、许昌市和平顶山市，在这4年里分别上升了4、5、3位，上升至第2、6、7位。郑州市和许昌市偏向于公共性文化设施建设，郑州市的公共图书馆个数位于全省第2位，而许昌市的健身场地设施数则位于第1位，相对来说，平顶山市则更重视于文化规模的扩大，同时对文化设施建设和文化产业发展的重视带动了社会文化的进步。社会文化方面变异系数在社会领域四个维度的可持续发展指标中最高，但2018年有下降趋势，河南省各城市间文化发展参差不齐，有待进一步均衡发展（见表4-10、图4-21～图4-22）。

表4-10 2015—2018年河南省城市社会文化类指标得分及排名

年份	2015		2016		2017		2018	
城市	社会文化	排名	社会文化	排名	社会文化	排名	社会文化	排名
郑州市	0.3621	6	0.3216	4	0.3013	4	0.1684	2
开封市	0.6265	14	0.5772	11	0.5772	11	0.667	13
洛阳市	0.1165	1	0.2177	1	0.1772	1	0.0874	1
平顶山市	0.5176	10	0.3961	7	0.4479	8	0.4506	7

续表

年份	2015		2016		2017		2018	
城市	社会文化	排名	社会文化	排名	社会文化	排名	社会文化	排名
安阳市	0.4986	9	0.5328	10	0.591	12	0.5214	10
鹤壁市	0.9807	17	0.9401	17	0.9073	16	0.9073	17
新乡市	0.3618	5	0.472	9	0.3505	6	0.4808	8
焦作市	0.572	12	0.6479	13	0.4859	9	0.596	11
濮阳市	0.5732	13	0.6087	12	0.7162	14	0.7833	16
许昌市	0.5442	11	0.753	15	0.6922	13	0.4378	6
漯河市	0.9666	16	0.8768	16	0.9666	17	0.7034	14
三门峡市	0.6542	15	0.7011	14	0.7214	15	0.7162	15
南阳市	0.2492	2	0.2633	3	0.2923	3	0.3872	5
商丘市	0.4909	8	0.3859	6	0.4087	7	0.5188	9
信阳市	0.3202	3	0.2594	2	0.2076	2	0.3291	4
周口市	0.3226	4	0.3251	5	0.3074	5	0.3036	3
驻马店市	0.472	7	0.4226	8	0.5505	10	0.6429	12
济源市	1.0211	18	1.0299	18	1.03	18	1.03	18
变异指数	0.4663		0.4528		0.4763		0.4511	

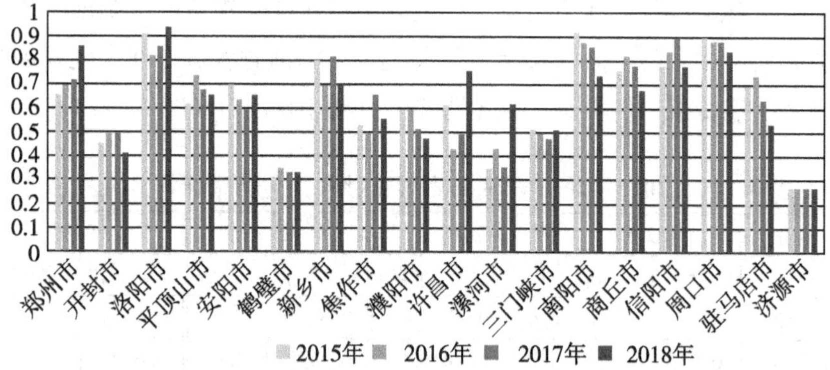

图 4－21　2015—2018 年河南省城市文化设施指数

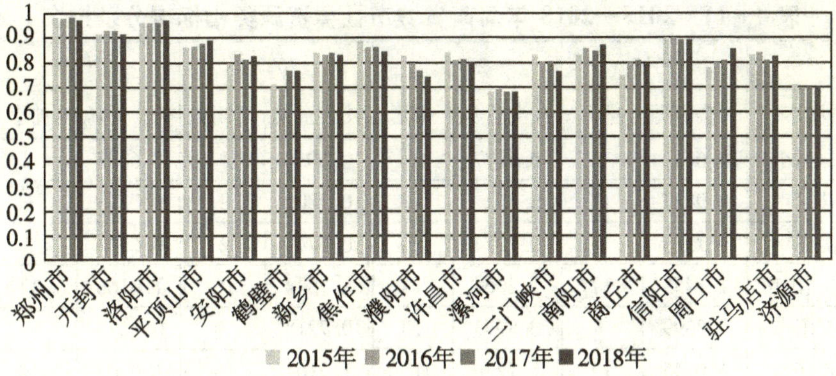

图 4－22　2015—2018 年河南省城市文化规模指数

2018 年，资源方面得分高的是济源市、郑州市和洛阳市。郑州市在社会资源方面优势明显，尤其在人均教育经费和卫生资源上优于其他城市，洛阳市和济源市的人均供电量一直处于前列的位置，其中，济源市更是一直处于第一的位置；另外洛阳市在卫生设施方面也处于优势位置。资源可持续水平较低的是漯河市、南阳市和许昌市。漯河市和许昌市在教育获取度和卫生资源上的劣势拉低了其资源类的总体得分；南阳市在能源获取度方面处于劣势，作为一个人口大市，不论是人均供气量还是人均用电量，南阳市都处在一个较低的水平。上升幅度较大的是平顶山市、信阳市和开封市，分别上升至第 11、10、6 位，上升了 6、5、5 位，上升的共同原因是水源获取度较其他资源类指标提升幅度较大，另外开封市在教育获取度方面也取得了较大的改善。下降较多的是新乡市、许昌市和三门峡市，排名分别下降了 4、8、7 位，下降至第 7、18、8 位。新乡市的教育获取度的下降，拉低了其他靠前的指标，新乡市的卫生设施情况排名比较靠前；许昌市在水源获取度和教育获取度上有所后退，其中普通高中在校学生数占全市人口比重，一直处于全省末端；三门峡市在教育获取度和卫生设施方面排名下降较多，其中普通高中在校学生数占全市人口比重，较 2015 年下降了 7 位。观察近几年的变异系数可知，各市社会资源领域指标发展差距适中，且呈现稳定趋势（见表 4－11、图 4－23～图 4－26）。

表4-11 2015—2018年河南省城市社会资源类指标得分及排名

年份	2015		2016		2017		2018	
城市	社会资源	排名	社会资源	排名	社会资源	排名	社会资源	排名
郑州市	0.6452	4	0.6177	2	0.6038	1	0.6333	2
开封市	0.9827	11	0.822	7	0.7809	8	0.7256	6
洛阳市	0.7583	6	0.7274	5	0.6473	2	0.6624	3
平顶山市	1.1455	17	1.2064	17	1.1844	16	1.0166	11
安阳市	0.8599	7	0.8973	10	0.7218	7	0.667	4
鹤壁市	1.0145	12	1.1246	15	1.2164	18	1.0902	13
新乡市	0.6294	3	0.6693	4	0.6822	6	0.7341	7
焦作市	0.6282	2	0.6222	3	0.6717	3	0.6735	5
濮阳市	0.8815	8	0.853	8	0.9283	9	0.9272	9
许昌市	0.9685	10	1.139	16	1.1323	15	1.1781	18
漯河市	1.0484	13	0.9947	12	1.0454	11	1.1497	16
三门峡市	0.5733	1	0.6117	1	0.6775	5	0.7781	8
南阳市	1.3001	18	1.2843	18	1.1882	17	1.1576	17
商丘市	1.0681	14	1.1007	14	1.0716	14	1.1427	15
信阳市	1.0817	15	1.0404	13	1.0681	13	0.9719	10
周口市	1.1052	16	0.9728	11	1.0631	12	1.1179	14
驻马店市	0.9233	9	0.8821	9	0.9408	10	1.0321	12
济源市	0.6825	5	0.7307	6	0.6725	4	0.6246	1
变异指数	0.2333		0.2371		0.2431		0.2348	

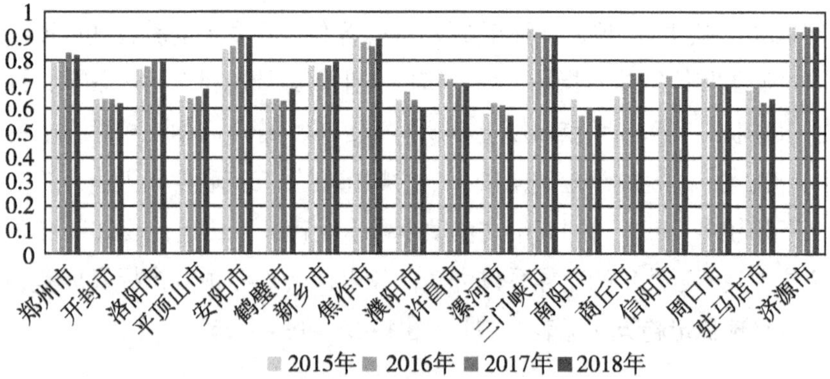

图4-23 2015—2018年河南省城市能源获取度指数

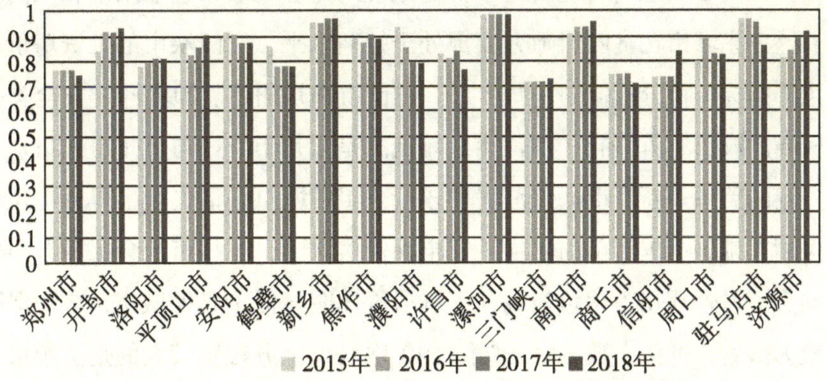

图4-24　2015—2018年河南省城市水源获取度指数

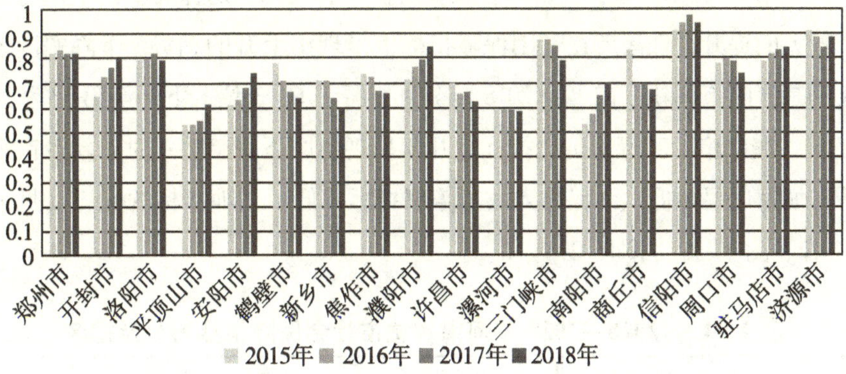

图4-25　2015—2018年河南省城市教育获取度指数

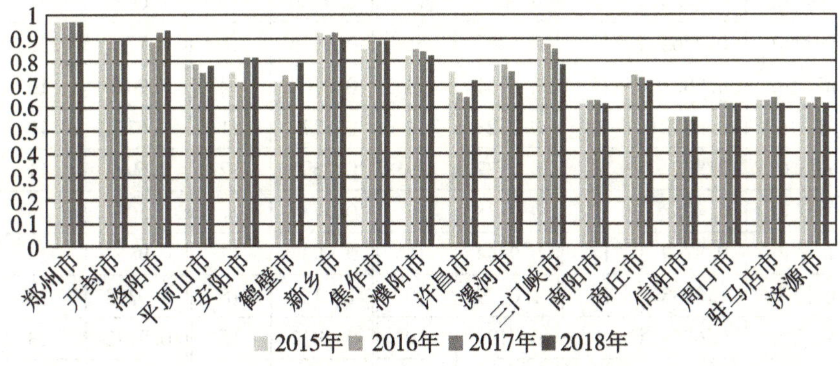

图4-26　2015—2018年河南省城市卫生指数

2018 年，社会保障指标处于优势地位的是驻马店市、信阳市和三门峡市。这三座城市在贫困保障方面都处于较高水平，三门峡市的工资房价比是优势指标。得分较低的是新乡市、焦作市和郑州市。2018 年，安全类指标较高的城市有许昌市、漯河市，较低的是郑州市。这与郑州市人口众多有一定的关系。新乡市低保覆盖率较低，年底城镇登记失业率得分也拉低了保障类排名；焦作市的弱项是安全和住房保障；郑州市社会保障方面处于弱势，另外郑州市房价较高，工资房价比明显低于其他城市，贫困保障也较为落后，低保人数占比一直位于第 18 位。上升幅度较大的是济源市和许昌市，4 年内排名分别上升了 3、4 位，分别从 2015 年的第 17 和第 11 位上升至第 14 和第 7 位。济源市在工资房价比和人均住房保障支出上都有一个较大的提升；许昌市在贫困保障指标上呈现出上升的趋势。下降幅度较大的是濮阳市和新乡市，到 2018 年分别下降了 6、3 位，下降至第 13 和第 17 位。濮阳市的工资房价比指标近几年呈现急剧下降趋势；对于新乡市来看，城镇居民最低生活保障人数覆盖率指标拉低了其他指标的优势（见表 4 - 12、图 4 - 27 ~ 图4 - 29）。

表 4 - 12　2015—2018 年河南省城市社会保障指标得分及排名

年份	2015		2016		2017		2018	
城市	社会保障	排名	社会保障	排名	社会保障	排名	社会保障	排名
郑州市	0. 9038	16	0. 9467	17	0. 9486	16	1. 0643	18
开封市	0. 7262	12	0. 6867	9	0. 6416	9	0. 7791	12
洛阳市	0. 8801	15	0. 8161	14	0. 8707	14	0. 9028	15
平顶山市	0. 6548	8	0. 7523	12	0. 727	11	0. 6324	10
安阳市	0. 839	13	0. 7577	13	0. 7596	12	0. 6978	11
鹤壁市	0. 4958	5	0. 4838	4	0. 3734	1	0. 5043	6
新乡市	0. 8769	14	0. 9444	16	0. 9937	17	0. 9852	17
焦作市	1. 0138	18	1. 0239	18	1. 0156	18	0. 9318	16
濮阳市	0. 6054	7	0. 712	10	0. 8937	15	0. 8142	13
许昌市	0. 6766	11	0. 729	11	0. 6133	8	0. 5549	7
漯河市	0. 5074	6	0. 612	7	0. 4137	2	0. 4943	5

续表

年份	2015		2016		2017		2018	
城市	社会保障	排名	社会保障	排名	社会保障	排名	社会保障	排名
三门峡市	0.4934	4	0.4924	5	0.5252	6	0.4931	3
南阳市	0.6662	10	0.6265	8	0.6978	10	0.6249	9
商丘市	0.4032	2	0.4195	2	0.4776	5	0.4934	4
信阳市	0.4876	3	0.3759	1	0.426	3	0.4926	2
周口市	0.6611	9	0.5674	6	0.5343	7	0.5589	8
驻马店市	0.3955	1	0.4287	3	0.4737	4	0.3889	1
济源市	0.9413	17	0.8531	15	0.8262	13	0.8152	14

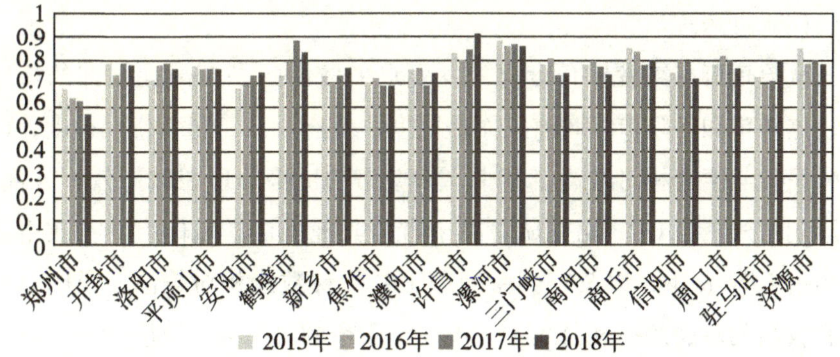

图4－27　2015—2018年河南省城市安全指数

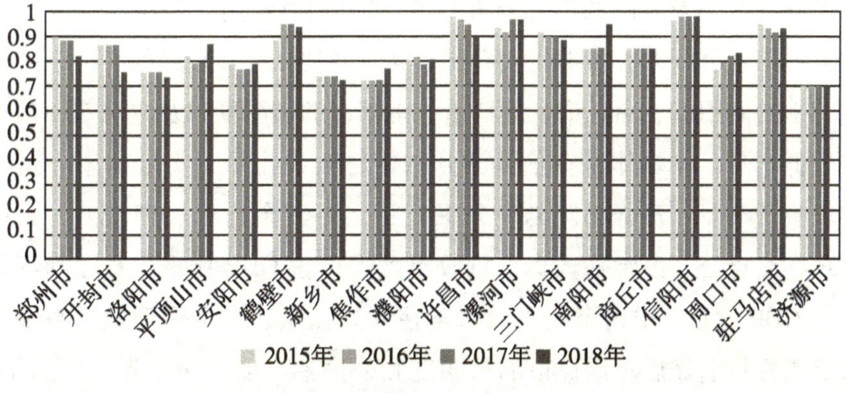

图4－28　2015—2018年河南省城市就业指数

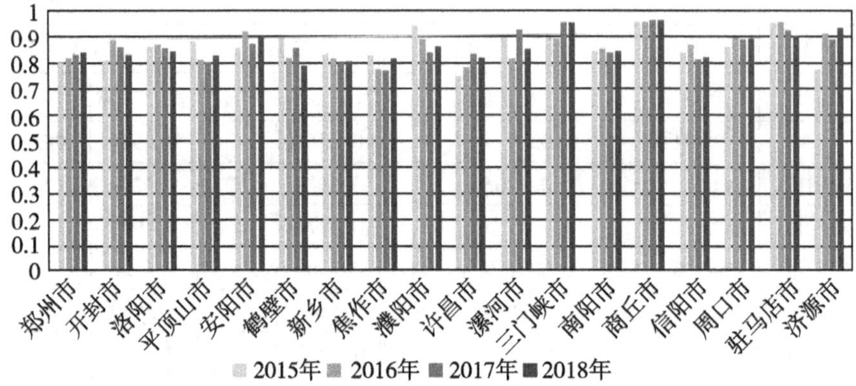

图 4－29　2015—2018 年河南省城市住房保障指数

（四）治理

从治理可持续发展角度看，发展水平较高的是西部和北部的鹤壁市、焦作市和洛阳市，政府工作透明度、政府效率、制度公平程度，以及公民参与度都相对较高。其中，鹤壁市的优势体现在政府效率方面，实际利用外资占 GDP 比重显著高于省内其他城市；焦作市的行政事务支出占 GDP 比重，以及工会受理职工举报件数也相对较高，说明焦作市有较高的政府效率和公民参与度；洛阳市的透明度、政府效率，以及公民参与度在省内处于领先地位。从具体指标分析，透明度体现在信息公开占常住人口比重高于其他城市，政府效率体现在行政事务支出占 GDP 比重，以及实际利用外资占 GDP 比重相对较高，公民参与度体现在申请信息公开人数占常住人口比重高于其他城市。较差的是位于南部和东部的南阳市、商丘市和周口市。南阳市的透明度以及政府效率均处于较低水平，主要体现在信息公开占常住人口比重、实际利用外资占 GDP 比重较低；商丘市除制度公平指标之外其余指标表现较差，具体体现在信息公开占常住人口、行政事务支出占 GDP 比重、实际利用外资占 GDP 比重、申请事项人数占常住人口比重、工会受理职工举报件数等指标排名靠后；周口市的透明度和公民参与度位于全省最低水平，其中，信息公开占常住人口比重、申请信息公开人数占常住人口比重、工会受理职工举报件数得分均落后于全省平均水平。

近几年治理水平提升较快的是济源市、鹤壁和平顶山市，分别从第13、5、17位上升到第6、1、13位，上升了7、4、4位。济源市在政府透明度及公民参与度方面有明显上升趋势，具体到指标表现在人均政府信息依申请和主动公开数量、人均申请政府信息公开数、万人工会受理职工举报件数等指标的上升。鹤壁市的个体和私营单位从业人员占城镇从业人员比重，以及国企和私营企业工资差距指标得分4年内显著增长，且行政事务支出占GDP比重指标也有上升趋势；平顶山市在制度公平和公民参与度方面有上升趋势，具体表现在行政事务支出占GDP比重、个体和私营单位从业人员占城镇从业人员比重，以及申请信息公开人数占常住人口比重，指标得分在四年间都有显著增长。4年内治理水平下降较快的是信阳市、漯河市和安阳市，分别从第9、3、7位，下降到第14、7、10位，分别下降了5、4、3位。信阳市排名后退的原因主要在于透明度、制度公平和公民参与度方面，具体表现在信息公开占常住人口比重、个体和私营单位从业人员占城镇从业人员比重、申请信息公开人数占常住人口比重、工会受理职工举报件数等指标的降低；漯河市主要是在政府效率、制度公平程度方面下降较多，其中行政事务支出占GDP比重明显缩小，国企和私营企业工资差距拉大；安阳市主要在透明度和制度公平方面排名下降较多，体现在信息公开占常住人口比重下降，国企和私营企业工资差距的拉大。整体上，河南省18个地级城市在治理方面仍有显著差异，但差距有下降的趋势，表现为2018年变异系数明显低于上一年（见表4－13、图4－30～图4－33）。

表4－13　2015—2018年治理可持续发展排名

年份	2015		2016		2017		2018	
城市	得分	排名	得分	排名	得分	排名	得分	排名
郑州市	1.201	4	1.2138	4	1.2291	4	1.3734	5

续表

年份	2015		2016		2017		2018	
城市	得分	排名	得分	排名	得分	排名	得分	排名
开封市	2. 1746	12	2. 0472	12	2. 3933	13	1. 9587	12
洛阳市	0. 8385	1	0. 8827	2	0. 7682	1	1. 0908	3
平顶山市	2. 5076	17	2. 4000	15	2. 581	16	2. 2433	13
安阳市	1. 6231	7	1. 5598	7	1. 6804	7	1. 8733	10
鹤壁市	1. 2929	5	0. 7853	1	0. 7835	2	0. 8708	1
新乡市	2. 0297	11	1. 9259	10	1. 8562	11	1. 7074	8
焦作市	1. 0566	2	1. 0709	3	1. 0273	3	1. 0253	2
濮阳市	1. 7211	8	1. 7420	8	1. 7405	9	1. 8328	9
许昌市	1. 4217	6	1. 4860	6	1. 2785	5	1. 1301	4
漯河市	1. 1497	3	1. 4585	5	1. 6996	8	1. 6365	7
三门峡市	1. 9837	10	2. 0148	11	1. 4912	6	1. 9167	11
南阳市	2. 2971	15	2. 4602	16	2. 5302	15	2. 3813	16
商丘市	2. 7925	18	2. 7262	18	2. 6987	17	2. 6581	17
信阳市	1. 7998	9	1. 9242	9	2. 1161	12	2. 3552	14
周口市	2. 4725	16	2. 6525	17	2. 8004	18	2. 8984	18
驻马店市	2. 2921	14	2. 2538	13	2. 4347	14	2. 3651	15
济源市	2. 2682	13	2. 2564	14	1. 8135	10	1. 6052	6
变异系数	0. 3125		0. 3239		0. 3561		0. 3195	

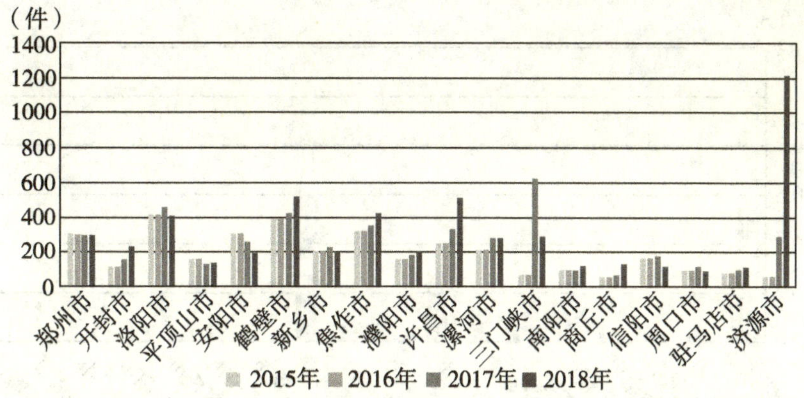

图4－30　2015—2018年河南省城市人均政府信息依申请和主动公开数量（件）

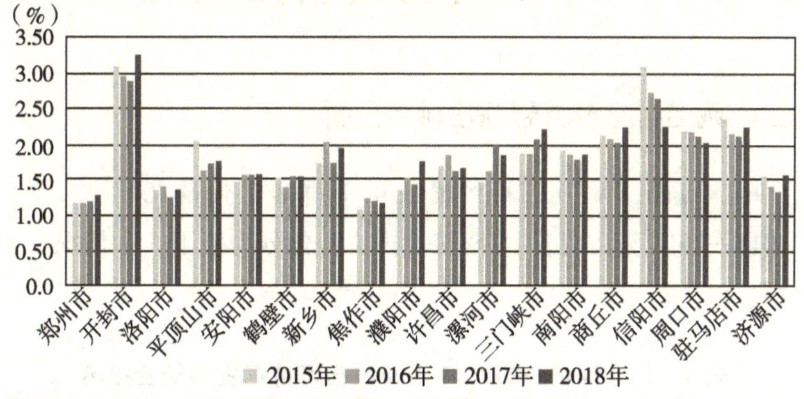

图4－31　2015—2018年河南省城市行政事务支出占GDP比重（%）

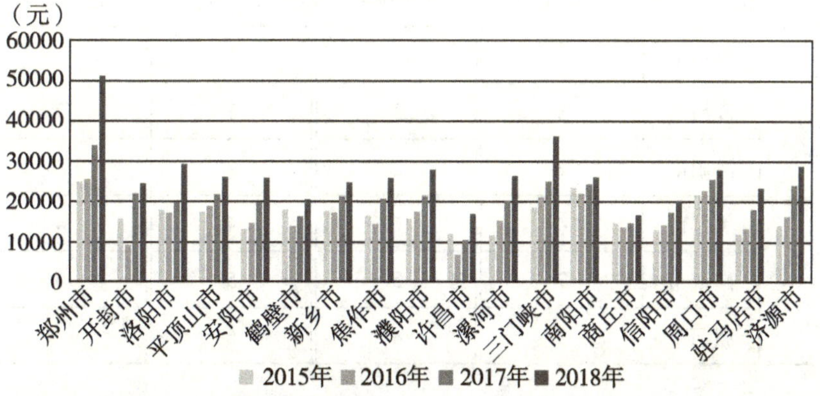

图4－32　2015—2018年河南省城市国企和私营企业平均工资差距（元）

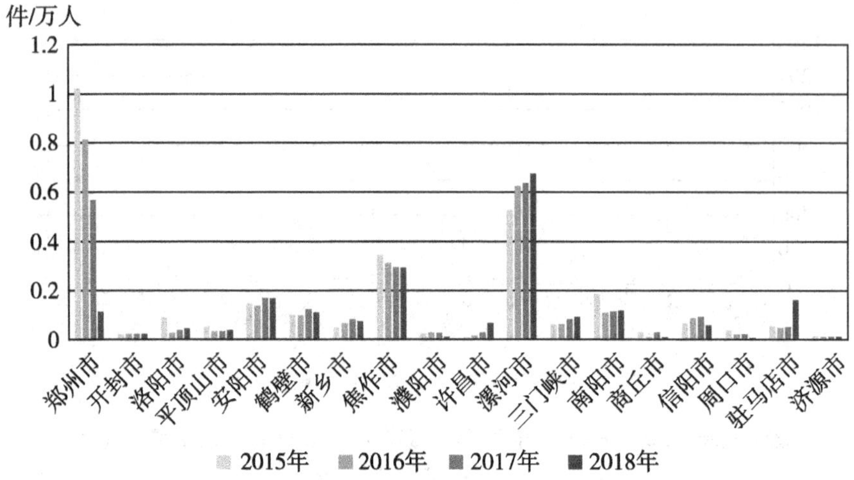

图 4－33　2015—2018 年河南省城市工会受理职工举报件数（件/万人）

二、城市可持续发展综合排名分析

（一）河南省城市可持续发展 4 年排名变化情况

2015—2018 年河南省 18 座城市排位变化分为以下 5 种情况（见表 4－14）。

表 4－14　2015—2018 年河南城市可持续发展综合排名

年份		2015	2016	2017	2018
城市		综合排名	综合排名	综合排名	综合排名
第一梯队	郑州市	1	1	1	1
	许昌市	3	5	3	2
	洛阳市	2	2	2	3
	焦作市	4	6	4	4
	鹤壁市	7	3	5	5
	漯河市	5	4	6	

续表

年份		2015	2016	2017	2018
城市		综合排名	综合排名	综合排名	综合排名
第二梯队	济源市	8	8	7	7
	濮阳市	6	7	10	8
	开封市	12	9	9	9
	三门峡市	9	12	8	10
	安阳市	11	10	12	11
	新乡市	10	11	11	12
第三梯队	平顶山市	17	16	17	13
	商丘市	13	17	13	14
	驻马店市	16	15	15	15
	周口市	15	14	16	16
	信阳市	14	13	14	17
	南阳市	18	18	18	18

（1）城市可持续发展第一梯队：郑州市、许昌市、洛阳市、焦作市、鹤壁市、漯河市。

近4年来，河南省可持续发展较好的是郑州市、洛阳市、许昌市。郑州市连续四年综合排名全是第1位，洛阳市波动均在前3位，许昌市近年来连续上升至第2位。这三座城市持续保持省内领先的态势。同时，焦作市、鹤壁市、漯河市同样持续保持在第一梯队。

（2）城市可持续发展第二梯队：济源市、濮阳市、开封市、三门峡市、安阳市、新乡市排位较为稳定，近4年来三门峡市是18个地市中波动最大的城市；开封市自2016年起城市可持续发展突飞猛进，有较大的提升；濮阳市、新乡市近年来排位有下降趋势。

（3）城市可持续发展第三梯队：平顶山市、商丘市、驻马店市、周口市、信阳市、南阳市。平顶山市自2017年来提升迅速，排名自第17位升至第13位；商丘市在2016年间下降后反弹，在2018年排位第14位。驻马店市、周口市排位较为稳定；信阳市排位下降明显。

近年来从城市各维度排名变化情况来看（见图4－34），许昌市近年来各维度均处于上升状态，尤其是社会可持续方面，排名上升4位，故其综合排名至第2位。信阳市的社会可持续方面排名上升4位，相对自身优势明显；焦作市、濮阳市、开封市在环境方面表现优异，排名上升较多；济源市在治理可持续方面上升较多，上升7位。

郑州市环境可持续排名下降明显，相比2015年下降7位，其发展严重不均衡，但由于其在经济、社会、治理方面表现优异，综合排名还是第1位。在社会可持续方面下降明显的还有濮阳市、驻马店市、商丘市；在治理可持续发展方面有信阳市；在经济可持续发展方面有濮阳市、新乡市。

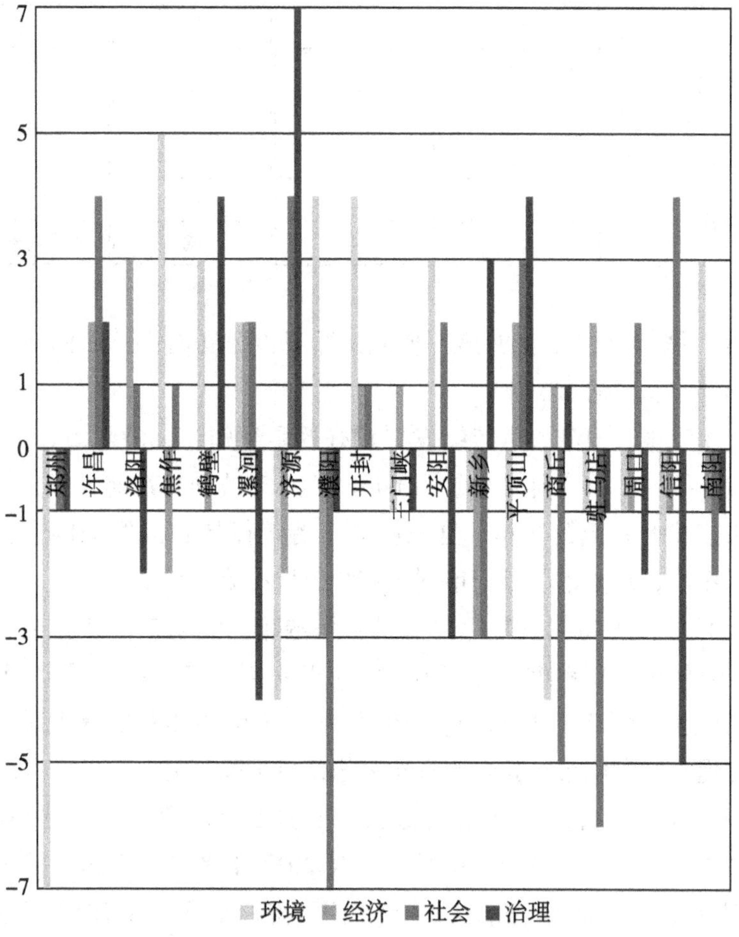

图4－34　2015—2018年河南省城市各维度可持续发展排名变化情况

通过图4－34排名变化可以发现，各城市在经济可持续发展方面排位变化不大，各地经济总量排名变化不明显，但在环境、社会、治理可持续方面，存在排名浮动较大，这也说明河南省目前各城市在环境、社会、治理可持续方面仍然存在很大的发展空间。

（二）2018年河南省城市可持续发展现状

总体上来看，河南省可持续发展综合得分较好的城市分布在以郑州市为核心的周围，这也与省内政治经济中心的郑州市情况相符合。省内中部、西北部作为经济发达地区，其可持续发展综合排名也位于前列。尤其是与传统资源工业型城市安阳市、平顶山市对比，西北部有更多的环境质量，中部有更多的经济能力（见表4－15）。

表4－15　2018年河南省城市可持续发展排名情况

城市	可持续发展综合排名	维度			
		环境	经济	社会	治理
郑州市	1	17	1	2	5
许昌市	2	4	2	10	4
洛阳市	3	14	3	1	3
焦作市	4	11	4	7	2
鹤壁市	5	2	9	17	1
漯河市	6	1	5	16	7
济源市	7	6	7	12	6
濮阳市	8	3	6	18	9
开封市	9	8	8	14	12
三门峡市	10	10	10	4	11
安阳市	11	15	12	3	10
新乡市	12	18	13	6	8
平顶山市	13	16	11	9	13
商丘市	14	5	14	11	17
驻马店市	15	9	16	13	15

续表

城市	可持续发展综合排名	维度			
		环境	经济	社会	治理
周口市	16	7	15	8	18
信阳市	17	13	18	5	14
南阳市	18	12	17	15	16

（1）中部城市作为省内的经济中心，其经济带动可持续发展明显。近年来的全省经济增长点在航空港经济综合试验区，郑州市的经济能力毋庸置疑，许昌市紧邻港区，借助港区的发展，近年来经济增长迅速，带动环境、社会提升，政府治理能力紧追具有先进服务经验的沿海城市。

（2）西北部的城市如洛阳市、焦作市，经济、治理可持续发展都具有相对的优势，但是这部分区域同时面临着严重的环保压力。

（3）东南部的城市受自身经济弱的影响较多。作为以农业耕种居多的地区，经济能力欠佳。

（4）北部城市当前面临着越来越突出的水资源和土地资源的生态环境压力，需要从产业转型发展、城市绿化建设两方面入手来提高城市承载力。

（5）西南部地区的城市如平顶山市、南阳市，在经济、治理可持续发展需要有更多的改善。

从环境、经济、社会、治理可持续发展水平看（见图4－35），2018年，河南省18座城市具有明显不均衡特征（竖线越靠下发展水平就越高，竖线越短发展水平就越平衡）。均衡度和发展水平均较高的城市有许昌市、济源市、三门峡市；发展水平明显失衡的是郑州市、鹤壁市和漯河市，既在全省排名靠前，也有明显的弱项，因此不平衡度竖线被明显拉长。大部分城市在可持续发展方面都有短板，还有提高可持续发展水平的空间，如郑州市、洛阳市、新乡市的环境可持续发展；鹤壁市、漯河市、濮阳市的社会可持续发展；信阳市、南阳市、驻马店市的经济可持续发展；商丘市、周口市的治理可持续发展。

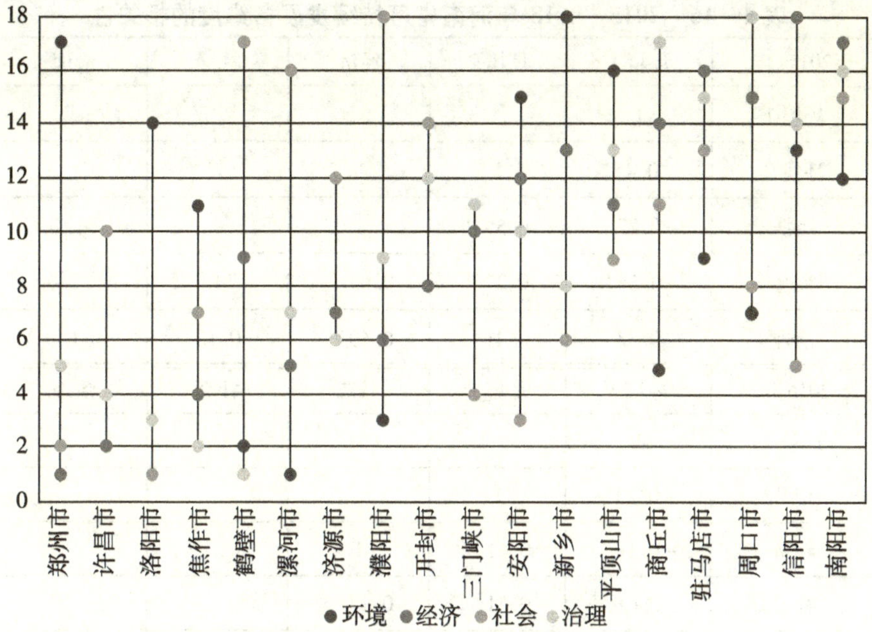

图4-35　2018年河南省城市可持续发展不均衡度

（三）环境、经济、社会、治理相关度分析

在可持续发展中环境是基础和出发点。为分析环境水平同其他方面的相互作用规律，本章将环境分解为污染减量化程度和修复程度，测量各自同经济、社会和治理的相关程度（见表4-16）。结果发现，污染减量化程度和其他维度都呈现负相关。河南省在工业化的过程中不可避免地要付出环境污染代价，尤其和社会的负相关度最为显著，在2018年为-0.89，社会资源、保障、文化等建设都需要政府资金支持。河南省当前税费收入相当一部分还来源于大国有工业企业。因此，社会建设与环境消耗具有显著的相关性。环境投入和其他维度基本呈现正相关关系，经济发展水平高才有可能向环境修复中投入更多资金，环境投入和治理水平的正相关度在不断增强，从2015年的0.41增加到2018年的0.70，甚至超过了与经济发展的相关度，说明政府的发展理念和治理效率直接决定着环境投入水平，并且这种决定作用在近几年呈增长趋势。环境投入和社会投入之间也存在着同向变化的关系。

表4－16　2015—2018年河南省可持续发展各维度的相关性

2015年	环境1	环境2	经济	社会	治理
环境1	1				
环境2	－0.45*	1			
经济	－0.22	0.55**	1		
社会	－0.55**	0.27	－0.05	1	
治理	－0.33	0.41*	0.69***	0.10	1
2016年	环境1	环境2	经济	社会	治理
环境1	1				
环境2	－0.23	1			
经济	－0.19	0.61***	1		
社会	－0.61***	－0.31	－0.14	1	
治理	－0.15	0.49**	0.72***	－0.01	1
2017年	环境1	环境2	经济	社会	治理
环境1	1				
环境2	－0.52**	1			
经济	－0.21	0.46*	1		
社会	－0.64***	0.16	0.02	1	
治理	－0.33	0.53**	0.69***	0.14	1
2018年	环境1	环境2	经济	社会	治理
环境1	1				
环境2	－0.50**	1			
经济	－0.20	0.69***	1		
社会	－0.89***	0.13	0.09	1	
治理	－0.29	0.70***	0.80***	0.10	1

注：*代表10%的显著度，**代表5%的显著度，***代表1%的显著度。

在经济、社会和治理之间的关系中，经济和治理之间存在显著正相关，2018年相关度为0.80，治理透明度和效率高能够营造更优良的经商环境，相反经济增长快也可以为政府治理提供更多资金支持；经济和社会之间的正相关度相对不显著，说明社会建设不仅需要经济支持，还存在当地文化习惯、民间资本参与模式等因素影响。可持续发展各维度之间存在相辅相成、不可分割的联系，经济发展水平决定其他维度建设可利用的人力物力资源，相反政府治理效率的高低影响着经济、环境的建设和资本、人才的流动，在产业结构转型过程中，经济发展也必然带来对资源环境一定程度上的消耗；政府的治理能力也决定生态环境投入力度和保护水平，城市生态宜居度又是经济社会可持续发展的前提保障。因此，在城市建设中需要系统辩证地看待 4 个维度相互关系，既不能过分强调其中的某一方面如只是关心经济增长速度，也不能四个方面均衡用力。需要抓住每个阶段城市发展的主要矛盾，分析各维度的相互关联顺序，采取重点突破、系统推进的方式，在维护城市竞争力的同时协调各方面利益，实现城市长期的可持续发展。

第5章　河南省城市可持续发展水平综合分析

一、郑州市

（一）城市概况简介

郑州市——河南省省会，作为全国普通铁路和高速铁路网中唯一的“双十字”中心，素有“中国铁路心脏”之称。同时，拥有国家级航空经济综合实验区——郑州市航空港区。陆空交通要道的地理位置，使之成为华中地区的商业、金融、交通及资源分配中心。政策、资源的集中促进了其经济的快速发展，高度市场化也带来了社会文化、服务、娱乐等方面的进步，使得居民的工作生活更为高效便利。为促进经济可持续发展，近年来，郑州市不断加大经济结构调整力度，在结构调整和转型升级过程中积蓄新能量，发挥龙头作用。其中，主要行业领域包括食品加工、汽车制造及装备制造、电子信息技术、新材料、生物及医药、纺织、机械等。随着三大攻坚战的持续推进、城市功能的不断完善，必将推动郑州市建成更为美丽的新型城市。

（二）城市可持续发展评价分析

（1）连续4年城市整体排名及变化分析。郑州市整体发展水平稳定，2018年在全省排名第1位。排名靠前的是经济可持续发展（1），地理位置优势、劳动力优势、政策优势等资源的集中，使得其经济排名始终位于河南省各城市之首。社会可持续发展排名也较为靠前（2），其中，社会文化、资源优势遥遥领先，不过需要更加注重社会保障方面的工作，尤其是贫困人口的生活保障，及常住人口的住房保障。治理可持续发展排名相对稳定（5），高素质人才的集中使得郑州市公民政治参与度较高。相比较而言，环境可持续发展较为落后（17），虽然郑州市在环境保护方面比较重视，也在一定程度上取得了成效，但是由于人口多、企业多，使得郑州市对环境的消耗程度很大，从而影响了环境总体排名（见表5-1）。

表5-1　2015—2018年郑州市可持续发展排名情况

年份	维度				城市可持续发展综合排名
	环境	经济	社会	治理	
2015	10	1	1	4	1
2016	11	1	1	4	1
2017	7	1	1	4	1
2018	17	1	2	5	1

（2）2018年，郑州市在省内排名前5位和后5位的指标情况。[①] 从二级指标来看，环境方面排名靠前的指标是土地可持续利用，在全省各市中排名第1位，排名靠后的指标是固体废弃物产生和空气质量（17）。郑州市众多的工业、建筑业企业为当地经济发展提供了巨大的动力，每平方公里生产总值较高，但是与此同时，也增加了环境负担，影响了空气质量。在经济方面，作为省会城市，区位优势及自然禀赋决定了其经济的强劲动力，各项二级指标排名较为靠前。社会方面排名靠前的是交通运输（1）、养老服务（1）、电信设施获取度（1）、文化规模（公共文化活动）（1）、卫生（卫生设施）（1），这是由于经济的发展在一定程度上促进了社会文卫、交通运输的发展，但是较大的人口基数也为社会生活带来了一定的压力，也就使二级指标安全（18）、贫困保障（18）排名为末位。在治理方面，公民参与度排名为第1位，但是制度公平指标排名第15位，当地政府应积极加快制度优化与建设，从而保障公平的营商环境与分配体制（见表5-2）。

① 所有指标排名在运算过程中已将正负指标校正，即排位靠前，表示该指标在全省各地级市中表现好。例如：负向指标——能源消耗，郑州市能源消耗较多，表现不好，在省内城市排名第14位；正向指标——经济发展水平排名第1位，表现较好。

表5－2　2018年郑州市在省内城市可持续发展指标中排名在前五位和后五位的分布情况

类　别	排名前五位的二级指标	指标数量	排名后五位的二级指标	指标数量
环境	土地可持续利用（1）	1	能源消耗（14） 淡水消耗（15） 固体废弃物产生（17） 空气质量（17）	4
经济	经济发展水平（1） 产业结构合理度（2） 经济增长潜能（2） 产业附加值水平（2） 人均资本存量（2）	5	无	0
社会	交通运输（1） 养老服务（1） 电信设施获取度（1） 文化规模（公共文化活动）（1） 卫生（卫生设施）（1） 文化设施（文化馆所）（2） 能源获取度（5） 教育获取度（教育）（5）	8	水源获取度（16） 安全（18） 贫困保障（18）	3
治理	公民参与度（1） 政府效率（3）	2	制度公平（15）	1

（3）具体指标排名及变化。

1）环境可持续发展排名及变化原因。2018年，在环境消耗减量指标中排名靠前的有万元GDP能耗（2），但是同居民生活相关的环境指标相对较差，如城市生活垃圾清运量、居民天然气消耗量、全社会用电量、规模以上工业企业取水总量等排名均为全省末位。

从指标变动来看，指标排名上升较快的是万元GDP能耗，较2015年上升3位，说明在产能转型、生态建设方面，取得了实实在在的成效；人均日生活用水量指标排名下降较快，较2015年下降8位，说明居民节约用水的环保意识仍需加强。

经济的繁荣使郑州市有一定的经济实力进行环境治理，因此，2018年，环境修复指标排名整体相对靠前，其中，全市每平方公里生产总值、一般公共预算节能环保支出占总支出比和城市污水处理率等分别排名第1、2、5位，除了单位GDP能耗降低率的绝对值（16）和单位GDP废水排放量（15）排名较靠后外，其他指标都在10名以内。在加大资金投入的同时，需要从提高技术和管理效率入手增进郑州市环境修复效益。

从指标变动观察，环境消耗减量指标除了人均生活用水量（9）2018年排名较2015年有大幅度下降之外，其他指标排名无太明显的变化，但是排名较为靠后。如规模以上工业企业取水总量、城市生活垃圾清运量、全社会用电量、城市居民天然气消耗量均排在末位。一方面是由于郑州市企业、人口密集造成的；另一方面也说明伴随城市的快速发展，资源消耗与浪费也越来越多，要想实现可持续发展，需要加强环保意识，合理利用资源（见表5-3）。

表5-3　2015—2018年郑州市环境可持续发展指标排名及变动

类　别	2015年	2016年	2017年	2018年	排名变动
消耗减量	16	16	16	17	-1
人均日生活用水量	1	2	1	9	-8
规模以上工业企业取水总量	18	18	18	18	0
一般工业固体综合产生量	15	16	15	15	0
城市生活垃圾清运量	18	18	18	18	0
万元GDP能耗	5	3	2	2	3
全社会用电量	18	18	18	18	0
城市居民天然气消耗量	18	18	18	18	0
烟（粉）尘排放量	16	16	16	17	-1
二氧化硫排放量	15	17	16	17	-2
氮氧化物排放量	18	18	18	17	1
环境修复	1	1	1	5	-4

续表

类　别	2015 年	2016 年	2017 年	2018 年	排名变动
一般公共预算节能环保支出占总支出比	4	2	2	2	2
单位 GDP 能耗降低率的绝对值	2	4	2	16	-14
城市建成区绿化覆盖率	7	6	1	10	-3
每平方公里生产总值	1	1	1	1	0
单位 GDP 废水排放量	5	7	10	15	-10
城市污水处理率	7	6	3	5	2

整体上，郑州市环境修复高于环境消耗减量水平，且二者都有轻微下降的趋势（见图5-1）。经济实力决定了郑州市在环境保护上的投入量相对较大，但是巨大的消耗使得其环境排名始终处于劣势位置。从居民角度出发，这与城市现代化的生活方式有一定的联系，政府应加大对环保生活方式的宣传，倡导绿色生活，从源头减少环境污染，切实减少城市垃圾、烟尘排放量等；从生产角度出发，应提升资源利用效率，加快产能升级，减少不必要的资源浪费，从而提升城市环境消耗减量水平。

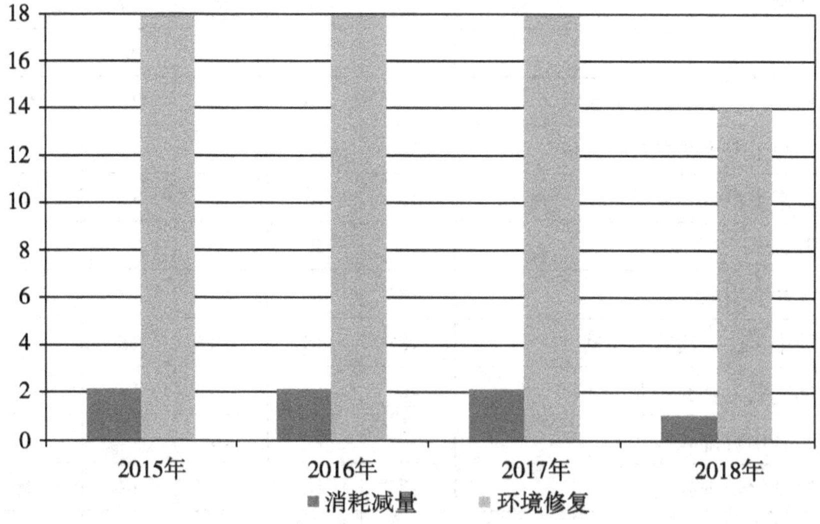

图 5-1　2015—2018 年郑州市环境消耗减量和环境修复水平变化情况

2）经济可持续发展排名及变化原因。2018年，郑州市经济增长潜能（1）、存量水平（1）排名依然保持第1位，其潜能高的原因在于第三产业的快速发展，降低了经济对自然资源的依赖，同时发展科技也在一定程度上促进了金融创新；但也应注意到2018年郑州市规模以上工业企业成本利润率排名有所下降。因此，要多加关注企业的经济效益，而非只局限在经济总量增长的表象上。存量因子中的指标均保持稳定，其中，人均产值和城市人均居民人民币储蓄存款余额排名第1位，人均固定资产投资额第3位。因此，应积极整合资产，盘活经济存量，促进经济进一步发展（见表5-4）。

表5-4　2015—2018年郑州市经济可持续发展指标排名及变动

类　别	2015年	2016年	2017年	2018年	排名变动
增长潜能	1	1	1	1	0
规模以上工业增加值占第二产业生产总值比重	7	7	9	9	-2
第三产业生产总值占GDP比重	1	1	1	1	0
GDP增长率	5	1	7	5	0
研究与试验发展研究（R&D）人员占常住人口比重	1	1	1	1	0
城镇单位从业人员平均工资	1	1	1	1	0
规模以上工业企业成本利润率	3	5	5	6	-3
经济存量	1	1	1	1	0
人均产值	1	1	1	1	0
每平方公里15~64岁常住人口数	5	1	7	5	0
人均固定资产投资额	3	2	3	3	0
城市人均居民人民币储蓄存款余额	1	1	1	1	0

整体上，郑州市经济增长潜能与经济存量水平持平，在省内均处于前列（见图5-2）。这在航空港实验区、自贸区郑州市片区、大数据综

试区和国家中心城市建设中有诸多机遇，为郑州市经济可持续发展提供了有利的条件。今后更应该把握机遇，强化科技创新引领，构建协调发展新格局。

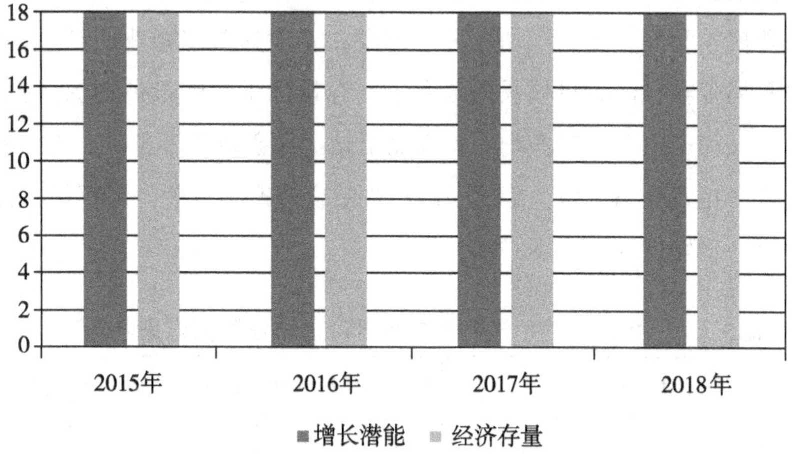

图 5－2　2015—2018 年郑州市经济增长潜能和经济存量水平变化情况

3）社会可持续发展排名及变化原因。2018 年，在社会四大类指标中，服务类指标整体排名靠前，其中，养老保险覆盖率和手机用户＋互联网用户占比指标均排第 1 位，公路每公里货运量和公路线路总长度分别排第 2 和第 8 位。因此，郑州市需要在交通运输方面加大投入力度，提高公共设施利用效率，扩大使用规模（见表 5－5、图 5－3）。

表 5－5　2015—2018 年郑州市社会可持续发展指标排名及变动

类　别	2015 年	2016 年	2017 年	2018 年	排名变动
服务类	6	4	4	2	4
公路线路总长度	9	9	9	8	1
公路每公里货运量	3	3	1	2	1
养老保险覆盖率	1	1	1	1	0
手机用户＋互联网用户占比	1	1	1	1	0

续表

类　别	2015 年	2016 年	2017 年	2018 年	排名变动
文化类	6	4	4	2	4
健身场地设施数	15	13	12	5	10
公共图书馆个数	2	2	2	2	0
文化服务业企业营业收入	1	1	1	1	0
国内旅游人次	1	1	1	2	-1
资源类	5	2	1	2	3
人均天然气供给量	10	10	8	9	1
城市人均用电量	5	4	4	4	1
居民家庭用水占供水总量比重	15	15	15	16	-1
普通高中在校学生数占全市人口比重	10	10	11	11	-1
人均教育经费	3	2	2	2	1
人均床位数量	1	1	1	1	0
万人医生数量	1	1	1	1	0
保障类	16	17	16	18	-2
财政预算赤字	5	10	16	18	-13
万人火灾事故数量	17	17	16	18	-1
万人刑事案件数量	17	17	14	17	0
城市居民低保人数占比	18	18	18	18	0
城镇人口失业率	6	7	7	11	-5
工资房价比	18	18	18	18	0
人均住房保障支出	9	7	5	4	5

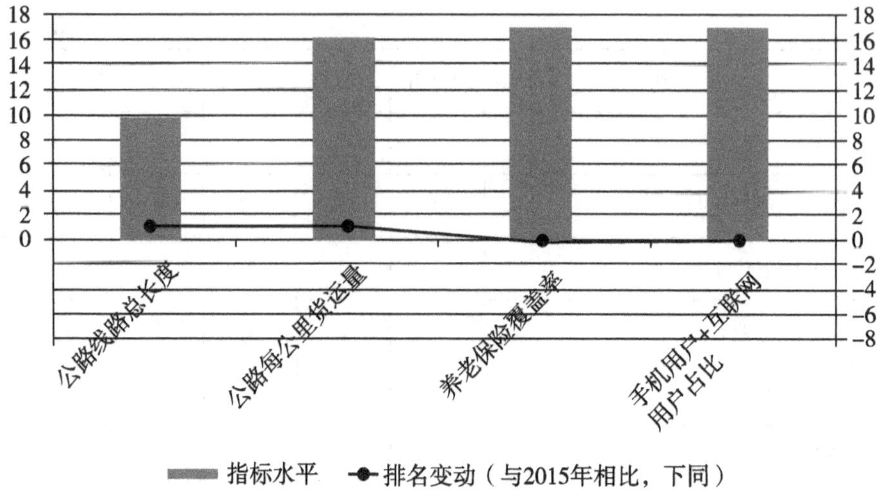

图 5－3　2018 年郑州市社会可持续——服务类指标水平及排名变动

文化类指标水平差异较小，其中，指标水平较高的是文化服务企业营业收入、国内旅游人次和公共图书馆个数，整体呈现上升趋势；指标水平较低的是健身场地设施数，较 2015 年上升了 10 个名次，说明居民生活方式的转变改变了公共资源需求，政府部门积极改善公共资源设施，依然有较大的上升空间（见图 5－4）。

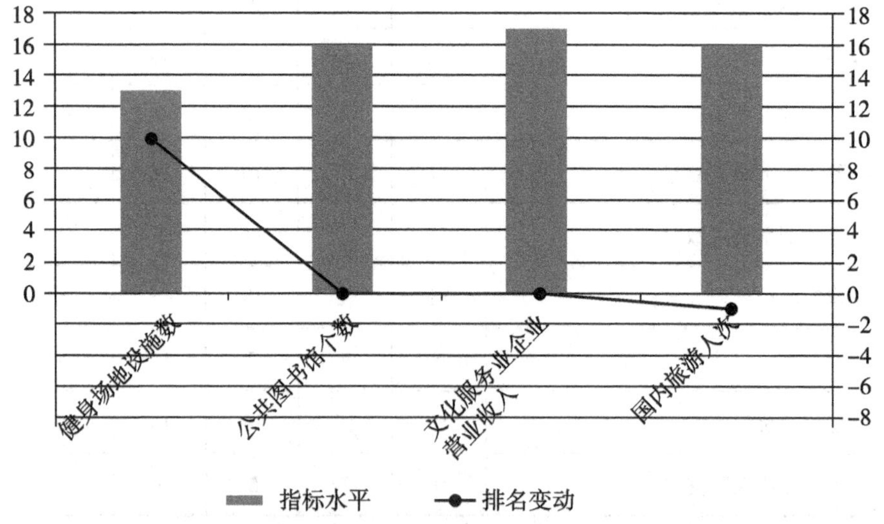

图 5－4　2018 年郑州市社会可持续——文化类指标水平及排名变动

资源类指标受益于医疗和教育资源数量丰富，2018 年指标水平较高的是万人医生数量、人均床位数量、人均教育经费，整体排名较 2015 年上升了 3 位；但是郑州市社会资源类也存在明显低的指标水平，如居民家庭用水占供水总量比重、普通高中在校学生数占全市人口比重。一方面反映了天然气、水资源的稀缺；另一方面也说明了资源消耗的速度较快（见图 5 –5）。

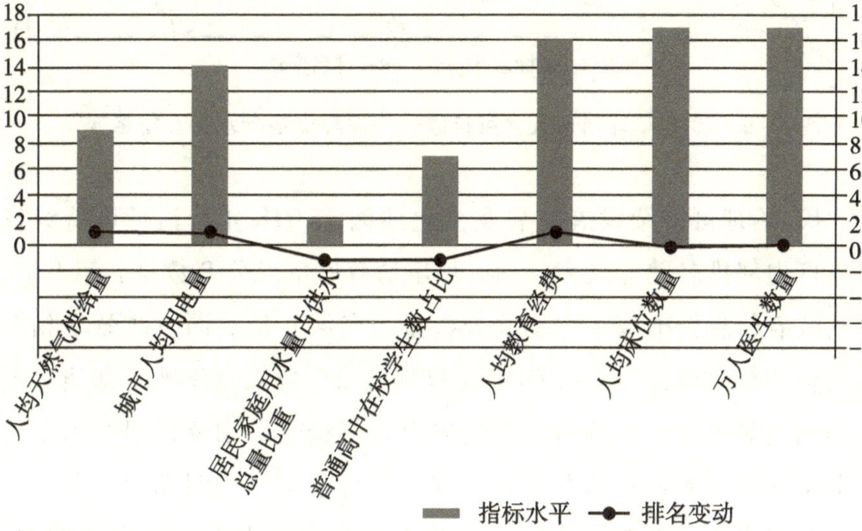

图 5 –5　2018 年郑州市社会可持续——资源类指标水平及排名变动

保障类指标水平明显低于其他城市，相较 2015 年有下降趋势，其中优势指标是人均住房保障支出，主要体现在社会管理投入方面；劣势指标是财政预算赤字、城镇人口失业率、万人火灾事故数量。说明未来需要更加关注社会安全建设和社会低收入群体，缩小贫富差距，拓宽就业渠道，缓解城市居民生活成本压力，提高居民生活质量（见图 5 –6）。

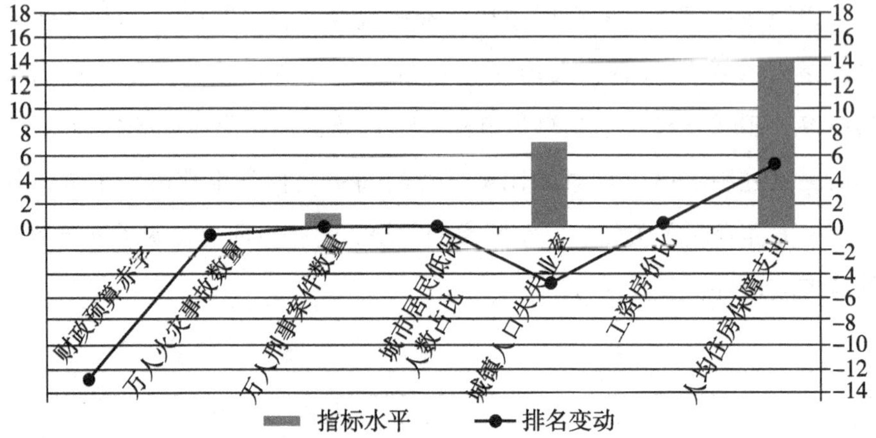

图5-6　2018年郑州市社会可持续——保障类指标水平及排名变动

4）治理可持续发展排名及变化原因。2018年，治理可持续发展指标内部排名差异较大，如人均申请政府信息公开数排名第1位、人均政府信息依申请和主动公开数量排名第6位。同行政效率相关的指标如行政事务支出占GDP比重排名第2位，这反映了郑州市把资金利用集中在重要领域，行政支出效率较高。相反，国企和私营企业平均工资差距指标在全省各城市中排末位，说明私营企业在社会生产活动中活跃度不高，社会收入分配方面也存在一定的缺陷。整体上，治理可持续发展指标排名略有下降的趋势，7个指标中有3个排名比2015年下降了，说明郑州市近些年在治理方面的工作有待进一步加强，尤其是在缩小国企和私营企业平均工资差距方面，一方面应深化国有企业改革；另一方面应从财税政策、金融资源供给入手，调动私营企业积极性，支持其转型与发展，促进城市经济全面发展。另外，私营经济和个体经济从业人员占城镇从业人员比重排名虽然也相对靠后，但相比2015年略有改善，应积极探索更为有效的激励制度、政策，进一步促进个体私营型企业的经济活跃度（见表5-6）。

表5-6　2015—2018年郑州市治理可持续发展指标排名及变动

类　别	2015年	2016年	2017年	2018年	排名变动
人均政府信息依申请和主动公开数量	4	5	6	6	-2
行政事务支出占GDP比重	2	1	1	2	0
实际利用外资占GDP比重	6	6	6	7	-1
私营经济和个体经济从业人员占城镇从业人员比重	12	12	10	11	1
国企和私营企业平均工资差距	18	18	18	18	0
人均申请政府信息公开数	2	2	2	1	1
万人工会受理职工举报件数	1	1	2	6	-5

（三）提高城市可持续发展能力的关键点

总体来说，郑州市经济和社会可持续发展排名均位居省内前列水平，表现为其经济结构较为合理，由于政策、资源、技术的集中，经济发展潜能与经济存量水平均领先其他城市。经济的发达必然带来较高的社会服务、文化设施建设及资源获取便利度，进而吸引到优质的资源，如此形成良性循环。但是也要注意到大量外来人口涌入郑州市，导致人口基数增大，从而降低了社会保障水平，这需要政府进一步关注民生工作，尤其是贫困人口的社会保障问题。最后，环境问题也不可小觑。虽然在强劲经济实力的支持下，其对环境修复保护水平投入较高，但是受到环境污染过于严重的影响，大大降低了郑州市整体环境得分。未来需要继续加强环保工作的监管，积极引进先进技术，从源头上减少污染，保障城市环境质量，切忌走“先污染、后治理”的老路，在经济快速发展的背景下，实现环境与社会的可持续发展。

二、开封市

（一）城市概况简介

开封市简称汴，是国内著名的七朝古都，宋文化发源地。西接郑州市、航空港，东临山东，北至沿黄生态带，是中原城市群核心城市、郑汴一体化重要一极，河南自由贸易区三大片区之一。开封市历史文化悠久、风景名胜众多，被誉为“郑州市后花园”。近些年教育、医疗、养老、文化创意等第三产业发展迅速，以开封市西区为主体的新城建设使城市面貌发生巨大的变化；与此同时，传统制造业改造升级、供给侧改革也成为城市拉动经济增长和促进社会就业的重要任务。未来“旅游文化城市”“健康养老城市”“金融服务中心城市”的定位将进一步推动开封市产业结构优化升级并大幅提高居民生活水平。

（二）城市可持续发展评价分析

（1）连续4年城市整体排名及变化分析。开封市整体发展水平保持稳中有升的态势，2018年在全省排名第9位。排名靠前的是环境和经济可持续发展，2018年均排名第8位，其中，环境污染度和产业结构因子水平相对较高。相对来说社会、治理可持续发展排名较为靠后，分别为第14和第12位，其中，社会建设相对水平近些年出现大幅度变化，2015年、2016年、2017年分别为第15、10、10位，具体表现为服务和文化类可持续发展水平相对滞后，尤其是与城市交通和文化相关的公共设施建设还需要完善提升。由于具备较好的发展基础，与教育、医疗相关的资源类排名靠前。治理可持续发展近些年排名相对稳定，但需要在政府信息公开度和资金使用效率方面实现进一步提升（见表5－7）。

表5－7　2015—2018年开封市可持续发展排名情况

年份	维度				城市可持续发展综合排名
	环境	经济	社会	治理	
2015	12	9	15	12	12
2016	9	7	10	12	9

续表

年份	维度				城市可持续发展综合排名
	环境	经济	社会	治理	
2017	9	5	10	13	9
2018	8	8	14	12	9

（2）2018年，开封市在省内排名前5位和后5位的指标情况。从二级指标来看，环境方面排名靠前的指标是空气质量，在全省各市中排名第1位，说明二氧化硫、烟尘的排放量相对较少；排名靠后的指标是土地可持续利用（15）。经济方面排名靠前的是产业结构合理度（1），排名靠后的是经济增长潜能（13）。社会方面排名靠前的是文化产业规模（3）、卫生设施（3），说明市场化程度较高的社会文卫发展较快，在规模和供给质量方面占据一定优势；相反，社会资源供给，如交通运输排名为末位。一些老国企改造后，城市就业水平也相对落后，需要采取多种措施拓宽居民就业渠道。治理方面排名靠后的二级指标是政府效率（14），说明需要在提高城市产出水平的同时，要节约资金、提高行政事务运行效率（见表5-8）。

表5-8　2018年开封市在省内城市可持续发展指标中排名在前五位和后五位的分布情况

类　别	排名前五位的二级指标	指标数量	排名后五位的二级指标	指标数量
环境	空气质量（1）	1	土地可持续利用（15）	1
经济	产业结构合理度（1） 产业附加值水平（3）	2	经济增长潜能（13）	1
社会	文化产业规模（3） 卫生设施（3） 水源获取度（4） 养老服务（5）	4	能源获取度（15） 就业（15） 文化设施（16） 交通运输（18）	4
治理	无	0	政府效率（14）	1

（3）具体指标排名及变化。

1）环境可持续发展排名及变化原因。2018 年，在环境消耗减量指标中排名靠前的有烟尘、二氧化硫、氮氧化物等，排放量分别为第 1、1、2 位，工业固体废弃物产生量也较少，排名第 3 位；但是同居民生活相关的环境指标可持续度相对较差，如人均生活用水、城市生活垃圾清运量、居民天然气消耗量分别为第 12、11、11 位，需要增加城市公共资源环境建设投入，保障居民的日常水、气、电的供应，维护城市环境卫生。

从指标变动来看，指标排名上升较快的是三废气体排放量，分别上升 10、9、4 位，与近些年开封市产业转型较快有关。与此同时，水消耗指标排名下降较快，如生活用水量下降 4 位。环境修复指标的排名整体相对靠后，除了环保支出和土地产出率（每平方公里生产总值）外，其他指标都在 10 名以外，其中，能耗降低率、废水排放量和城市污水处理率分别排名第 13、10、13 位，排名靠后与城市水资源相对丰富、节能技术推广慢有关，需要从提高技术和管理效率入手，加大开封市环境修复力度（见表 5 –9）。

表 5 –9　2015—2018 年开封市环境可持续发展指标排名及变动

类　别	2015 年	2016 年	2017 年	2018 年	排名变动
消耗减量	9	9	5	6	3
人均日生活用水量	8	6	11	12	–4
规模以上工业企业取水总量	8	9	9	9	–1
工业固体综合产生量	5	4	5	3	2
城市生活垃圾清运量	11	13	13	11	0
万元 GDP 能耗	9	9	9	9	0
全社会用电量	7	6	6	6	1
城市居民天然气消耗量	12	11	10	11	1
烟（粉）尘排放量	11	10	4	1	10
二氧化硫排放量	10	12	5	1	9

续表

类　别	2015 年	2016 年	2017 年	2018 年	排名变动
氮氧化物排放量	6	4	3	2	4
环境修复	16	11	15	15	1
一般公共预算节能环保支出占比	12	15	15	6	6
单位 GDP 能耗降低率的绝对值	10	1	15	13	-3
城市建成区绿化覆盖率	17	16	18	18	-1
每平方公里生产总值	9	7	7	9	0
单位 GDP 废水排放量	14	14	1	10	4
城市污水处理率	8	8	11	13	-5

整体上，开封市环境消耗减量高于环境修复水平（见图 5-7）。由于生产生活行为对环境的干扰程度相对低，使环境投入和修复水平相应也低。但是近些年环境干扰减缓速度快于环境修复提高速度，使环境修复水平连续两年排名全省第 15 位，今后需要加大开封市在环境保护领域的投入，以便更快地提高环境整体可持续发展水平，尤其是城市绿化和水资源节约利用。

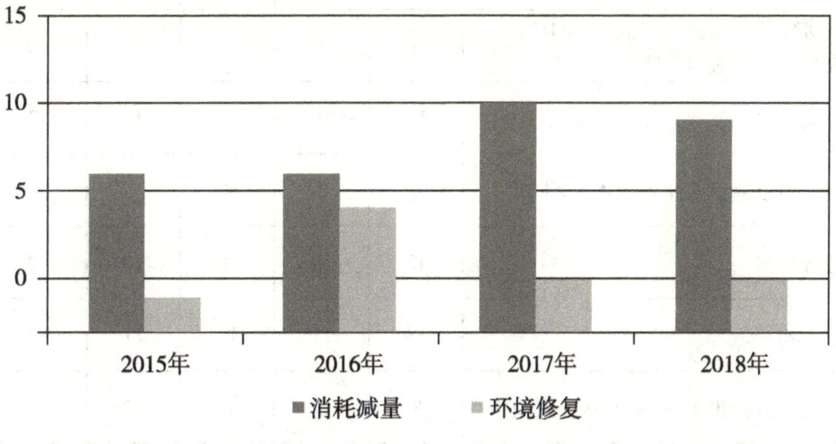

图 5-7　2015—2018 年开封市消耗减量和环境修复水平变化情况

2）经济可持续发展排名及变化原因。2018年，开封市经济增长潜能（4）排名相对较高，而经济存量水平（10）排名略有上升，潜能高的原因在于三产的快速发展和大企业利润水平较高，但同时也需要注意2018年开封市同比GDP增长率排名的较大幅度下降，主要原因在于第二产业增幅小。经济存量排名靠前的是城市人均居民人民币储蓄存款余额；排名较为靠后的指标是人均固定资产投资额和每平方公里15～64岁常住人口数。人均产值和居民储蓄存款余额，均上升2个名次。呈现下降趋势的指标是人均固定资产投资额，未来还需要疏通储蓄转化为投资的渠道，提高劳动生产率（见表5－10）。

表5－10　2015—2018年开封市经济可持续发展指标排名及变动

类　别	2015年	2016年	2017年	2018年	排名变动
增长潜能	4	2	3	4	0
规模以上工业增加值占第二产业生产总值比重	11	9	7	6	5
第三产业生产总值占GDP比重	3	3	3	3	0
GDP增长率	4	2	6	13	－9
研究与试验发展研究（R&D）人员占常住人口比重	9	7	8	9	0
城镇单位从业人员平均工资	12	9	3	9	3
规模以上工业企业成本利润率	5	3	4	4	1
经济存量	12	10	10	10	2
人均产值	13	11	11	11	2
每平方公里15～64岁常住人口数	8	8	8	17	1

续表

类　别	2015年	2016年	2017年	2018年	排名变动
人均固定资产投资额	14	14	15	15	-1
城市人均居民人民币储蓄存款余额	7	8	6	5	2

整体上，开封市经济增长潜能高于经济存量水平（见图5-8）。当前已经具备较好的产业结构，有开元集团、三一重工、奇瑞制造、天源面业等知名外来或本土企业，但是资金和技术等生产要素利用率较低、产业结构相对低端化，仍然存在中小企业竞争力弱、城市就业机会少的问题。

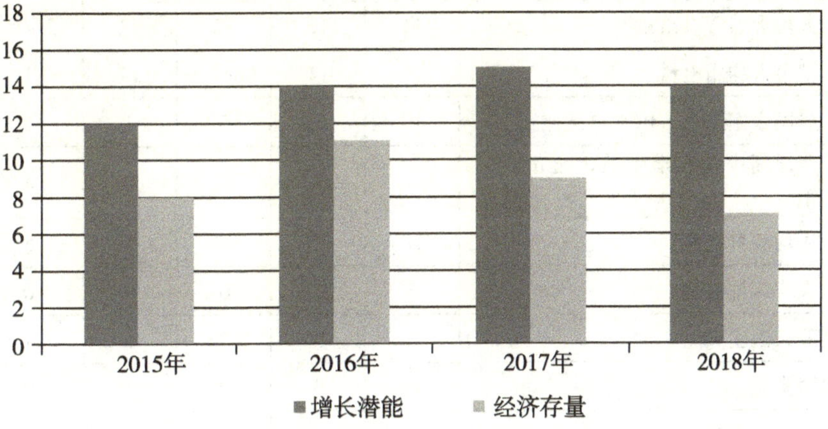

图5-8　2015—2018年开封市经济增长潜能和经济存量水平变化情况

3）社会可持续发展排名及变化原因。2018年，在社会四大类指标中，服务类指标除了养老保险覆盖率，其他排名均比较靠后，公路每公里货运量和手机用户+互联网用户占比分别排第17和第13位。因此，开封市需要在交通电信方面加大投入力度，提高设施利用效率和使用规模（见表5-11、图5-9）。

表 5－11　2015—2018 年开封市社会可持续发展指标排名及变动

类　别	2015 年	2016 年	2017 年	2018 年	排名变动
服务类	12	10	13	14	－2
公路线路总长度	13	14	14	13	0
公路每公里货运量	17	17	17	17	0
养老保险覆盖率	2	2	5	5	－3
手机用户＋互联网用户占比	13	11	12	13	0
文化类	14	11	11	13	1
健身场地设施数	12	10	10	14	－2
公共图书馆个数	15	15	15	15	0
文化服务业企业营业收入	6	5	5	6	0
国内旅游人次	3	3	3	3	0
资源类	11	7	8	6	5
人均天然气供给量	11	12	12	13	－2
城市人均用电量	15	14	14	14	1
居民家庭用水占供水总量比重	10	5	5	4	6
普通高中在校学生数占全市人口比重	8	7	5	4	4
人均教育经费	18	13	12	10	8
人均床位数量	6	6	6	6	0
万人医生数量	3	3	3	2	1
保障类	12	9	9	12	0
财政预算赤字	10	9	11	11	－1
万人火灾事故数量	5	9	11	10	－5
万人刑事案件数量	11	14	4	6	5
城市居民低保人数占比	12	11	9	9	3
城镇人口失业率	8	8	8	15	－7
工资房价比	15	6	8	16	－1
人均住房保障支出	11	10	13	7	4

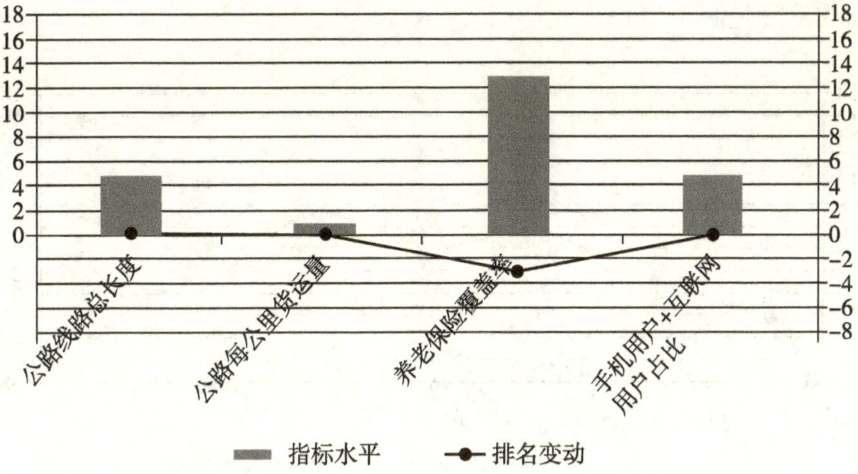

图5-9　2018年开封市社会可持续——服务类指标水平及排名变动

文化类指标水平差异较大，指标水平高的是文化服务业企业营业收入和国内旅游人次；指标水平低的是公共图书馆个数和健身场地设施数。总之，当前市场化盈利性的社会文化产业发展较快，相对滞后的是公益性公共文化设施（见图5-10）。

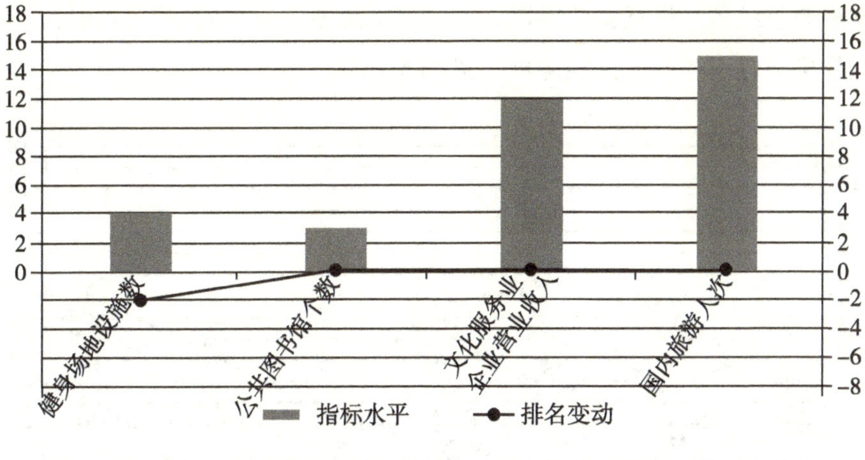

图5-10　2018年开封市社会可持续——文化类指标水平及排名变动

资源类指标水平较高，且受益于教育医疗资源数量丰富，整体排名第6位，2018年排名比2015年上升了5位。但是开封市资源类也存在较低的指标水平，如人均天然气供给量、城市人均用电量、人均教育经费支出（见图5－11）。

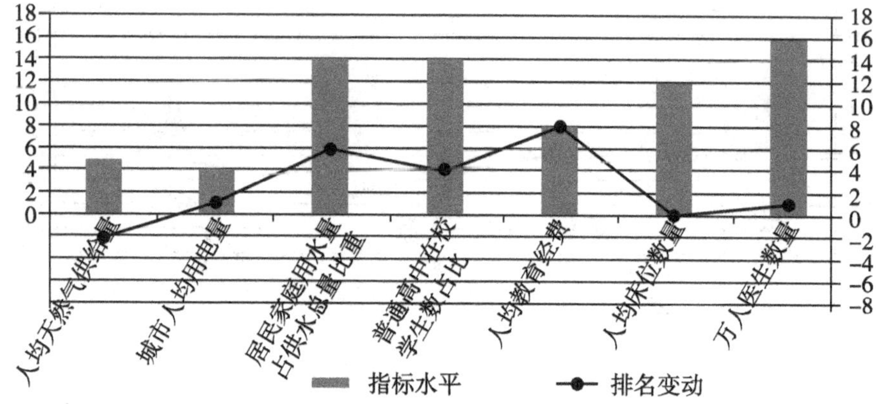

图5－11　2018年开封市社会可持续——资源类指标水平及排名变动

保障类指标中刑事案件数和人均住房保障支出处于较高水平，城镇人口失业率和工资房价比在全省城市中处于低水平。开封市政府直接治理相关的安全保障类指标具有相对优势，而一些市场化相关的居民生活保障指标，如就业、工资房价比仍是需要提高的领域。因此，要进一步发展城市经济、拓宽就业渠道，通过增加土地供应、建造公共住房、降低住房空置率等办法控制房价（见图5－12）。

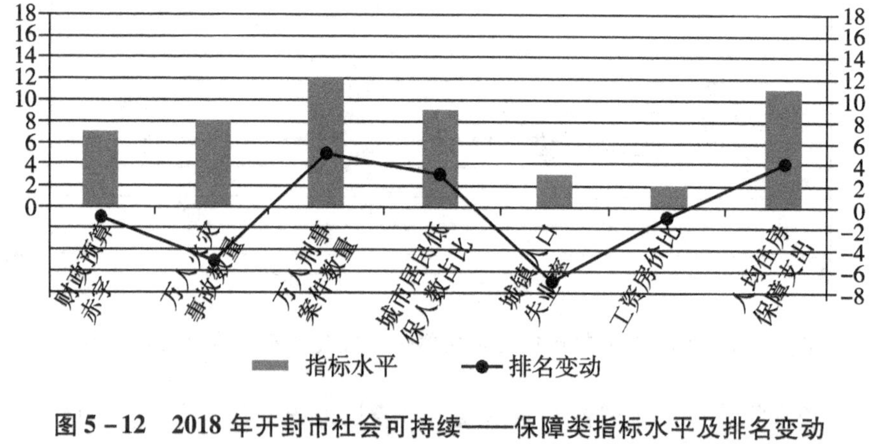

图5－12　2018年开封市社会可持续——保障类指标水平及排名变动

4）治理可持续发展排名及变化原因。2018年治理可持续发展指标内部排名差异较大，同公平和信息公开相关的指标，如国企和私企平均工资差距、人均申请政府信息公开数排名靠前，分别占第6和第2位。和行政效率相关的指标，如行政事务支出占GDP比重排全省末位，说明城市治理具有较高的包容公正性，政府和居民信息沟通方面也具有一定优势，但是政府支出效率相对较低，需要在拓宽资金来源的同时，将力量集中在关键领域，节约不必要的行政开支。万人工会受理职工举报件数较少，排名第14位，但是这个指标相对中性，既有可能是职工需要举报的案件数少，也有可能是工会受理不积极，实际上，需要进一步发挥工会尤其是私企工会的力量，为维护职工的利益积极作为。整体上，治理可持续发展指标排名有上升的趋势，7个指标中有4个排名比2015年上升了，反映开封市近些年治理能力处于不断提高的过程，但是还有一些需要进一步完善，尤其是资金使用方面（见表5-12）。

表5-12　2015—2018年开封市治理可持续发展指标排名及变动

类　别	2015年	2016年	2017年	2018年	排名变动
人均政府信息依申请和主动公开数量	12	12	13	9	3
行政事务支出占GDP比重	17	18	18	18	-1
实际利用外资占GDP比重	10	10	10	10	0
私营经济和个体经济从业人员占城镇从业人员比重	11	13	13	10	1
国企和私营企业平均工资差距	9	2	13	6	3
人均申请政府信息公开数	1	1	1	2	-1
万人工会受理职工举报件数	16	14	16	14	2

（三）提高城市可持续发展能力的关键点

总体来说，开封市环境、经济可持续发展排名相对靠前，表现为环境损害相对少、经济结构合理且发展潜力大。社会、治理可持续发展排名相对靠后，与社会设施建设、保障水平和资金使用效率相对较低有关，未来需要完善道路、信息、文体场所等城市基础设施，提高城市绿化覆盖率。合理规划城市经济，提高产业科技含量和附加值。建立一体化政府信息服务平台，提高政府资金使用效率。

三、洛阳市

（一）洛阳市概况简介

洛阳市位于河南西部、黄河中游，因地处洛河之阳而得名，是国务院首批公布的历史文化名城和著名古都，省域副中心城市。作为华夏文明的重要发祥地、丝绸之路的东方起点，名重古今的历史文化圣城，先后有6次进入世界大城市之列。洛阳市不仅是中部地区重要的工业城市，也是全国重要的科技研发基地和国家新材料高技术产业基地，在新材料、航空航天、电子信息等高科技领域居全国先进水平，一大批国家重点工程中都少不了“洛阳市制造”和“洛阳市技术”；承东启西、纵贯南北的区位优势，使洛阳市成为我国中西部地区重要的交通枢纽，贯穿两大铁路干线，公路和国道交织成网。这座资源富集、功能完善的希望之城，先后获得“中国优秀旅游城市”“国家园林城市”“全国科技进步先进市”“中国十大最佳魅力城市”“国家首批智慧旅游试点城市”等荣誉称号。

（二）洛阳市可持续发展评价分析

（1）连续4年城市整体排名及变化分析。洛阳市整体发展水平排名靠前，2018年在全省排名第3位，相较2015年下降了1位。排名靠前的是社会可持续发展，2018年排名第1位，其中交通运输和文化规模（公共文化活动）水平相对较高。相对来说环境可持续发展排名较为靠后。为第14位，在2015—2018年间环境可持续发展排名均靠后，2015、2016、2017年分别为第14、18、18位，具体表现为固体废弃物产生、能源消耗、淡水消耗三个指标相对滞后。在资源消耗方面需要采取一定的节约措施，城市废弃物处理方面需要全方位地提高城市垃圾清运能力。治理可持续发展较2015年、2017年排名整体下降2位，指标结果反映洛阳市还需在透明度和制度公平等方面进一步改进（见表5－13）。

表5－13　2015—2018年洛阳市可持续发展排名情况

年份	维度				城市可持续发展综合排名
	环境	经济	社会	治理	
2015	14	6	2	1	2
2016	18	4	2	2	2
2017	18	4	2	1	2
2018	14	3	1	3	3

（2）2018年，洛阳市在省内排名前5位和后5位的指标。从二级指标来看，环境方面排名靠前的指标是废水处理（2），说明城市废水处理率相对较高；排名靠后的指标是固体废弃物产生（18）。经济方面在全省排名占据靠前位置，优势指标有经济增长潜能（1）、产业结构合理度（3）、人均资本存量（3）。社会方面排名靠前的是交通运输（1）、文化规模（1）、文化设施（1）、卫生（卫生设施）（2），说明市场化程度较高的交通运输、社会文卫基础设施事业发展迅速，在规模和供给质量方面占有一定优势；相反，就业和贫困保障（贫困）排名靠后，均为第16位，说明城市失业率占比较高，低收入人群得不到有效的保障，需要采取多种措施拓宽居民就业渠道，增加就业机会，提高就业率，从自身和政府两方面保障低收入人群的生产和生活，促进城市经济发展。治理方面的指标排名相对靠前，如政府效率（2）、透明度（2），没有排名后五位的指标（见表5－14）。

表5－14　2018年洛阳市在省内城市可持续发展指标中排名在前五位和后五位的分布情况

类　别	排名前五位的二级指标	指标数量	排名后五位的二级指标	指标数量
环境	废水处理（2）	1	能源消耗（15） 空气质量（15） 固体废弃物产生（18）	3

续表

类　别	排名前五位的二级指标	指标数量	排名后五位的二级指标	指标数量
经济	经济增长潜能（1） 产业结构合理度（3） 人均资本存量（3）	3	无	0
社会	交通运输（1） 文化规模（1） 文化设施（1） 卫生（卫生设施）（2） 电信设施获取度（4）	5	就业（16） 贫困保障（贫困）（16）	2
治理	政府效率（2） 透明度（2） 公民参与度（5）	3	无	0

（3）具体指标排名及变化。

1）环境可持续发展排名及变化原因。2018 年，在消耗减量指标中，仅有人均日生活用水量排名相对靠前，为全省第 6 位，其余指标均排列在前 10 位之外，可见洛阳市节能减耗程度较低，城市环境负担重，如一般工业固体综合产生量、城市生活垃圾清运量、全社会用电量分别为第 18、17、17 位，三废气体排放量也比较高；环境修复方面的优势指标是城市污水处理率（1）、城市建成区绿化覆盖率（5）。

从指标变动上来看，排名上升相对较快的是三废气体排放量，分别上升 5、2、3 位，而能源消耗指标排名下降较快，如城市居民天然气消耗量下降 4 位。环境修复指标除了城市污水处理率较 2015 年上升了 1 位以外，其余指标相对 2015 年均有下降趋势，其中，单位 GDP 废水排放量变动较大，下降 4 位。说明需要从环保支出投入和节能减耗入手，提高洛阳市环境可持续发展能力（见表 5－15）。

表 5－15　2015—2018 年洛阳市环境可持续发展指标排名及变动

类　别	2015 年	2016 年	2017 年	2018 年	排名变动
消耗减量	17	17	17	16	1

续表

类　别	2015 年	2016 年	2017 年	2018 年	排名变动
人均日生活用水量	9	8	8	6	3
规模以上工业企业取水总量	16	16	16	16	0
一般工业固体综合产生量	18	18	18	18	0
城市生活垃圾清运量	17	17	17	17	0
万元 GDP 能耗	11	11	11	11	0
全社会用电量	17	17	17	17	0
城市居民天然气消耗量	11	12	12	15	-4
烟（粉）尘排放量	15	15	12	10	5
二氧化硫排放量	17	18	17	15	2
氮氧化物排放量	17	17	15	14	3
环境修复	3	7	8	3	0
一般公共预算节能环保支出占比	9	11	11	10	-1
城市建成区绿化覆盖率	4	12	12	5	-1
每平方公里生产总值	11	11	11	11	0
单位 GDP 废水排放量	3	1	13	7	-4
城市污水处理率	2	9	1	1	1

整体上，洛阳市环境消耗减量远远低于环境修复水平（见图5 -13）。这是因为生产生活行为对环境的干扰程度比较高，政府对环境影响进行了相当程度的治理修复。今后应当从污染的源头做起，从根本上减少环境污染消耗程度，达到环境保护与资源节约双重效果，从而提高洛阳市环境的可持续发展能力。

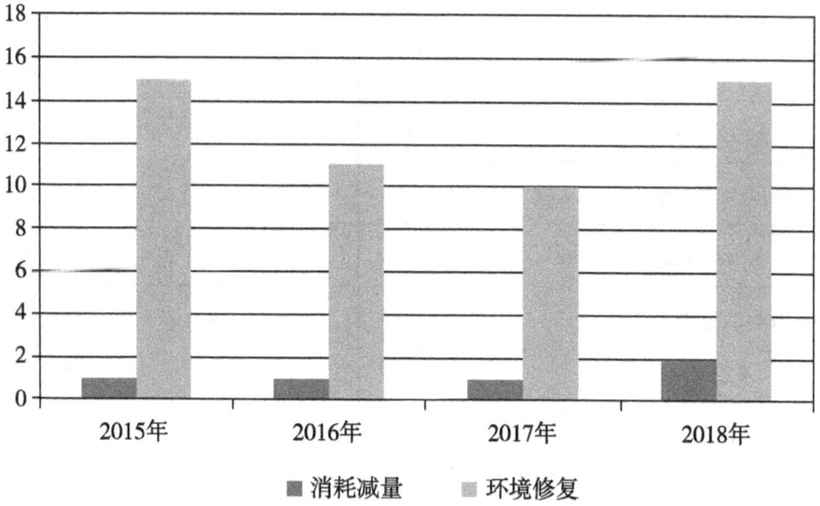

图 5－13　2015—2018 年洛阳市环境消耗减量和环境修复水平变化情况

2）经济可持续发展排名及变化原因。2018 年，洛阳市经济增长潜能相对排名较高，全省排第 2 位，且与 2015 年相比排名上升 3 位，而存量水平相对 2015 的第 8 位上升至 2018 年的第 7 位，潜能高的原因在于三产和 GDP 增长水平快速发展，但同时也需要注意洛阳市规模以上工业增加值占第二产业生产总值比重排名相对靠后，其中，2015—2018 年排名分别为第 12、11、13、11 位，说明产业规模有待提升。经济存量排名中各项指标相对稳定，其中，排名靠前的有城市人均居民人民币储蓄存款余额、人均产值、人均固定资产投资额，分别为第 3、5、5 位；排名靠后的是每平方公里15～64岁常住人口数，排名第 13 位（见表 5－16）。

表 5－16　2015—2018 年洛阳市经济可持续发展指标排名及变动

类　别	2015 年	2016 年	2017 年	2018 年	排名变动
增长潜能	5	4	4	2	3
规模以上工业增加值占第二产业生产总值比重	12	11	13	11	1
第三产业生产总值占 GDP 比重	2	2	2	2	0
GDP 增长率	12	4	4	1	11

续表

类　别	2015年	2016年	2017年	2018年	排名变动
研究与试验发展研究（R&D）人员占常住人口比重	2	2	2	2	0
城镇单位从业人员平均工资	2	2	2	2	0
规模以上工业企业成用利润率	18	18	18	16	2
经济存量	8	8	8	7	1
人均产值	5	5	5	5	0
每平方公里15~64岁常住人口数	13	13	13	13	0
人均固定资产投资额	5	5	5	5	0
城市人均居民人民币储蓄存款余额	3	3	3	3	0

整体上，洛阳市经济增长潜能高于经济存量水平，且增长潜能存在相对上升的趋势（见图5－14）。当前洛阳市已经具备较好的产业结构，如洛阳市石油化工、中国一拖集团、中国洛阳市浮法玻璃集团等知名企业，同时仍存在众多中小微企业。

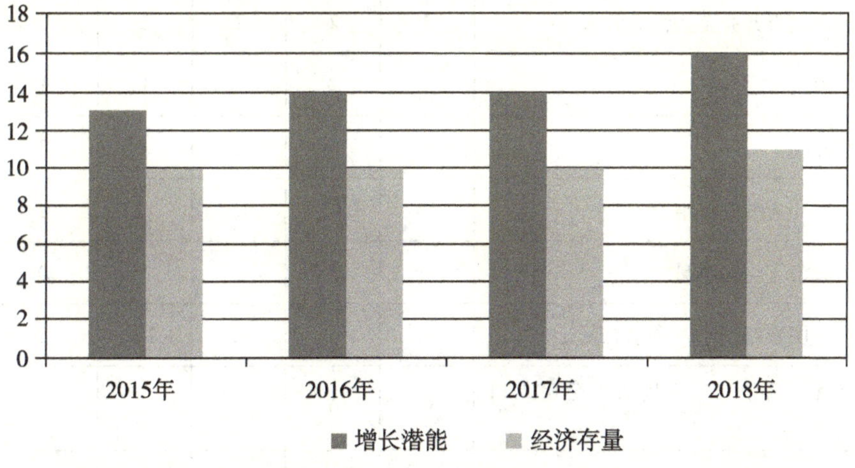

图5－14　2015—2018年洛阳市经济增长潜能和经济存量水平变化情况

3）社会可持续发展排名及变化原因。2018 年，在社会四大类指标中，服务类各项指标排名相对靠前，如手机用户 + 互联网用户占比、公路每公里货运量均排名第 4 位；养老保险覆盖率指标排名略低，为第 8 位。因此，洛阳市在基础设施建设方面相对具备优势，但是需要在城市居民养老保障方面加大力度，扩大养老保险覆盖范围，提高养老保险覆盖率（见表 5－17、图 5－15）。

表 5－17　2015—2018 年洛阳市社会可持续发展指标排名及变动

类　别	2015 年	2016 年	2017 年	2018 年	排名变动
服务类	3	4	2	2	1
公路线路总长度	6	5	5	6	0
公路每公里货运量	7	8	5	4	3
养老保险覆盖率	6	6	6	8	－2
手机用户 + 互联网用户占比	5	5	5	4	1
文化类	1	1	1	1	0
健身场地设施数	3	8	6	2	1
公共图书馆个数	1	1	1	1	0
文化服务业企业营业收入	2	2	2	2	0
国内旅游人次	2	2	2	1	1
资源类	6	5	2	3	3
人均天然气供给量	14	13	13	12	2
城市人均用电量	3	3	2	3	0
居民家庭用水占供水总量比重	14	13	12	12	2
普通高中在校学生数占全市人口比重	9	9	9	9	0
人均教育经费	6	5	4	6	0

续表

类 别	2015年	2016年	2017年	2018年	排名变动
人均床位数量	3	4	2	2	1
万人医生数量	5	5	4	3	2
保障类	15	14	14	15	0
财政预算赤字	13	13	12	12	1
万人火灾事故数量	12	6	8	9	3
万人刑事案件数量	10	8	6	8	2
城市居民低保人数占比	13	14	17	16	-3
城镇人口失业率	15	15	15	16	-1
工资房价比	12	13	16	12	0
人均住房保障支出	7	4	3	8	-1

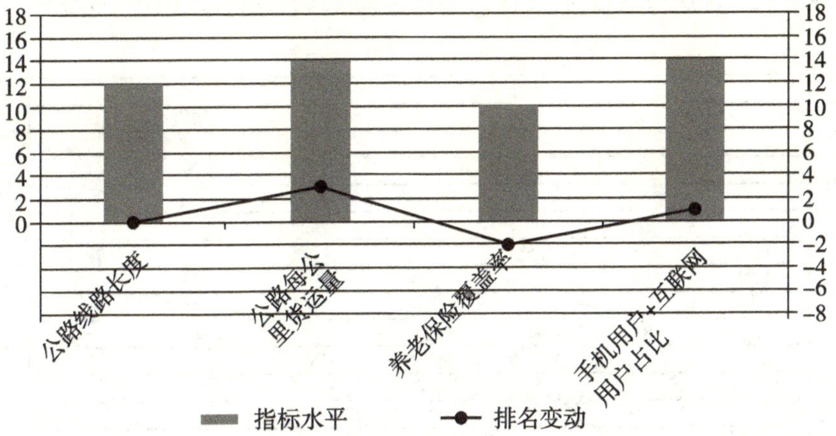

图5-15 2018年洛阳市社会可持续——服务类指标水平及排名变动

文化类指标水平相对稳定，且一直位居全省第一的位置，除了健身场地设施数和旅游人次略有上升外，其他指标水平都保持不变（见图5-16）。

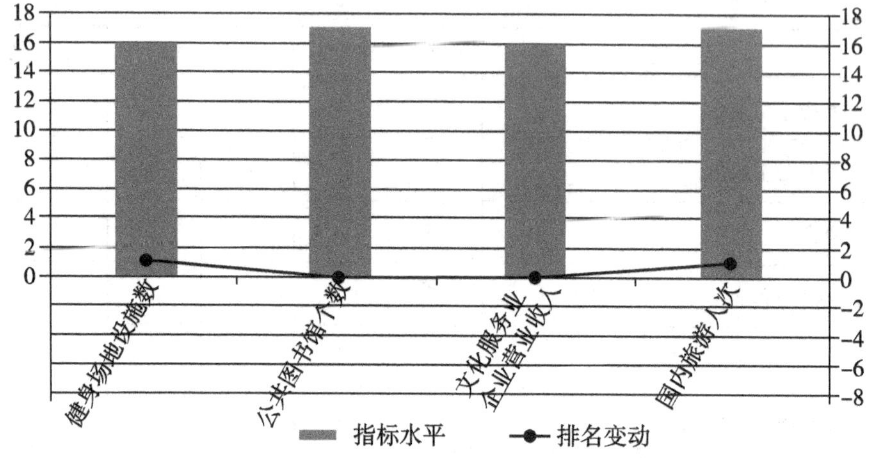

图5－16　2018年洛阳市社会可持续——文化类指标水平及排名变动

在资源类指标中，受益于医疗、供电资源丰富，整体指标水平较高，且2018年排名比2015年上升了3位。但是洛阳市资源类也存在水平低的指标，如人均天然气供给量、居民家庭用水占供水总量比重，原因可能在于工业企业资源使用量过高，挤占了民用资源的供应量（见图5－17）。

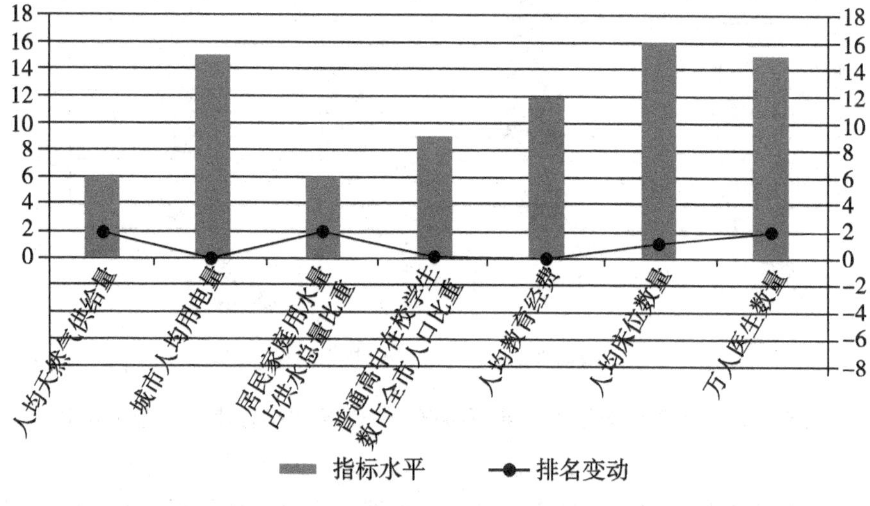

图5－17　2018年洛阳市社会可持续——资源类指标水平及排名变动

保障类指标水平较低，且相对2015年排名变化不大，城市居民低保人数占比、城镇人口失业率在全省城市中指标水平低下。在城市具备一定经济实力后，应当根据当地情况提高城市居民低保标准，保障城市低收入人群基本生活，增加就业机会，提高就业率（见图5－18）。

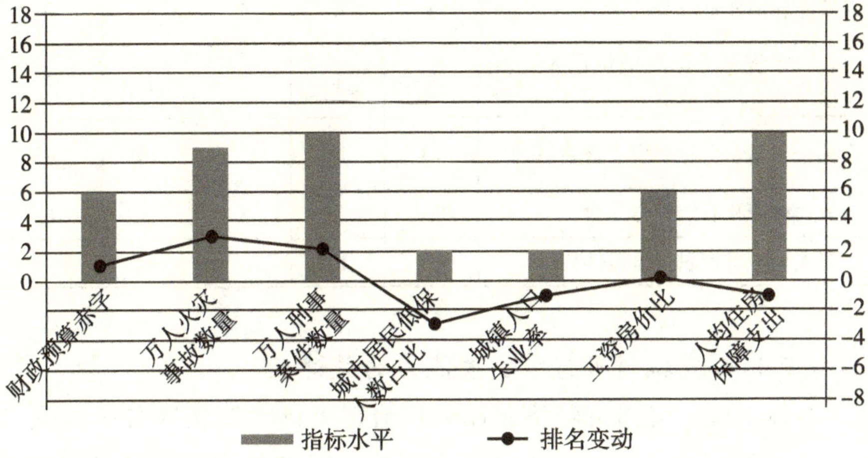

图5－18　2018年洛阳市社会可持续——保障类指标水平及排名变动

4）治理可持续发展排名及变化原因。2018年，治理可持续发展指标中指标水平低的，如国企和私营企业平均工资差距、万人工会受理职工举报件数，分别占第16、12位，且二者排名变动较大，较2015年排名分别下降了3、5个名次，说明城市企业工资差距过高，发展不均衡，且受理举报案件数量少，工会管理职责范围需要进一步扩展；其余指标均在全省处于前列水平，和行政效率相关的指标如行政事务支出占GDP比重排18个城市第3位，说明城市治理效率相对高，政府和居民信息沟通方面也具有一定优势，政府政务公开透明度较高。整体上，治理可持续发展指标排名有下降的趋势，主要反映在国企和私企工资差距、人均申请政府信息公开数量上，政府需要继续营造公平、透明的经济社会环境，保障城市长期可持续发展（见表5－18）。

表 5－18　2015—2018 年洛阳市治理可持续发展指标排名及变动

类　别	2015 年	2016 年	2017 年	2018 年	排名变动
人均政府信息依申请和主动公开数量	1	1	2	4	－3
行政事务支出占 GDP 比重	3	3	3	3	0
实际利用外资占 GDP 比重	4	4	4	4	0
私营经济和个体经济从业人员占城镇从业人员比重	3	1	1	1	2
国企和私营企业平均工资差距	13	12	7	16	－3
人均申请政府信息公开数	3	3	3	3	0
万人工会受理职工举报件数	7	13	11	12	－5

（三）提高城市可持续发展能力的关键点

总体来说，洛阳市经济、社会和治理可持续发展排名在省内 18 个城市中均处于前 3 名，不过社会保障水平较低的问题依然不容忽视。虽然洛阳市工业发达，经济实力在全省名列前茅，在环境保护方面的投入与力度也很大，但是洛阳市由于初加工、高能耗产业比重仍然较大，造成的环境损害相对严重。因此，环境可持续发展排名在省内 18 个城市中仍处于下游水平，这就需要当地政府在谋划经济发展的同时兼顾城市环境质量，持续优化产业结构，降低环境损害水平。未来应当继续加快产业转型升级，打好污染防治攻坚战，构建现代产业体系，全力补齐发展短板，化解社会矛盾，增强群众的幸福感和城市可持续发展能力。

四、平顶山市

（一）城市概况简介

平顶山市，别名鹰城。位于河南省中南部，是中原城市群九个中心城市之一，矿产资源丰富，尤其是煤、盐、铁储量较大，是中原地区著名的煤炭资源城市和中国岩盐之都，也是国家重要的能源原材料工业基地。煤田面积1044平方公里，原煤总储量103亿吨，占全省总储量的51%，素有“中原煤仓”之称。平顶山市人文景观众多，文化旅游资源丰富，民俗风情独特，有白鹭洲、白龟湖两个国家级湿地公园；除此之外平顶山市还是中国曲艺城、中国书法城、中国观音文化之乡、中国汝窑陶瓷艺术之乡和中国唐钧基地，是一座历史文化深厚，产业优势突出的资源型工业城市。

（二）城市可持续发展评价分析

（1）连续4年城市整体排名及变化分析。平顶山市整体可持续发展水平较低，但也呈现出逐渐上升的态势，2018年，在全省排名第13位。排名相对靠前的是社会可持续发展，2018年排名第9位，其中，交通运输和文化可持续发展因子水平较高；相对来说环境可持续发展排名较为靠后，2018年为第16位，作为一个煤炭等能源型工业城市，不可避免的结果就是环境的高度污染，废气排放量高，以至于平顶山市环境可持续度长期位于全省较低的水平。2018年经济发展略有提速，但仍存在单位GDP能耗高、速度慢、水资源消耗过多的现象。经济可持续发展排名上升，具体表现为经济增长潜能因子的迅速增长。治理可持续发展近几年排名有所上升，2015、2016、2017、2018年分别为第17、15、16、13位（见表5-19）。

表5-19 2015—2018年平顶山市可持续发展排名情况

年份	维度				城市可持续发展综合排名
	环境	经济	社会	治理	
2015	13	13	12	17	17
2016	13	13	14	15	16
2017	12	13	14	16	17
2018	16	11	9	13	13

（2）2018年，平顶山市在省内排名前5位和后5位的指标。从二级指标来看，环境方面没有排名在前5位的指标；排名靠后的指标是淡水消耗

（15）、空气质量（16），具体来看就是粉尘、氮氧化物、二氧化硫这三类废气排放量过多，导致空气质量排名靠后。经济方面整体排名处在中等位置，其中，经济增长潜能指标排名靠前，为第5位，相对来说没有处于劣势的二级指标。社会方面排名靠前的是交通运输（5）、文化规模（5）；排名靠后的指标是教育获取度（16），前两个指标受益于煤炭运输网的建设和国有煤矿办对社会的文化影响，但是在教育基础相对薄弱，城市人才缺乏的前提下，更需要提高当地的教育资源投入。治理方面的发展水平一般，不存在排名前五位和排名后五位的指标（见表5－20）。

表5－20　2018年平顶山市在省内城市可持续发展指标中排名在前五位和后五位的分布情况

类　别	排名前五位的二级指标	指标数量	排名后五位的二级指标	指标数量
环境	无	0	淡水消耗（15） 空气质量（16）	2
经济	经济增长潜能（5）	1	无	0
社会	交通运输（5） 文化规模（公共文化活动）（5）	2	教育获取度（教育）（16）	1
治理	无	0	无	0

（3）具体指标排名及变化。

1）环境可持续发展排名及变化原因。2018年，在环境消耗减量指标中，排名相对靠前的是城市居民天然气消耗量（6），且相较2015年上升了4个名次；但是工业化耗能大、污染严重，空气质量堪忧，具体表现为一般工业固体综合产生量、万元GDP能耗、规模以上工业企业取水总量、烟（粉）尘排放量、二氧化硫排放量、氮氧化物排放量的排名，分别为第16、15、14、14、16、16位。

从指标变动来看，城市生活垃圾清运量、城市居民天然气消耗量指标排名都上升了4个名次，人均日生活用水量指标排名下降较快，下降7位。环境修复指标中排名靠前的是城市污水处理率且排名上升较快，从2015年的第11位，上升8个名次至2018年的第3位；但是一般公共预算节能环保支出占比和单位GDP能耗降低率的绝对值波动较大，分别下降了7、11个名次，单位GDP能耗降低可能与当地能源产业依赖有关，需要加快产业转型步伐，如引进科技含量高、环境影响小的现代服务业。环保可持续水平的提高，最主要的就是需要一定的资金支持，平顶山市应该加大城市环保支出，提高环境修复能力（见表5－21）。

表5－21　2015—2018年平顶山市环境可持续发展指标排名及变动

类　别	2015年	2016年	2017年	2018年	排名变动
消耗减量	15	15	13	14	1
人均日生活用水量	6	4	6	13	－7
规模以上工业企业取水总量	15	15	15	14	1
一般工业固体综合产生量	17	17	16	16	1
城市生活垃圾清运量	13	12	11	9	4
万元GDP能耗	15	15	15	15	0
全社会用电量	11	11	11	11	0
城市居民天然气消耗量	10	8	8	6	4
烟（粉）尘排放量	17	17	15	14	3
二氧化硫排放量	14	16	10	16	－2
氮氧化物排放量	13	14	9	16	－3
环境修复	7	6	5	9	－2
一般公共预算节能环保支出占比	6	6	6	13	－7
单位GDP能耗降低率的绝对值	1	11	17	12	－11
城市建成区绿化覆盖率	9	4	4	7	2
每平方公里生产总值	12	12	12	12	0
单位GDP废水排放量	12	13	8	9	3
城市污水处理率	11	7	1	3	8

整体上，平顶山市环境消耗减量远低于环境修复水平（见图5－19）。这是因为生产生活行为对环境的干扰程度比较大，环保支出投入较多，所以修复水平较高。此外，近些年环境修复速度远远快于环境干扰速度，今后除了提高环境修复水平外，更多的是从节能减耗入手，调整产业结构，节能减排，逐步改变环境代价高、资源使用效率低的现状，构建循环产业体系，推动产业结构转型。

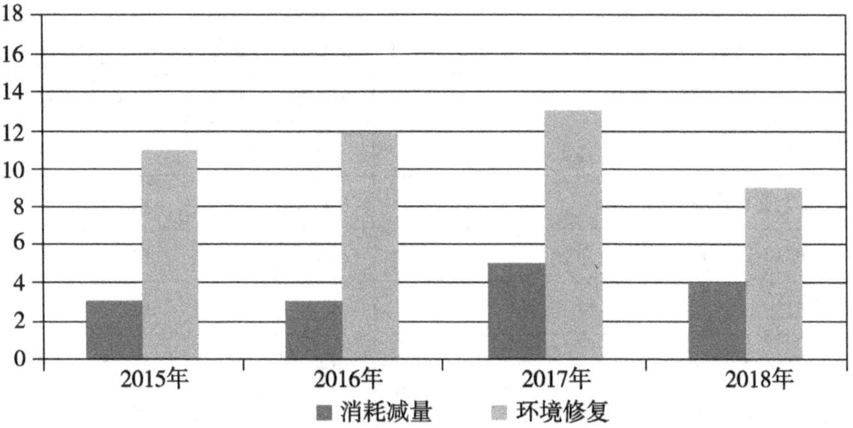

图5－19　2015—2018年平顶山市环境消耗减量和环境修复水平变化情况

2）经济可持续发展排名及变化原因。2018年，平顶山市经济增长潜能排名较高，全省排第8位，相比2015年上升了4个名次。存量水平排名则一直相对稳定，2015—2018年的排名，分别是第13、13、13、12位。潜能提升较快的原因在于GDP增长率相对2015年进步较大，提升了7个位次，但同时也需要注意平顶山市的规模以上工业增加值占第二产业生产总值比重一直处于靠后的位置，且2018年下降2个名次至第18位，说明产业缺乏规模优势，需要引进大企业或加快本地企业兼并重组的进程。经济存量指标中仅有城市人均居民人民币储蓄存款余额排名相对靠前，其余指标排名均在10名之外，且人均生产总值也一直处在靠后的位置，2018年排名第13位，未来应该注重实现储蓄向投资的转化，推动产业多元化发展，从而带动经济更快更好地发展（见表5－22）。

表5-22　2015—2018年平顶山市经济可持续发展指标排名及变动

类　别	2015年	2016年	2017年	2018年	排名变动
增长潜能	12	10	12	8	4
规模以上工业增加值占第二产业生产总值比重	16	17	18	18	-2
第三产业生产总值占GDP比重	6	5	5	5	1
GDP增长率	18	15	17	11	7
研究与试验发展研究（R&D）人员占常住人口比重	8	10	7	7	1
城镇单位从业人员平均工资	4	3	9	7	-3
规模以上工业企业成本利润率	10	13	7	9	1
经济存量	13	13	13	12	1
人均产值	12	13	13	13	-1
每平方公里15~64岁常住人口数	12	12	12	12	0
人均固定资产投资额	12	12	12	11	1
城市人均居民人民币储蓄存款余额	6	6	7	7	-1

整体上，平顶山市经济增长潜能略高于经济存量水平（见图5-20），产业结构和研发人员数量指标对增长潜能起到正向作用。另外，当前已经具备一些知名的外来或本土企业，如舞阳钢铁、平高集团、宝丰酒业、河南九头崖实业，但是规模以上工业增加值占第二产业生产总值比重较低，仍然存在产业结构不合理、人均产值偏低的问题。

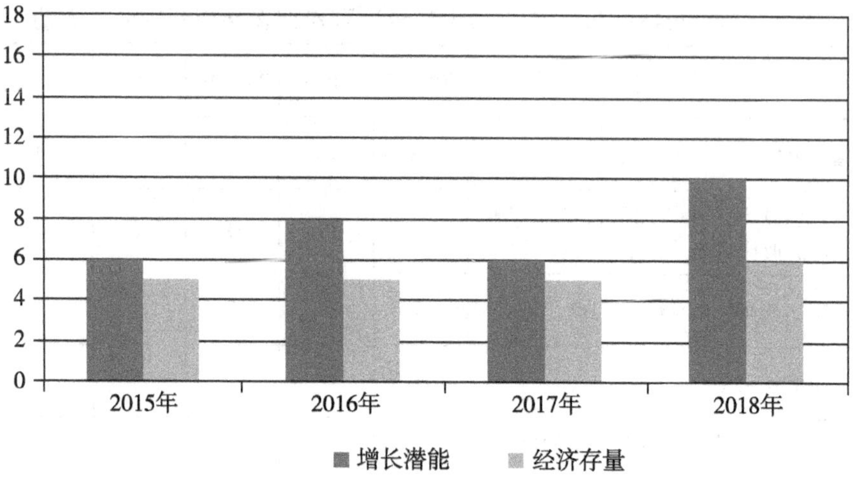

图 5－20　2015—2018 年平顶山市经济增长潜能和经济存量水平变化情况

3）社会可持续发展排名及变化原因。2018 年，在社会四大类指标中，服务类指标除了公路线路总长度，其他排名均比较靠后，都在前 10 名之外，其中，相较 2015 年仅有手机用户和互联网用户占比指标下降 1 个名次，其余指标均保持不变。因此，平顶山市需要在交通电信方面加大投入力度，提高设施利用效率和使用规模（见表 5－23、图 5－21）。

表 5－23　2015—2018 年平顶山市社会可持续发展指标排名及变动

类　别	2015 年	2016 年	2017 年	2018 年	排名变动
服务类	7	8	9	8	－1
公路线路总长度	7	8	7	7	0
公路每公里货运量	10	9	8	10	0
养老保险覆盖率	10	10	11	10	0
手机用户＋互联网用户占比	11	12	13	12	－1
文化类	10	7	8	7	3
健身场地设施数	11	5	8	9	2
公共图书馆个数	8	8	8	8	0
文化服务业企业营业收入	4	4	4	5	－1
国内旅游人次	11	11	10	7	4

续表

类　别	2015年	2016年	2017年	2018年	排名变动
资源类	17	17	16	11	6
人均天然气供给量	16	17	17	15	1
城市人均用电量	9	9	8	8	1
居民家庭用水占供水总量比重	8	11	9	6	2
普通高中在校学生数占全市人口比重	17	17	17	17	0
人均教育经费	17	17	16	11	6
人均床位数量	7	7	9	10	-3
万人医生数量	10	10	11	8	2
保障类	8	12	11	10	-2
财政预算赤字	8	8	8	8	0
万人火灾事故数量	16	16	18	16	0
万人刑事案件数量	4	5	3	5	-1
城市居民低保人数占比	8	7	6	6	2
城镇人口失业率	11	13	12	8	3
工资房价比	2	11	17	8	-6
人均住房保障支出	14	15	10	15	-1

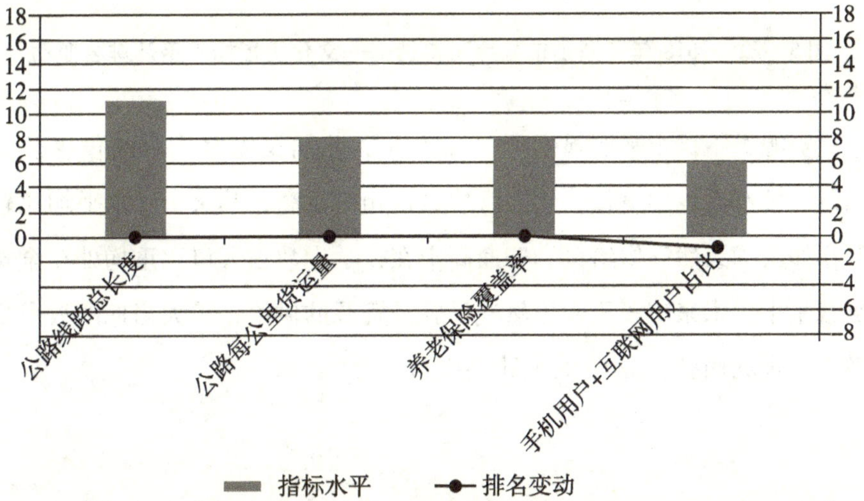

图5-21　2018年平顶山市社会可持续——服务类指标水平及排名变动

文化类指标水平整体相对较高，其中国内旅游人次排名第 7 位，上升了 4 个名次，2018 年平顶山市的旅游人数突破了 4000 万人次，相较 2017 年增长了近两倍；总的来看，当前市场化盈利性的社会文化产业发展较快，公益性公共文化设施相对滞后，具体表现为文化服务业企业营业收入和国内旅游人次的指标水平高于公共图书馆个数和健身场地设施数量的指标水平（见图 5 - 22）。

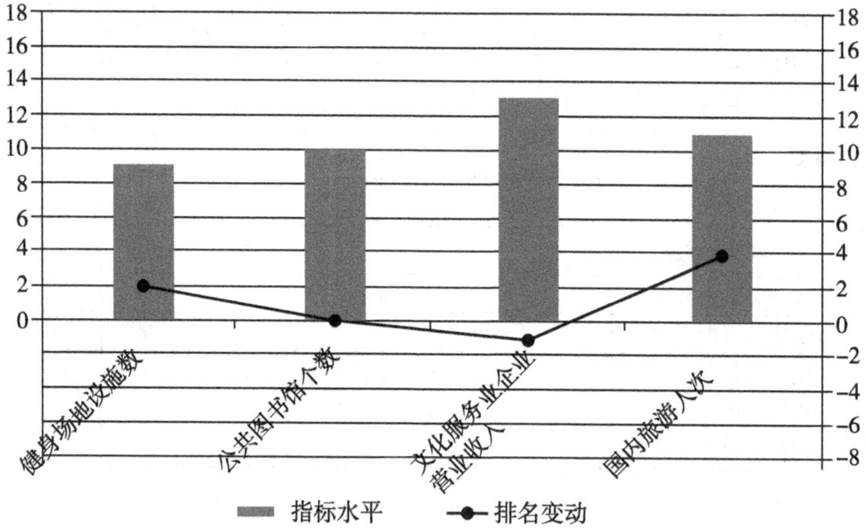

图 5 - 22　2018 年平顶山市社会可持续——文化类指标水平及排名变动

资源类指标水平明显上升，2018 年，除居民家庭用水占供水总量比重、城市人均用电量、万人医生数量相对较高，其余指标水平均比较低，如人均天然气供给量和普通高中在校学生数占人口比重均处在全省倒数水平，未来应该重视天然气设施及资源的供给，扩大当地的教育规模，合理利用教育经费（见图 5 - 23）。

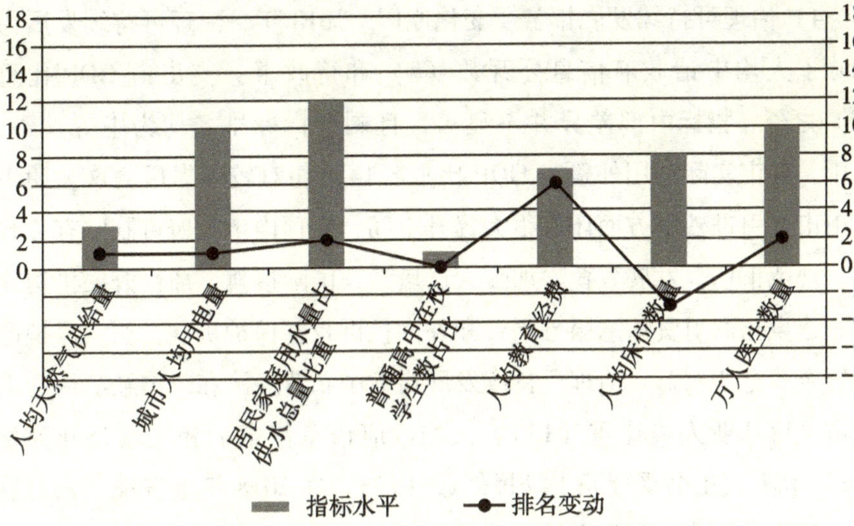

图5－23　2018年平顶山市社会可持续——资源类指标水平及排名变动

保障类指标水平高的是万人刑事案件数量、城市居民低保人数占比；指标水平低的是万人火灾事故数量和人均住房保障支出。排名变动最大的指标是工资房价比，相较2015年下降了6个名次，提高最多的指标是城镇人口失业率，变动了3个名次。未来的平顶山市应当重点提高居民住房保障水平，减轻城市居民生活成本压力（见图5－24）。

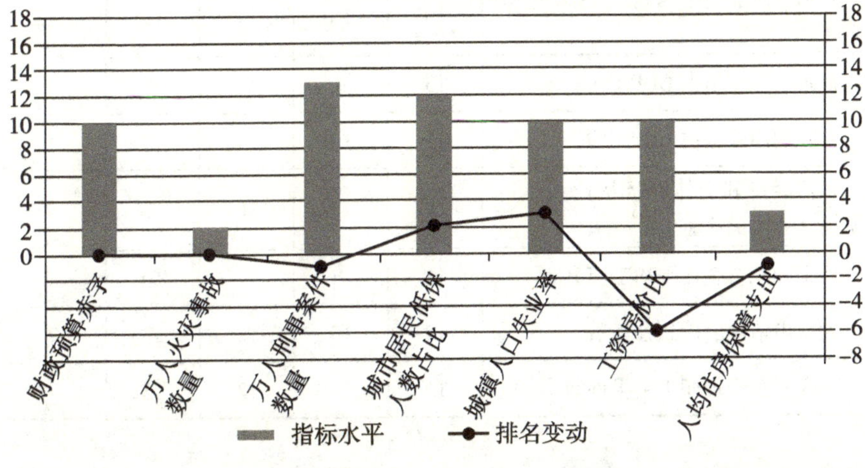

图5－24　2018年平顶山市社会可持续——保障类指标水平及排名变动

4）治理可持续发展排名及变化原因。2018 年，治理可持续发展指标除了人均申请政府信息公开数（8）和行政事务支出占 GDP 比重（9）之外，指标内部差异并不显著，且剩余指标排名均为中等偏下，其中，各市实际利用外资占 GDP 比重（14）相对较为靠后。这说明平顶山市在引进外资方面还有很大提升空间，平顶山市政府可制定有关政策，规范市场，发展教育，加强人员培训与国际接轨，加快海关机构建设，建设招商引资信息服务平台和外商投诉权益保护机制，切实保护内外资企业合法权益。治理可持续发展指标中私营经济和个体经济从业人员占城镇从业人员比重（13）、人均政府信息依申请和主动公开数量（13）和万人工会受理职工举报件数（13），在 2018 年全省排名相对靠后，特别是人均政府信息依申请和主动公开数量相较 2015 年下降 3 位。平顶山市还需要全面深化政务公开，接受公民监督；建设公开透明的政务和商务环境，全力招商引资，深入落实优化营商环境实施意见，完善招商引资签约项目全程代办服务制度，营造稳定公平透明的营商环境（见表 5－24）。

表 5－24　2015—2018 年平顶山市治理可持续发展指标排名及变动

类　别	2015 年	2016 年	2017 年	2018 年	排名变动
人均政府信息依申请和主动公开数量	10	10	14	13	－3
行政事务支出占 GDP 比重	13	9	9	9	4
实际利用外资占 GDP 比重	15	14	14	14	1
私营经济和个体经济从业人员占城镇从业人员比重	18	17	16	13	5
国企和私营企业平均工资差距	11	14	12	10	1
人均申请政府信息公开数	15	15	18	8	7
万人工会受理职工举报件数	11	11	12	13	－2

（三）提高城市可持续发展能力的关键点

总体来说，平顶山市社会和经济可持续发展排名相对靠前，表现为交通运输便捷，公共文化规模和经济增长潜能大。环境和治理可持续发展排名相对靠后，与污染排放量高，治理投入相对不足有关。未来应当积极推进建设文明城市，坚持精准施策、标本兼治，突出重点区域、重点行业、重点污染物的监管，减少废气排放，缓解城市环境的高污染，使得城市面貌得到改善；平顶山市还需改善城市基础设施；扩大城乡居民养老保险覆盖范围，落实就业、住房、教育等各项民生工程；积极推进产业结构转型，降低资源型产业的份额，转向创新和人力资源驱动型的增长模式，实现城市整体可持续发展。

五、安阳市

（一）城市概况简介

安阳市，简称殷或邺，位于河南省最北部，地处山西、河北、河南三省交会处，是中国八大古都之一，国家历史文化名城，华夏文明的中心之一。作为豫北工业重镇，安阳市具备丰富的矿产资源且形成了以煤、铁及石灰岩为主的三大矿业支柱，初步形成了冶金建材、装备制造、煤化工、食品医药等4个主导产业和纺织服装、电子信息、新能源等3个优势产业的工业体系。同时，安阳市也是区域性综合交通枢纽城市，京广铁路、京广高铁与晋豫鲁大运力铁路形成“二纵一横”铁路枢纽。区位优势决定了安阳市重工业的快速发展，但是随着经济进入新常态，传统的粗放型发展模式也成为其可持续发展道路上的阻碍。因此要处理好传统行业发展问题，同时以创新动力激发市场活力，以实现城市的长期可持续发展。

（二）城市可持续发展评价分析

（1）连续4年城市整体排名及变化分析。安阳市整体发展水平有下降的态势，2018年在全省排名第11位。排名相对靠前的是社会可持续发展，2018年排名第3位，得益于其社会服务的完善、社会资源与文化的丰富。相反，在治理可持续发展上，2018 年排名出现了较大的回落，排名第 10 位，后退了 3 个名次。环境可持续发展排名较为靠后，环境建设相对水平近些年出现波动，2015、2016、2017 年分别为第 18、15、17 位，主要原因是其经济发展对环境依赖程度较高，导致环境消耗程度较大。经济可持续发展近些年排名相对靠后，2018 年排名第 12 位，经济面临着下行的压力，主要是由于资源加工型产业比重高，在产能过剩和环保政策的约束下，新旧动能转换有难度，实体经济运行阻碍多（见表 5 -25）。

表 5 -25　2015—2018 年安阳市可持续发展排名情况

年份	维　度				城市可持续发展综合排名
	环境	经济	社会	治理	
2015	18	12	5	7	11
2016	15	11	6	7	10
2017	17	12	4	7	12
2018	15	12	3	10	11

（2）2018 年，安阳市在省内排名前 5 位和后 5 位的指标。从二级指标来看，环境方面排名靠前的指标是治理投入、土地可持续利用和废水处理，在全省各市中分别排第 3、4、5 位，排名末位的指标是能源消耗（18）、空气质量（18）。在环境修复方面有较大的投入，并取得了一定的成效，但是由于安阳市冶金建材、化工等重工行业占比较高，造成转化产能步伐缓慢，自然资源消耗多、产生的污染相对严重，从而影响了整体环境的排名。经济方面排名靠前的是产业结构合理度（4）。社会方面排名靠前的是交通运输（5）和住房保障（5），说明其在社会资源供给方面占据一定优势；相反，排名靠后的指标是安全，排第 14 位，主要原因是 2018 年火灾事故数量多。在治理方面上各指标处于中等水平，没有突出优势和劣势，仍有上升空间（见表 5 -26）。

表5-26　2018年安阳市在省内城市可持续发展指标中排名在前五位和后五位的分布情况

类　别	排名前五位的二级指标	指标数量	排名后五位的二级指标	指标数量
环境	治理投入（3） 土地可持续利用（4） 废水处理（5）	3	固体废弃物产生（15） 淡水消耗（17） 能源消耗（18） 空气质量（18）	4
经济	产业结构合理度（4）	1	产业附加值水平（17） 经济增长潜能（15）	2
社会	交通运输（5） 住房保障（5）	2	安全（14）	1
治理	无	0	无	0

（3）具体指标排名及变化。

1）环境可持续发展排名及变化原因。2018年，在环境消耗减量中，排名相对靠前的指标是规模以上工业企业取水总量（11），大部分环境消耗指标可持续度相对较差，如人均日生活用水量（18）、万元GDP能耗（17），以及三类废弃物排放量排名均在全省排名末位。这说明安阳市重工业比重高，冶金、建材、发电等传统产业都属于高耗能行业，造成的污染较多，当前的产出和利润也相对有限。从指标变动分析，固体废弃物和能源消耗程度减轻，如城市生活垃圾清运量和全社会用电量名次均提升2位；但氮氧化物排放量明显增加，这是因为一方面随着汽车增多，尾气排放量随之增加；另一方面工业在加工过程中化石燃料燃烧的过多，这与安阳市众多的重工业企业有着紧密的联系。

在环境修复指标中，除一般公共预算节能环保支出占总支出比和每平方公里生产总值指标均排第8位外，其他指标排名相对靠前，其中，单位GDP能耗降低率、废水排放量、城市建成区绿化覆盖率、城市污水处理率、分别排第2、3、6、7位，总体上讲，安阳市政府在环境修复方面工作绩效较为突出（见表5-27）。

表 5－27　2015—2018 年安阳市环境可持续发展指标排名及变动

类　别	2015 年	2016 年	2017 年	2018 年	排名变动
消耗减量	18	18	18	18	0
人均日生活用水量	18	18	17	18	0
规模以上工业企业取水总量	10	10	11	11	－1
一般工业固体综合产生量	14	14	13	13	1
城市生活垃圾清运量	16	16	14	14	2
万元 GDP 能耗	17	17	17	17	0
全社会用电量	16	15	16	14	2
城市居民天然气消耗量	16	16	15	16	0
烟（粉）尘排放量	18	18	18	18	0
二氧化硫排放量	18	15	18	18	0
氮氧化物排放量	11	16	17	18	－7
环境修复	6	4	3	2	4
一般公共预算节能环保支出占总支出比	8	4	9	8	0
单位 GDP 能耗降低率的绝对值	13	13	12	2	11
城市建成区绿化覆盖率	13	7	5	6	7
每平方公里生产总值	8	9	9	8	0
单位 GDP 废水排放量	4	5	4	3	1
城市污水处理率	1	2	5	7	－6

整体上，安阳市环境消耗减量水平相对较低，连续 4 年排名末位，远低于环境修复水平（见图 5－25）。环境问题是产业结构和长期以来居民高消耗生活方式决定的，说明生产生活行为本身对环境的干扰程度相对较高。相对而言，环境修复水平较高，主要是由于政府、企业对环境治理工作的不断加强。但是应该意识到，解决环境污染问题，不仅仅需要加强监管，更需要从源头抑制，只有突出重点区域、重点行业、重点时段监管，建立环境治理长效机制，才能最大限度地优化环境，保护资源，为长期可持续发展打下良好的基础。

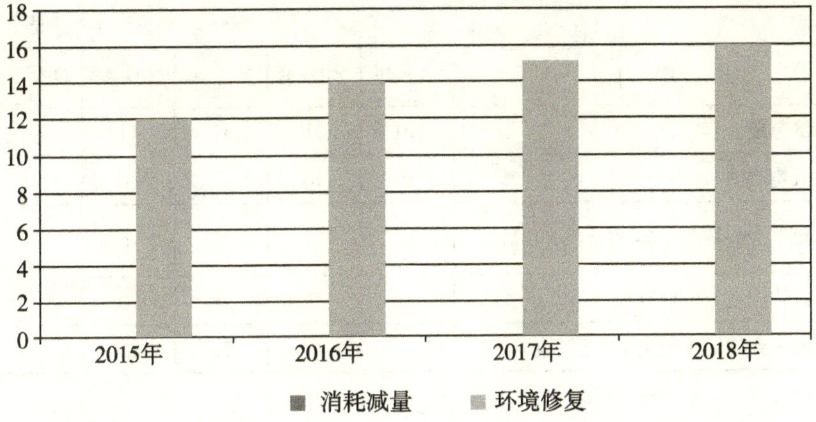

图5－25 2015—2018年安阳市环境消耗减量和环境修复水平变化情况

2）经济可持续发展排名及变化原因。2018年，安阳市经济增长潜能较2015年下降4位，在全省中排名第15位；经济存量排名也相对靠后，为第11位，每平方公里常住人口数（10）相较2015年提升了1个名次。与此同时，人均固定资产投资额在全省各地市中排第10位，说明在资源型产业发展相对停滞期，还没有出现明显的新投资热点。城市居民储蓄存款余额排第12位，说明城市中存在相当数量的可用资本（见表5－28）。

表5－28 2015—2018年安阳市经济可持续发展指标排名及变动

类别	2015年	2016年	2017年	2018年	排名变动
增长潜能	11	13	15	15	－4
规模以上工业增加值占第二产业生产总值比重	13	14	14	10	3
第三产业生产总值占GDP比重	5	4	4	4	1
GDP增长率	15	14	14	16	－1
研究与试验发展研究（R&D）人员占常住人口比重	4	8	9	8	－4
城镇单位从业人员平均工资	14	15	14	13	1
规模以上工业企业成本利润率	12	15	17	18	－6

续表

类　别	2015 年	2016 年	2017 年	2018 年	排名变动
经济存量	10	11	11	11	-1
人均产值	9	10	10	9	0
每平方公里 15~64 岁常住人口数	11	11	10	10	1
人均固定资产投资额	10	9	9	10	0
城市人均居民人民币储蓄存款余额	9	10	12	12	-3

整体上，2018 年安阳市经济增长潜能低于经济存量水平（见图 5-26）。第二产业结构不合理是阻碍其经济发展的主要原因，安阳市重点要推进企业转型升级，延长产业链，提高经济质量。

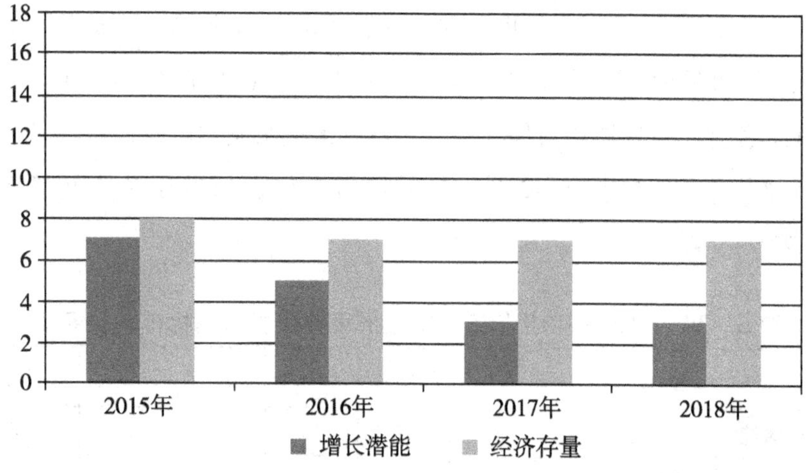

图 5-26　2015—2018 年安阳市经济增长潜能和经济存量水平变化情况

3）社会可持续发展排名及变化原因。2018 年，在社会四大类指标中，服务和文化类指标水平相对稳定，个别指标略有下降，如养老保险覆盖率、手机用户+互联网用户占比、健身场地设施数、公共图书馆个数。说明安阳市公益性公共文化设施相对落后，需要从资金和人力资源投入入手，提高养老保障和电信服务水平（见表 5-29、图 5-27、图 5-28）。

表5-29　2015—2018年安阳市社会可持续发展指标排名及变动

类　别	2015年	2016年	2017年	2018年	排名变动
服务类	4	5	4	5	-1
公路线路总长度	10	12	12	10	0
公路每公里货运量	8	5	4	7	1
养老保险覆盖率	3	5	4	6	-3
手机用户+互联网用户占比	4	4	3	6	-2
文化类	9	10	12	10	-1
健身场地设施数	5	7	9	6	-1
公共图书馆个数	10	11	11	11	-1
文化服务业企业营业收入	15	14	16	15	0
国内旅游人次	7	5	5	5	2
资源类	7	10	7	4	3
人均天然气供给量	5	4	1	1	4
城市人均用电量	6	6	6	6	0
居民家庭用水占供水总量比重	5	6	8	8	-3
普通高中在校学生数占全市人口比重	16	16	15	12	4
人均教育经费	12	11	8	7	5
人均床位数量	8	11	7	8	0
万人医生数量	12	13	8	7	5
保障类	13	13	12	11	2
财政预算赤字	11	11	9	9	2
万人火灾事故数量	13	10	9	8	5
万人刑事案件数量	15	16	15	14	1
城市居民低保人数占比	10	9	8	8	2
城镇人口失业率	13	14	14	13	0
工资房价比	10	8	7	5	5
人均住房保障支出	10	3	11	9	1

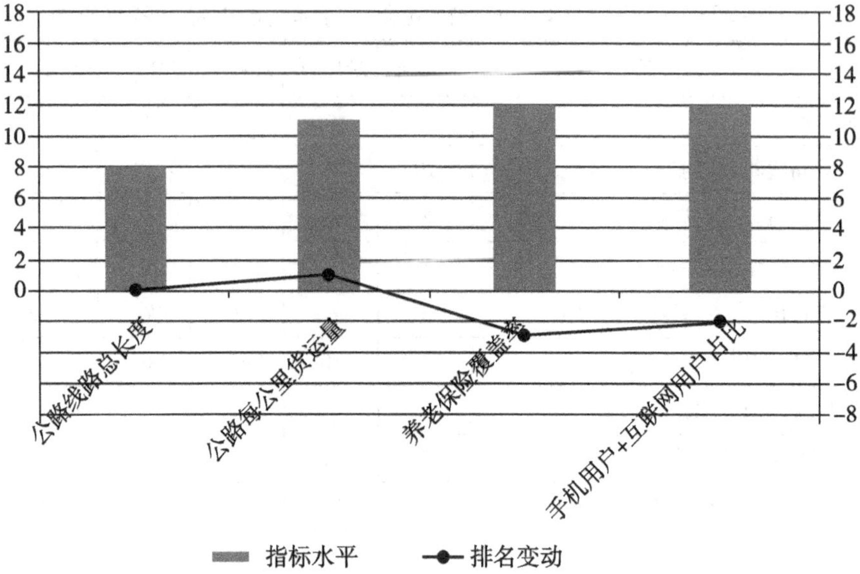

图5－27　2018 安阳市社会可持续——服务类指标水平及排名变动

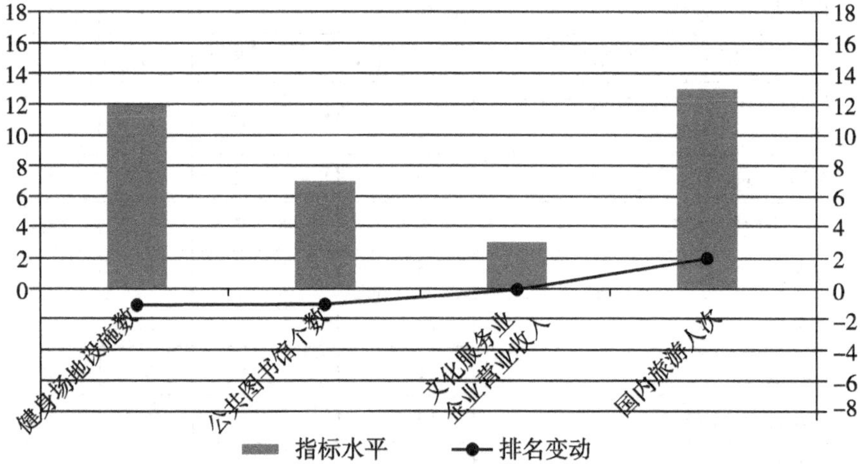

图5－28　2018 安阳市社会可持续——文化类指标水平及排名变动

2018 年，资源类指标受益于医疗、能源资源数量丰富，指标水平处于全省上游，2018 年排名相较 2015 年上升了 3 个名次。但是资源类也存在明显落后的指标，如普通高中在校学生数占全市人口比重。说明安阳市需要适当加大教育投入，保证教育资源分配公平（见图 5－29）。

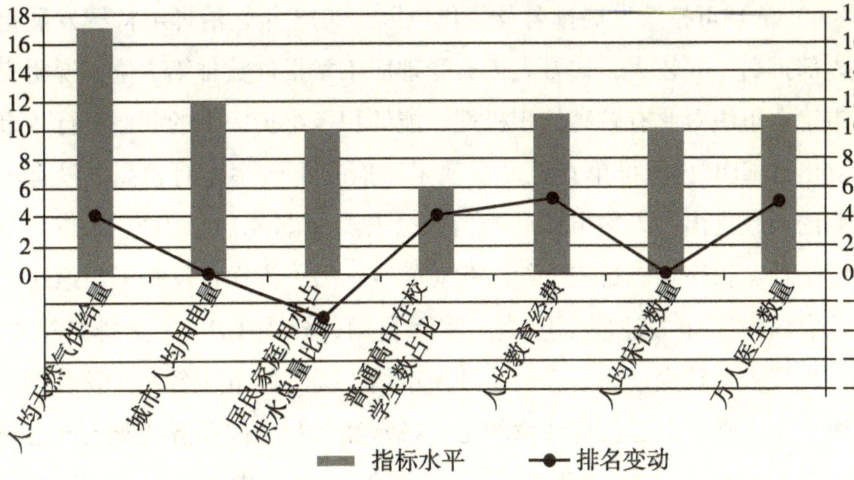

图5-29　2018安阳市社会可持续——资源类指标及排名变动

保障类指标水平整体下降，2018年排名较2015年下降2个名次。2018年的指标水平高的是工资房价比，在全省排名第5位，说明安阳市的房价相对稳定，居民生活质量有一定的保障。指标水平低的是城镇人口失业率、万人刑事案件数量，相较2015年没有明显的波动，在提高就业率、加强居民生活安全保障方面仍有较大提升空间（见图5-30）。

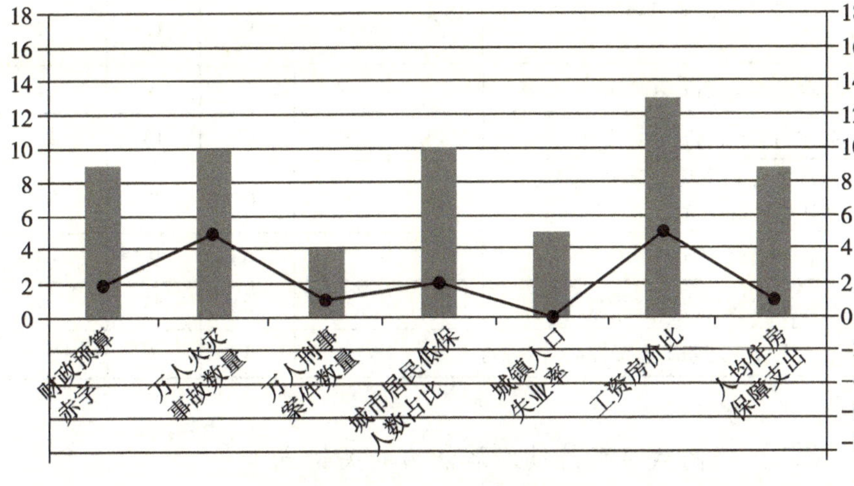

图5-30　2018安阳市社会可持续——保障类指标水平及排名变动

4）治理可持续发展排名及变化原因。2018年，治理可持续发展指标内部排名差异较大，如万人工会受理职工举报件数排第3位，说明安阳市工会组织对此有较高的积极性，能够积极维护职工的利益；行政事务支出占GDP比重排第6位，反映了政府支出效率相对较高，没有不必要的行政支出；人均申请政府信息公开数排名靠后，为第15位，一方面是社会秩序相对稳定、纠纷相对较少；另一方面也反映了当地居民对政府部门工作关注度不够高。实际利用外资占GDP比重排名第13位，外资占比较少，需要进一步开拓市场，提升城市知名度，吸引更多外资企业入驻。但是值得注意的是，私营经济和个体经济从业人员占城镇从业人员比重由2015年的第16位至2018年前进到第8位，反映了个体、私营经济的市场活跃度较高，对推进城镇化建设、促进经济增长有一定的益处。整体上，治理可持续发展指标排名有下降的趋势，7个指标中有4个指标排名较2015年有所后退，今后在政府开放力度、透明度和政府效率方面还需进一步改进（见表5－30）。

表5－30　2015—2018年安阳市治理可持续发展指标排名及变动

类　别	2015年	2016年	2017年	2018年	排名变动
人均政府信息依申请和主动公开数量	5	4	9	12	－7
行政事务支出占GDP比重	5	7	7	6	－1
实际利用外资占GDP比重	14	12	13	13	1
私营经济和个体经济从业人员占城镇从业人员比重	16	14	12	8	8
国企和私营企业平均工资差距	5	7	6	9	－4
人均申请政府信息公开数	11	11	8	15	－4
万人工会受理职工举报件数	5	4	4	3	2

（三）提高城市可持续发展能力的关键点

总体来说，安阳市可持续发展排名位于全省中下游位置。相比而言，其在社会可持续发展排名相对靠前，社会设施建设和资金使用效率相对较高。但是环境、经济和治理可持续发展问题突出，结合安阳市发展实际情况来说，其产业结构有较大优化空间，冶金建材、煤化工等传统产业占比较大，动能转换困难，要素配置市场化程度低，制约较多，导致其产品竞争力不强；同时，新兴产业正在培育，尚未形成强大支撑，加之高素质人才短缺，创新能力和科技成果转化能力弱。另外，高污染、高耗能、高排放企业数量较多，布局不佳，煤炭消费总量多，汽车运输占比高，污染物排量大，环境容量严重超载，资源环境对发展的约束日益明显。在社会方面，脱贫攻坚任务艰巨，在环境卫生、食品药品安全、住房、教育、医疗、就业、养老等方面还存在短板，政府职能转变还不到位，在社会民生及治理方面也影响了其可持续发展的能力。总之，安阳市政府需要不断深化改革，顺应开放趋势，促进产业结构升级，聚力创新转型，激活发展动力与活力，同时也要关注环境污染问题、社会民生问题，重塑安阳市形象，实现社会经济稳中前进。

六、鹤壁市

（一）城市概况简介

鹤壁市位于河南省北部，属太行山东麓向华北平原过渡地带，北与安阳县为邻，西和林州市、辉县市搭界，东与内黄县、滑县毗连，南和卫辉县、延津县接壤。其历史悠久，文化底蕴浓厚，城市境内的淇河是诗歌文化的重要源头，也是全省鱼类种类最多的河流，水质连年保持全省60条城市河流首位。鹤壁市交通便利，铁路线、高速线贯穿城市，四通八达，且国家西气东输工程、南水北调工程也西傍城区而过。鹤壁市产业兴旺、发展独具特色，包括4个产业集聚区和3个特色产业园区，是全国重要的镁精深加工产业基地，也是中部地区重要的现代化工基地；鹤壁市的农业现代化水平全国领先，被确定为全国建制市国家现代农业示范区、全国首批农业农村信息化示范基地、全国农业综合标准化示范市等。

（二）城市可持续发展评价分析

（1）连续4年城市整体排名及变化分析。鹤壁市整体发展水平保持稳中有升的态势，2018年在全省排名第5位。排名靠前的是治理、环境可持续发展，分别排名第1位和第2位，其中，政府效率、制度公平、透明度、治理投入和淡水消耗排名比较靠前。相对来说经济可持续发展排名居中，为第9位。而社会可持续发展排名比较靠后，2016、2017、2018年分别为第17、16、17位，具体表现为服务、保障和文化类社会因子可持续发展水平相对滞后，尤其是对居民住房保障和养老保险需要加大投入力度，同时与文化相关的公共设施建设还需要完善提升（见表5-31）。

表5-31　2015—2018年鹤壁市可持续发展排名情况

年份	维　度				城市可持续发展综合排名
	环境	经济	社会	治理	
2015	5	8	17	5	7
2016	1	9	17	1	3
2017	1	10	16	2	5
2018	2	9	17	1	5

（2）2018年，鹤壁市在省内排名前5位和后5位的指标。从二级指标来看，环境方面排名靠前的指标是治理投入、淡水消耗，在全省中均排名第2位，说明鹤壁市环境治理投入力度大，资源丰富，三类废弃物排放量少；排名靠后的指标是废水处理（16）。经济方面排名靠前的是经济发展水平（5）、经济增长潜能（5）；排名靠后的是产业结构合理度（16）、产业附加值水平（16）。社会方面排名靠前的是安全（3），说明社会安全在社会建设中优势明显；相反，一些公共社会资源供给排名靠后的指标，如文化馆所（17）、养老服务（16）、文化规模（15）。治理方面的二级指标排名靠前的是制度公平、政府效率和透明度，分别排名第1、1、2位；排名靠后的指标是住房保障（18）、公民参与度（15），说明需要对住房保障加大投入力度，促进社会民生（见表5-32）。

表5-32　2018年鹤壁市在省内城市可持续发展指标中排名在前五位和后五位的分布情况

类　别	排名前五位的二级指标	指标数量	排名后五位的二级指标	指标数量
环境	治理投入（2） 淡水消耗（2） 能源消耗（4） 固体废弃物产生（5） 空气质量（5）	5	废水处理（16）	1
经济	经济发展水平（5） 经济增长潜能（5）	2	产业结构合理度（16） 产业附加值水平（16）	2
社会	安全（3） 贫困保障（贫困）（4） 就业（4）	3	水源获取度（14） 教育获取度（教育）（14） 文化规模 （公共文化活动）（15） 养老服务（16） 文化设施 （文化馆所）（17）	6
治理	制度公平（1） 政府效率（1） 透明度（2）	3	公民参与度（15） 住房保障（18）	1

（3）具体指标排名及变化。

1）环境可持续发展排名及变化原因。2018年，在环境消耗减量指标中排名靠前的有规模以上工业企业取水总量、全社会用电量，分别为第1、1位，氮氧化物排放量也较少，位于全省18个城市中的第5位，但是能源消耗类指标，如万元GDP消耗排名第12位。

从指标变动来看，指标排名上升较快的是人均日生活用水量、一般工业固体综合产生量，分别上升7、4位；固体废弃物产生和空气质量类指标排名下降略快，如城市生活垃圾清运量和烟（粉）尘排放量下降2位。环境修复指标的排名整体相对靠后，一般公共预算节能环保支出占总支出比、每平方公里生产总值和单位GDP能耗降低率的绝对值指标分别排名第1、5、6位；其他指标都在10名以外，其中，城市污水处理率、单位 GDP 废水排放量和城市建成区绿化覆盖率，分别排名第 15、14、13 位，需要从提高技术和管理效率入手，提高污水处理率，减少废水排放量，同时加大城市生态建设投入力度，提高植被覆盖率（见表 5－33）。

表 5－33　2015—2018 年鹤壁市环境可持续发展指标排名及变动

类　别	2015 年	2016 年	2017 年	2018 年	排名变动
消耗减量	5	2	2	3	2
人均日生活用水量	12	5	7	5	7
规模以上工业企业取水总量	1	1	1	1	0
一般工业固体综合产生量	12	5	10	8	4
城市生活垃圾清运量	3	3	3	5	－2
万元 GDP 能耗	14	12	12	12	2
全社会用电量	1	1	1	1	0
城市居民天然气消耗量	7	5	4	7	0
烟（粉）尘排放量	3	2	3	5	－2
二氧化硫排放量	8	8	9	8	0
氮氧化物排放量	7	3	2	5	2
环境修复	8	5	7	8	0
一般公共预算节能环保支出占比	5	1	1	1	4
单位 GDP 能耗降低率的绝对值	5	7	5	6	－1
城市建成区绿化覆盖率	11	10	13	13	－2
每平方公里生产总值	5	5	5	5	0
单位 GDP 废水排放量	16	16	15	14	2
城市污水处理率	18	11	14	15	3

整体上，鹤壁市环境消耗减量高于环境修复水平，且二者基本处于同步变动状态（见图 5－31）。鹤壁市除了消耗减量水平较优以外，城市的环境修复投入力度也比较大，反映了鹤壁市在环境管理方面绩效相对突出。因此，今后鹤壁市可增加环境保护领域的投入，通过技术创新和加强监管进一步提高环境修复度，从而提高环境可持续发展水平。

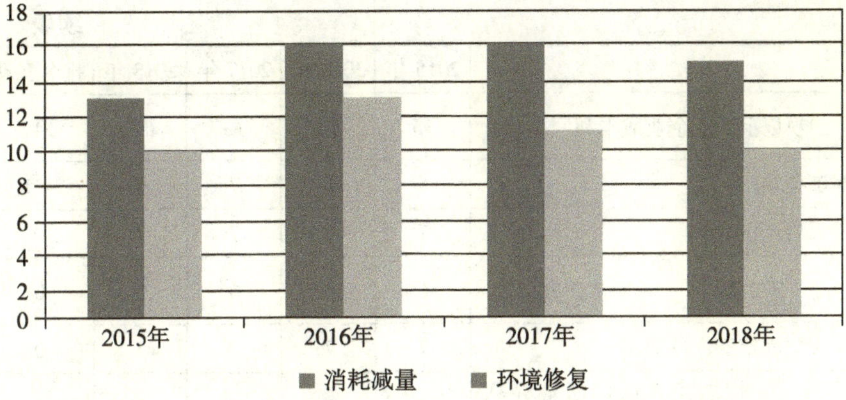

图5－31　2015—2018年鹤壁市环境消耗减量和环境修复水平变化情况

2）经济可持续发展排名及变化原因。2018年，鹤壁市经济增长潜能排名相对靠后（16），与2015年相比下降了2个名次，增长潜能排名靠后的原因在于鹤壁市三产的发展速度慢、大企业利润水平和从业人员平均工资低，以及GDP增长率变缓。经济存量排名也略有下降，但仍处于比较靠前的排名，在全省排第6位，其中，各因子指标如人均产值、每平方公里15～64岁常住人口数、人均固定投资额和居民储蓄存款余额，分别排第7、6、7、8位（见表5－34）。

表5－34　2015—2018年鹤壁市经济可持续发展指标排名及变动

类　别	2015年	2016年	2017年	2018年	排名变动
增长潜能	14	18	18	16	－2
规模以上工业增加值占第二产业生产总值比重	5	6	6	8	－3
第三产业生产总值占GDP比重	18	18	18	18	0
GDP增长率	1	13	16	6	－5
研究与试验发展研究（R&D）人员占常住人口比重	14	14	14	12	2
城镇单位从业人员平均工资	17	18	18	18	－1

续表

类　别	2015 年	2016 年	2017 年	2018 年	排名变动
规模以上工业企业成本利润率	15	14	13	11	4
经济存量	5	5	7	6	-1
人均产值	7	7	7	7	0
每平方公里 15～64 岁常住人口数	6	6	6	6	0
人均固定资产投资额	7	7	7	7	0
城市人均居民人民币储蓄存款余额	8	7	10	8	0

整体上，近年来鹤壁市经济增长潜能远低于经济存量水平，且存量水平也呈现稳中有降的趋势（见图 5－32）。鹤壁市是河南省北部地区重要的现代化工基地、镁加工基地和食品产业集群，如河南仕佳光子科技、来恩伟业电子科技等技术型企业，存在较好的制造业基础。但仍然存在城市产业结构不合理、服务业发展滞后、技术研发能力弱的问题。

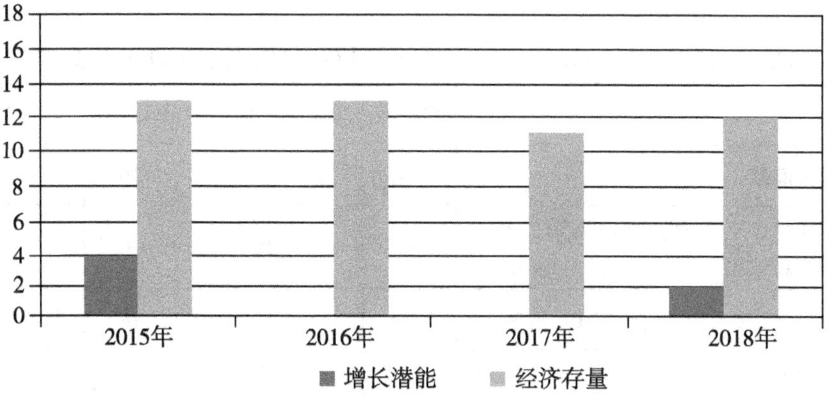

图 5－32　2015—2018 年鹤壁市经济增长潜能和经济存量水平变化情况

3）社会可持续发展排名及变化原因。2018 年，在社会四大类指标中，服务类指标排名差异较大，如排名靠前的指标是公路每公里货运量，排全省第1位；排名靠后指标是公路线路总长度（17）和养老保险覆盖率（16）。因此，鹤壁市需要在修建公路和养老保障方面加大投入力度，扩大规模和覆盖范围（见表5－35、图5－33）。

表5－35　2015—2018年鹤壁市社会可持续发展指标排名及变动

类　别	2015年	2016年	2017年	2018年	排名变动
服务类	10	11	7	11	－1
公路线路总长度	17	17	17	17	0
公路每公里货运量	5	6	2	1	4
养老保险覆盖率	14	14	13	16	－2
手机用户＋互联网用户占比	8	8	7	9	－1
文化类	17	17	16	17	0
健身场地设施数	17	16	17	17	0
公共图书馆个数	17	16	16	16	1
文化服务业企业营业收入	17	17	11	14	3
国内旅游人次	16	16	16	13	3
资源类	12	15	18	13	－1
人均天然气供给量	18	18	18	14	4
城市人均用电量	8	8	9	9	－1
居民家庭用水占供水总量比重	9	14	14	14	－5
普通高中在校学生数占全市人口比重	12	12	13	13	－1
人均教育经费	4	9	11	13	－9
人均床位数量	11	10	11	7	4
万人医生数量	13	11	13	9	4

续表

类　别	2015 年	2016 年	2017 年	2018 年	排名变动
保障类	5	4	1	6	-1
财政预算赤字	2	2	2	2	0
万人火灾事故数量	18	13	4	7	11
万人刑事案件数量	13	10	8	11	2
城市居民低保人数占比	1	3	4	4	-3
城镇人口失业率	7	3	3	4	3
工资房价比	9	14	12	15	-6
人均住房保障支出	4	11	8	14	-10

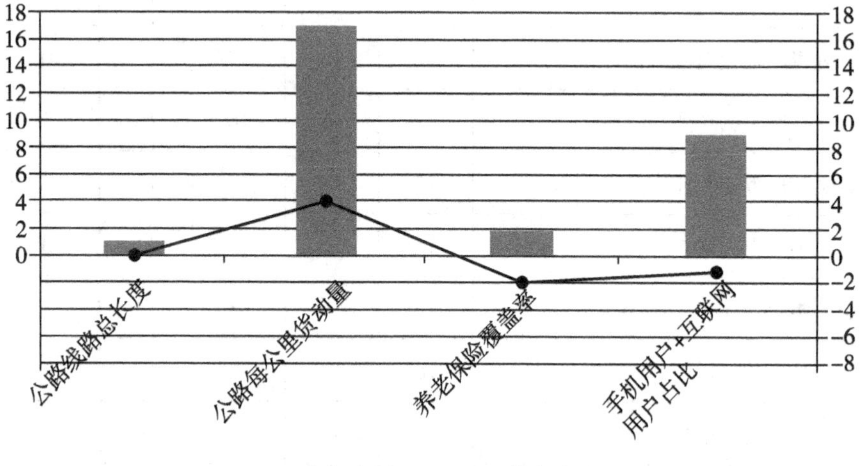

图 5-33　2018 年鹤壁市社会可持续——服务类指标水平及排名变动

文化类指标水平整体下降，其中，指标水平低的是健身设施数、公共图书馆个数。总的来看社会文化产业发展较快，具体表现为指标文化服务业企业营业收入和国内旅游人次，同 2015 年相比均上升了 3 个名次（见图 5-34）。

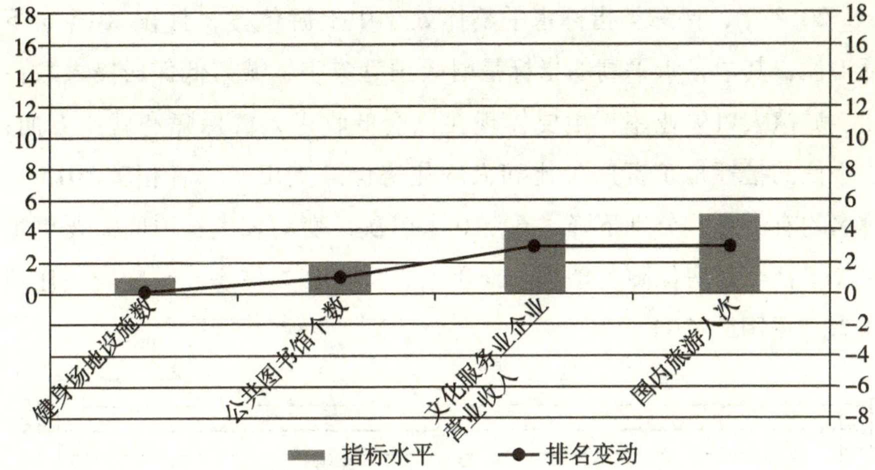

图5-34　2018年鹤壁市社会可持续——文化类指标水平及排名变动

资源类指标水平整体下降，且2018年排名比2015年下降了1位。2018年，鹤壁市社会资源类也存在个别指标水平相对较低的情况，如天然气供给量和居民家庭用水占供水总量比重，都在全省18个城市中处于较低水平，普通高中在校生人数占全市人口数比和人均教育经费指标水平也比较低（见图5-35）。

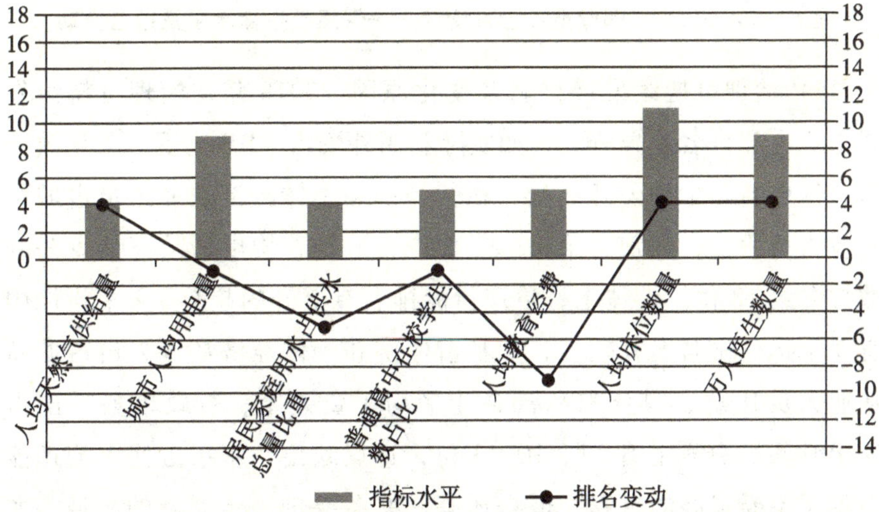

图5-35　2018年鹤壁市社会可持续——资源类指标水平及排名变动

2018年，保障类指标水平整体处于中上游位置，且较2015年下降1位，其中，水平高的指标是财政预算赤字、城市低保居民人数占比、城镇人口失业率，主要体现在社会低收入人群保障和就业方面；水平低的指标是工资房价比和人均住房保障支出，二者相较2015年排名均有下降，分别下降了6、10个名次，变动较大，说明需要更加关注于社会住房保障，增加土地供给，建造公共住房，减轻居民住房压力（见图5－36）。

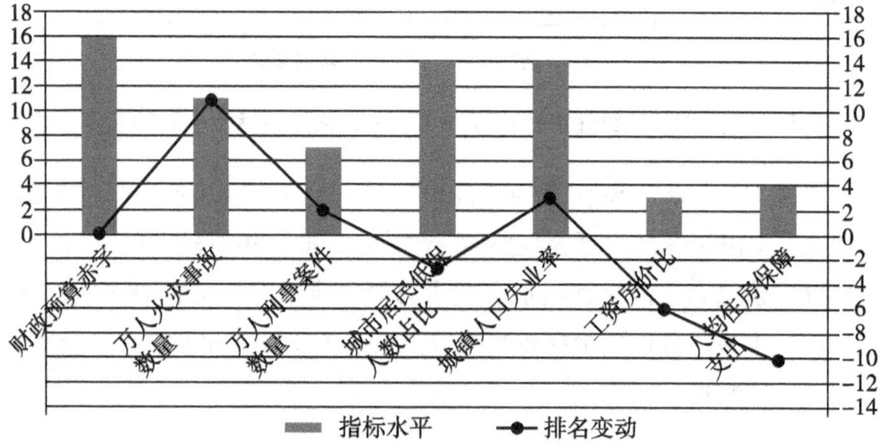

图5－36　2018年鹤壁市社会可持续——保障类指标水平及排名变动

4）治理可持续发展排名及变化原因。2018年，治理可持续发展指标内部排名差异较大，如实际利用外资占GDP比重、人均政府信息依申请和主动公开数量、私营经济和个体经济从业人员占城镇从业人员比重，分别为第1、2、2位；但是人均申请政府信息公开数排名第18位。整体上，治理指标排名有上升的趋势，7个指标中有3个指标排名上升较多，如私营经济和个体经济从业人员占城镇从业人员比重、国企和私营企业平均工资差距、行政事务支出占GDP比重，分别上升11、10、3位，这反映出鹤壁市近些年治理能力处于不断提高的过程，但是还有一些需要进一步完善的领域，尤其是人均申请政府信息公开数方面（见表5－36）。

表5-36　2015—2018年鹤壁市治理可持续发展指标排名及变动

类　别	2015年	2016年	2017年	2018年	排名变动
人均政府信息依申请和主动公开数量	2	2	3	2	0
行政事务支出占GDP比重	7	3	6	4	3
实际利用外资占GDP比重	1	1	1	1	0
私营经济和个体经济从业人员占城镇从业人员比重	13	6	3	2	11
国企和私营企业平均工资差距	14	5	3	4	10
人均申请政府信息公开数	10	10	10	18	-8
万人工会受理职工举报件数	6	6	5	7	-1

（三）提高城市可持续发展能力的关键点

总体来说，鹤壁市可持续发展能力较强，其中环境和治理可持续发展排名比较靠前，表现为环境污染程度低，环境治理投入力度大，空气质量相对高，政府效率高，有着透明、公平的公共治理体系。经济可持续发展排名整体居中，其中经济创新力和竞争力显著提升，但是结合鹤壁市实际发展现状，产业结构不合理、产品附加值低是鹤壁市经济发展过程中需要解决的突出问题，需要加快产业转型升级，稳固经济增长基础，使其保持稳中有升的态势。鹤壁市的社会可持续发展排名比较靠后，与社会文化设施及规模和社会保障、养老服务水平较低有关，未来需要从技术创新、资源供给和城市管理方面入手，提高产业附加值，加强城市公共文化建设，提升其整体可持续发展水平。

七、新乡市

（一）城市概况简介

新乡市位于河南省北部，北依太行，南临黄河，紧邻省会郑州市，是中原城市群核心区重要城市之一。作为中华民族古代文明发祥地之一，新乡市历史文化悠久，交通区位优势突出，是豫北地区的国家公路运输枢纽城市，境内有京广高铁、京广铁路、新菏铁路、新月铁路等四条铁路；自然资源丰富，工业实力雄厚，是中国电池工业之都、国家新能源电池及电池材料产业区域集聚发展试点城市，新能源汽车推广应用城市；农村经济发展迅速，新乡市是中原地区重要的商品粮基地和优质小麦生产基地，优质专用小麦种植面积占小麦种植面积的比重超过80%。资源物产丰富的新乡市，连续四届荣获“全国双拥模范城”的称号，是“郑洛新国家自主创新示范区”核心城市之一、《中国制造2025》试点示范城市。

（二）城市可持续发展评价分析

（1）连续4年城市整体排名及变化分析。新乡市整体发展水平略有下降，2018年在全省排名第12位。排名靠前的是社会、治理可持续发展，2018年分别排名第6和第8位。新乡市环境、经济可持续发展排名较为靠后，分别为第18和第13位，2015年、2016年、2017年、2018年分别为第17、17、16、18位（见表5－37）。

表5－37　2015—2018年新乡市可持续发展排名情况

年份	维度				城市可持续发展综合排名
	环境	经济	社会	治理	
2015	17	10	3	11	10
2016	17	12	3	10	11
2017	16	9	3	11	11
2018	18	13	6	8	12

（2）2018年，新乡市在省内排名前5位和后5位的指标。从二级指标来看，环境方面排名靠前的指标是治理投入，在全省各市中排名第4位；但在淡水消耗（17）、能源消耗（17）和废水处理水平（18）排名靠后，这与新乡市的工业发展水平较高有一定关系，因此，新乡市在对环境的治理和保护上还有较大提升空间。经济方面经济增长潜能指标

排名靠前，排在全省第4位，但产业附加值水平比较落后，排在全省第17位。社会方面排名靠前的指标是水源获取度（2），说明新乡市公共社会资源供给发展较快，在服务和便利化方面具有一定优势；相反，一些民生保障服务的指标，如贫困保障、教育获取度、就业和住房保障排名靠后，均处于全省第17位。因此，应该采取多种措施，拓宽居民就业渠道，加大住房保障投入。治理方面排名靠前的是制度公平（3）；排名靠后指标无，处于中上游水平（见表5-38）。

表5-38　2018年新乡市在省内城市可持续发展指标中排名在前五位和后五位的分布情况

类　别	排名前五位的二级指标	指标数量	排名后五位的二级指标	指标数量
环境	治理投入（4）	1	淡水消耗（17） 能源消耗（17） 废水处理（18）	3
经济	经济增长潜能（4）	1	产业附加值水平（17）	1
社会	水源获取度（2） 卫生（卫生设施）（3） 交通运输（3） 养老服务（4） 电信设施获取度（5）	5	贫困保障（贫困）（17） 就业（17） 教育获取度（教育）（17） 住房保障（17）	4
治理	制度公平（3）	1	无	0

（3）具体指标排名及变化。

1）环境可持续发展排名及变化原因。2018年，在环境修复指标中，排名相对靠前的是一般公共预算节能环保支出占比为第4位；但是同当地居民生活相关的消耗减量指标排名相对较差，如城市居民天然气消耗量、人均日生活用水量、城市生活垃圾清运量和全社会用电量分别排第17、16、15、15位；另外环境修复压力较大，单位GDP废水排放量指标排为名末位，城市污水处理率较低，排在全省倒数第2位。

从指标变动来看，在环境消耗减量方面，指标排名上升的仅有二氧化硫排放量，从2015年的第11位上升到了2018年的第6位。而人均日生活用水量指标排名下降较快，与2015年相比下降了6位，排在全省第16位；在环境修复方面，由于节能技术应用相对广泛，单位GDP能耗降低率的绝对值相较2015年由第15位上升至第9位。但环境修复指标整体排名相对靠后，应当以节约用水和优化城市生态建设为突破口，提高居民生活环境可持续发展水平，提高技术和管理效率，从而提高新乡市环境修复效益（见表5－39）。

表5－39　2015—2018年新乡市环境可持续发展指标排名及变动

类　别	2015年	2016年	2017年	2018年	排名变动
消耗减量	13	13	15	15	－2
人均日生活用水量	10	12	16	16	－6
规模以上工业企业取水总量	13	13	13	13	0
一般工业固体综合产生量	6	10	9	10	－4
城市生活垃圾清运量	14	14	15	15	－1
万元GDP能耗	12	14	13	13	－1
全社会用电量	13	14	15	15	－2
城市居民天然气消耗量	17	17	17	17	0
烟（粉）尘排放量	8	9	9	11	－3
二氧化硫排放量	11	11	7	6	5
氮氧化物排放量	14	11	12	15	－1
环境修复	14	16	11	14	0
一般公共预算节能环保支出占比	7	7	5	4	3
单位GDP能耗降低率的绝对值	15	17	4	9	6
城市建成区绿化覆盖率	8	8	9	11	－3
每平方公里生产总值	10	10	10	10	0
单位GDP废水排放量	18	18	18	18	0
城市污水处理率	14	16	15	17	－3

整体上，2017年、2018年，新乡市环境修复高于环境消耗减量

水平，并且环境消耗减量与环境修复水平均偏低（见图5－37）。这是因为生产生活行为对环境的干扰程度相对较高，同时环境投入和修复水平较低所造成原因。尽管近些年环境修复水平逐步提高，但是仍需加大新乡市节能减排力度，提高环境消耗减量水平，以更快促进环境可持续发展。

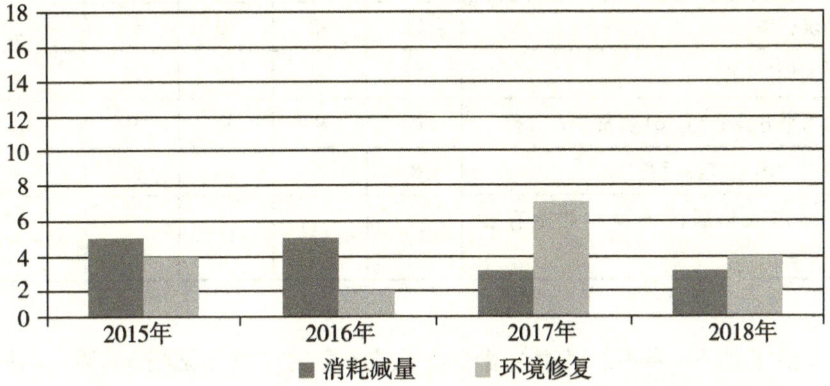

图5－37　2015—2018年新乡市环境消耗减量和环境修复水平变化情况

2）经济可持续发展排名及变化原因。2018年，新乡市经济增长潜能水平（9）相对居中，而存量水平则略有下降。增长潜能近年来排位相对稳定，仅有规模以上工业增加值占第二产业生产总值比重指标排名出现较大幅度下降。新乡市经济存量因子中排名居中的指标仅有每平方公里15～64岁常住人口，其余三个指标排名均在10名以外且略有下降趋势（见表5－40）。

表5－40　2015—2018年新乡市经济可持续发展指标排名及变动

类　别	2015年	2016年	2017年	2018年	排名变动
增长潜能	7	9	7	9	－2
规模以上工业增加值占第二产业生产总值比重	8	13	10	14	－6
第三产业生产总值占GDP比重	4	6	6	6	－2
GDP增长率	7	16	12	9	－2

续表

类　别	2015 年	2016 年	2017 年	2018 年	排名变动
研究与试验发展研究（R&D）人员占常住人口比重	3	3	3	3	0
城镇单位从业人员平均工资	16	16	17	17	-1
规模以上工业企业成本利润率	16	11	11	14	2
经济存量	11	12	12	13	-2
人均产值	11	12	12	12	-1
每平方公里 15~64 岁常住人口数	10	9	9	9	1
人均固定资产投资额	8	11	11	12	-4
城市人均居民人民币储蓄存款余额	12	12	14	15	-3

整体上，新乡市经济增长潜能高于经济存量水平（见图 5-38）。新乡市是我国电池工业之都、国家新能源电池及电池材料产业区域集聚发展试点城市和国家新型电池及材料产业基地，科技型能源企业比较突出，但是仍然存在就业机会少。

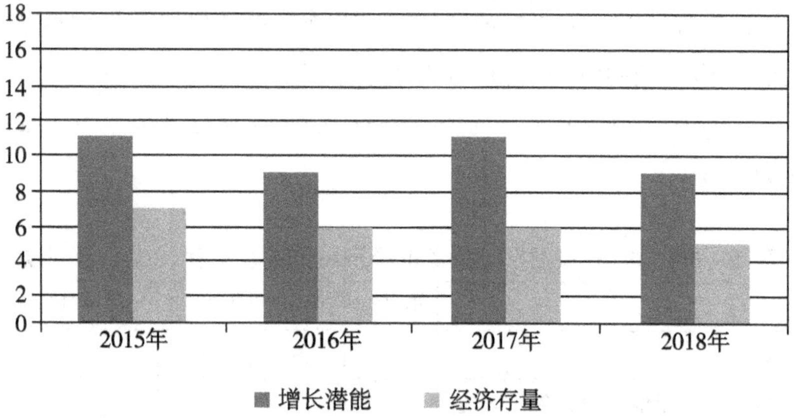

图 5-38　2015—2018 年新乡市经济增长潜能和经济存量水平变化情况

3）社会可持续发展排名及变化原因。2018 年，在社会四大类指标中，服务类指标排名靠前，2015—2018年的排名分别为第2、2、3、3位，不过相对其他因子指标的发展水平，公路路线总长度指标仍存在较大的上升空间（见表5-41、图5-39）。

表5-41　2015—2018年新乡市社会可持续发展指标排名及变动

类　别	2015年	2016年	2017年	2018年	排名变动
服务类	2	2	3	3	-1
公路线路总长度	8	7	8	9	-1
公路每公里货运量	4	4	7	5	-1
养老保险覆盖率	4	4	3	4	0
手机用户+互联网用户占比	3	3	4	5	-2
文化类	5	9	6	8	-3
健身场地设施数	6	11	5	11	-5
公共图书馆个数	4	4	4	4	0
文化服务业企业营业收入	12	13	13	12	0
国内旅游人次	6	6	6	8	-2
资源类	3	4	6	7	-4
人均天然气供给量	9	11	9	8	1
城市人均用电量	7	7	7	7	0
居民家庭用水占供水总量比重	3	3	2	2	1
普通高中在校学生数占全市人口比重	11	13	16	15	-4
人均教育经费	10	8	10	14	-4
人均床位数量	4	5	4	4	0
万人医生数量	2	2	2	4	-2
保障类	14	16	17	17	-3

续表

类　别	2015 年	2016 年	2017 年	2018 年	排名变动
财政预算赤字	12	12	10	10	2
万人火灾事故数量	9	14	14	14	-5
万人刑事案件数量	12	11	9	4	8
城市居民低保人数占比	11	10	16	17	-6
城镇人口失业率	16	16	16	17	-1
工资房价比	17	17	13	11	6
人均住房保障支出	6	13	15	17	-11

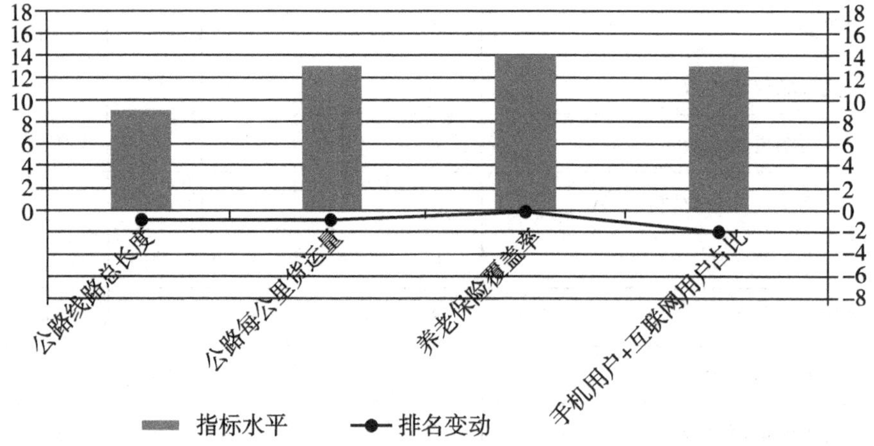

图 5-39　2018 年新乡市社会可持续——服务类指标水平及排名变动

2018 年，文化类指标水平整体处在下降的趋势，指标水平差异较大，指标水平高的是公共图书馆个数；指标水平低的是健身场地设施数和文化服务业企业营业收入，且健身场地设施数排名波动较大，下降 5 个名次。因此，新乡市需要进一步挖掘文化服务行业的潜力，为市民提供优质多样化的文化服务产品；加大健身场地设施投入，提高居民健康水平（见图 5-40）。

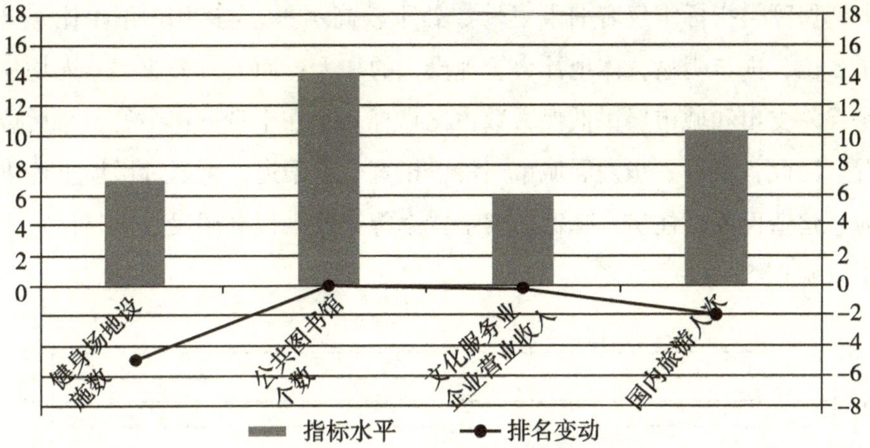

图5－40　2018年新乡市社会可持续——文化类指标水平及排名变动

2018年，资源类指标水平整体呈下降趋势，其中，指标水平较高的是人均床位数量、万人医生数量和居民家庭用水占供水总量比重（反映生活用水保障程度）；指标水平较低的是人均教育经费和普通高中在校学生数占全市人口比重。这说明新乡市教育资源发展严重不平衡，应当加大对中学阶段教育资金的投入，改善教育规模小的发展现状（见图5－41）。

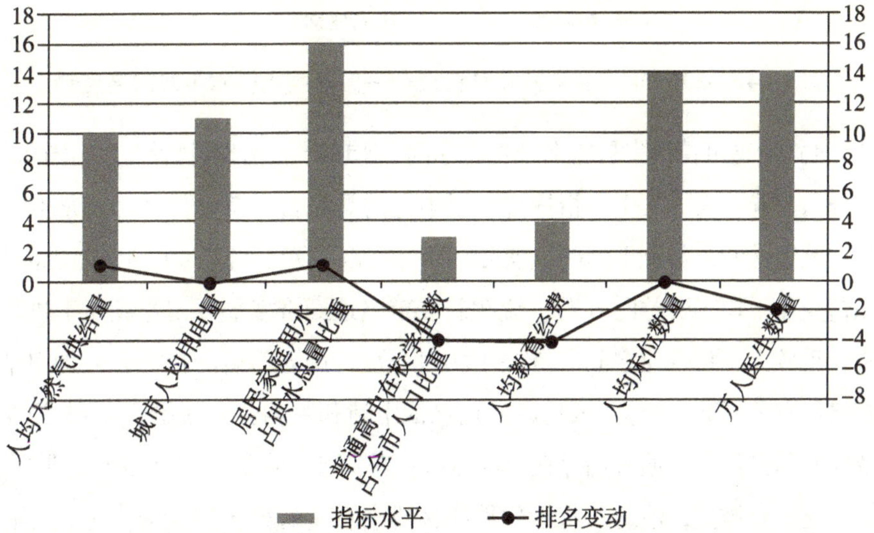

图5－41　2018年新乡市社会可持续——资源类指标水平及排名变动

保障类指标中仅有刑事案件数处于较高水平，与2015年相比上升了8位，进步明显，体现社会管理投入的加大；而人口失业率、人均住房保障支出和城市居民低保人数占比指标水平在全省城市中处于靠后位置。因此，要进一步发展城市经济，拓宽就业渠道，可通过增加土地供应、建造保障性住房、降低住房空置率等策略来提高居民收入与保障水平（见图5－42）。

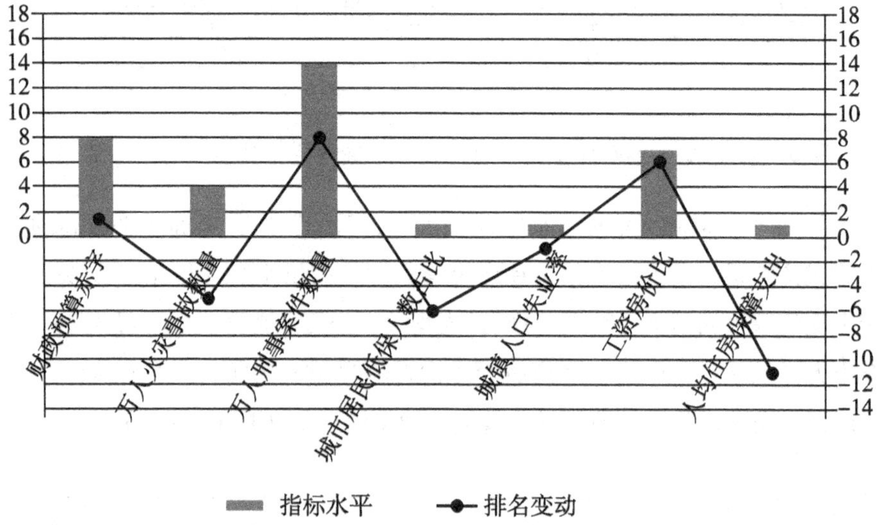

图5－42　2018年新乡市社会可持续——保障类指标水平及排名变动

4）治理可持续发展排名及变化原因。2018年，治理可持续发展指标内部排名差异较大，其中，指标排名居中上的是私营经济和个体经济从业人员占城镇从业人员比重（4）、实际利用外资占GDP比重（6），以及国企和私营企业平均工资差距（7），说明新乡市当地经济发展相对平衡，引进外资比重较大，且企业之间工资差距相对合理；排名前后的指标是人均申请政府信息公开数（14）、人均政府信息依申请和主动公开数量（10），说明政府和居民信息沟通方面存在一定障碍，需要进一步努力实现政务透明化、信息化。整体上，治理可持续发展指标排名在全省处于中上游水平，且有上升的趋势，7个指标中有4个排名比2015年提升了，反映新乡市近些年治理能力在不断提高，但是还有一些需要进一步完善（见表5-42）。

表5-42　2015—2018年新乡市治理可持续发展指标排名及变动

类　别	2015年	2016年	2017年	2018年	排名变动
人均政府信息依申请和主动公开数量	8	8	10	10	-2
行政事务支出占GDP比重	10	13	9	12	-2
实际利用外资占GDP比重	7	7	7	6	1
私营经济和个体经济从业人员占城镇从业人员比重	15	11	9	4	11
国企和私营企业平均工资差距	12	11	10	7	5
人均申请政府信息公开数	14	14	15	14	0
万人工会受理职工举报件数	12	8	9	9	3

（三）提高城市可持续发展能力的关键点

总体来说，新乡市社会、治理可持续发展排名相对靠前，表现为社会医疗服务提供较为完善、制度公平程度高，但是教育资源和住房保障水平较低。环境、经济可持续发展排名相对靠后，与当地制造企业数量多、废水排放量大且处理率较低有关，致使环境可持续发展短板突出，2018年总排名为末位。未来需要坚持问题导向，强化发展支撑，改善城市环境质量，提升能源保障能力，推进可再生能源开发利用；着力改善民生和环境水平，构建公共服务体系，增加劳动力就业，提高城乡低保保障标准，加大教育投入，促进社会公平正义，实现城市长期可持续发展。

八、焦作市

（一）城市概况简介

焦作市位于河南省西北部，北依太行山，南临黄河，是中国传统武术太极拳的发祥地。历史文化悠久，自然风光秀丽，是司马懿、韩愈、朱载堉等历史文化名人的故乡。当地丰富的矿产资源使得焦作市工业形成了重型化的结构布局，能源、化工、原材料等工业地位突出，是河南省享受振兴东北老工业基地政策的5个重点城市之一，是商务部确定的中部9个加工贸易梯度转移重点承接地之一。近年来，焦作市实现了由“黑色主题”到“绿色印象”的成功转型，成为我国中西部发展较快的地区之一，是中原经济区经济转型示范市。先后荣获中国优秀旅游城市、国家森林城市、国家园林城市、全国科技进步先进市、全国社会治安综合治理优秀地市、中国投资环境百佳城市等称号。

（二）城市可持续发展评价分析

（1）连续4年城市整体排名及变化分析。焦作市整体发展水平保持稳中有升的态势，2018年在全省排名第4位。排名靠前的是治理、经济可持续发展，2018年分别排名第2、4位，相对来说环境可持续发展排名较为靠后，排全省第11位，其中环境建设相对水平近些年一直保持上升的趋势，2015年、2016年、2017年分别为第16、14、14位，具体表现为土地可持续利用率一直在提高，环境治理投入力度不断加大，环境质量总体上一直在改善。社会可持续发展在2018年的排名相对靠前，较2015年上升1位（见表5－43）。

表5－43　2015—2018年焦作市可持续发展排名情况

年份	维　度				城市可持续发展综合排名
	环境	经济	社会	治理	
2015	16	2	8	2	4
2016	14	2	11	3	6
2017	14	3	8	3	4
2018	11	4	7	2	4

（2）2018年，焦作市在省内排名前5位和后5位的指标。从二级指标来看，环境方面排名靠前的指标是土地可持续利用，在全省各市中排名第1位；排名靠后的指标是能源消耗（16）。经济方面排名靠前的指标是经济发

展水平（2）。社会方面的优势指标是电信设施获取度（3）、能源获取度（4），说明公共能源、交通和卫生事业发展较快，占有一定的优势；相反，住房保障和安全指标排名靠后，分别为第15、17位。治理方面排名总体靠前，各项指标也都处在全省高水平位置，其中，有公民参与度、政府效率，在全省18个城市分别排名为第1、4位（见表5-44）。

表5-44　2018年焦作市在省内城市可持续发展指标中排名在前五位和后五位的分布情况

	排名前五位的二级指标	指标数量	排名后五位的二级指标	指标数量
环境	土地可持续利用（1）	1	能源消耗（16）	1
经济	经济发展水平（2）	1	无	0
社会	电信设施获取度（3） 能源获取度（4） 卫生（卫生设施）（5） 交通运输（5）	4	就业（14） 住房保障（15） 安全（17）	3
治理	公民参与度（1） 政府效率（4） 制度公平（5） 透明度（5）	4	无	0

（3）具体指标排名及变化。

1）环境可持续发展排名及变化原因。2018年，在环境消耗减量指标中，同居民生活相关的指标表现中等，如人均日生活用水量、城市生活垃圾清运量、烟（粉）尘排放量分别为第8、8、9位；表现差的指标中水电能源缺乏，获取度较低，空气质量差，如全社会用电量、规模以上工业企业取水总量、一般工业固体综合排放量、二氧化硫排放量分别为第16、15、14、14位。

从指标变动来看，指标排名上升较快的是烟（粉）尘、氮氧化物排放量、城市垃圾清运量分别上升第4、6、4位，排名下降较快的是水消耗指标，如人日均生活用水量下降3位。环境修复指标的整体排名靠前，同时单位GDP废水排放量（12）、城市污水处理率（11）指标存在上升趋势，相对2015年分别上升了5、6位。每平方公里生产总值、一般公共预算节能环保支出占比、单位GDP能耗降低率的绝对值、城市建成区绿化覆盖率分别排名为第2、7、7、9位，说明焦作市在环境治理方面投入力度相对较大（见表5-45）。

表5-45　2015—2018年焦作市环境可持续发展指标排名及变动

类　别	2015年	2016年	2017年	2018年	排名变动
消耗减量	14	14	14	13	1
人均日生活用水量	5	9	5	8	-3
规模以上工业企业取水总量	14	14	14	15	-1
一般工业固体综合产生量	13	13	14	14	-1
城市生活垃圾清运量	12	10	10	8	4
万元GDP能耗	13	13	14	14	-1
全社会用电量	15	16	14	16	-1
城市居民天然气消耗量	15	15	16	14	1
烟（粉）尘排放量	13	13	13	9	4
二氧化硫排放量	12	10	12	14	-2
氮氧化物排放量	16	15	14	10	6
环境修复	10	9	6	4	6
一般公共预算节能环保支出占比	10	9	12	7	3
单位GDP能耗降低率的绝对值	9	14	6	7	2
城市建成区绿化覆盖率	10	8	8	9	1
每平方公里生产总值	2	2	2	2	0
单位GDP废水排放量	17	17	16	12	5
城市污水处理率	17	15	10	11	6

整体上，焦作市环境消耗减量远低于环境修复水平（见图5-43）。这说明生产生活行为对环境的干扰程度较大，近些年环境修复上升水平明显高于环境消耗减量水平，在提高环境修复水平的同时，应更多地从节能减耗入手，调整产业结构，逐步改变环境代价高、资源使用效率低

的现状，实现城市环境的可持续发展。

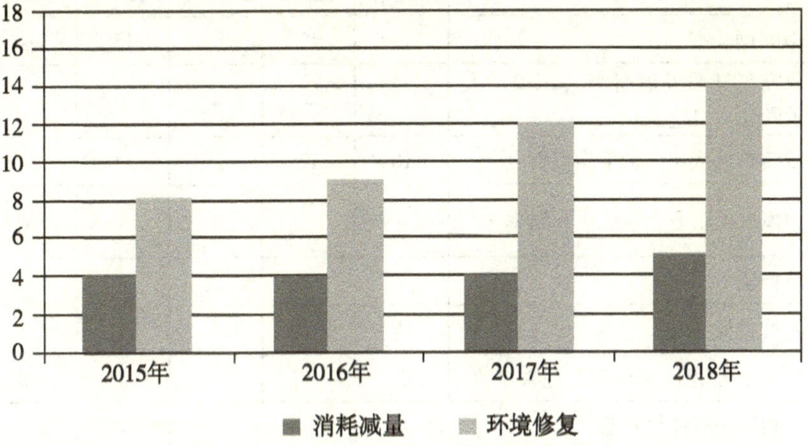

图5-43 2015—2018年焦作市环境消耗减量和环境修复水平变化情况

2）经济可持续发展排名及变化原因。2018年，焦作市经济增长潜能排名相对靠前（5），且略有上升，经济存量则一直保持较高的排名，在全省排名第2位。增长潜能中规模以上工业增加值占第二产业生产总值比重和研究与试验发展研究（R&D）人员占常住人口比重排名靠前，但同时也需要注意焦作市的GDP增长率排名一直处于靠后的位置，且2018年下降1个名次至第15位，可能原因在于第三产业发展相对滞后。在经济存量中仅有城市人均居民人民币储蓄存款余额为劣势指标，其他指标均在全省前5以内，说明焦作市具有较好的经济基础，但需要将资源优势转换为经济增长动能（见表5-46）。

表5-46 2015—2018年焦作市经济可持续发展指标排名及变动

类　别	2015年	2016年	2017年	2018年	排名变动
增长潜能	6	6	5	5	1
规模以上工业增加值占第二产业生产总值比重	3	4	3	2	1
第三产业生产总值占GDP比重	11	12	12	13	-2

续表

类　别	2015 年	2016 年	2017 年	2018 年	排名变动
GDP 增长率	14	12	11	15	-1
研究与试验发展研究（R&D）人员占常住人口比重	5	4	4	4	1
城镇单位从业人员平均工资	10	12	11	11	-1
规模以上工业企业成本利润率	8	8	9	8	0
经济存量	2	2	2	2	0
人均产值	4	4	3	3	1
每平方公里 15~64 岁常住人口数	3	3	3	3	0
人均固定资产投资额	4	4	4	4	0
城市人均居民人民币储蓄存款余额	10	9	11	11	-1

整体上，焦作市经济增长潜能低于经济存量水平（见图 5-44），仍然需要依靠产业转型和结构优化推动经济可持续发展。

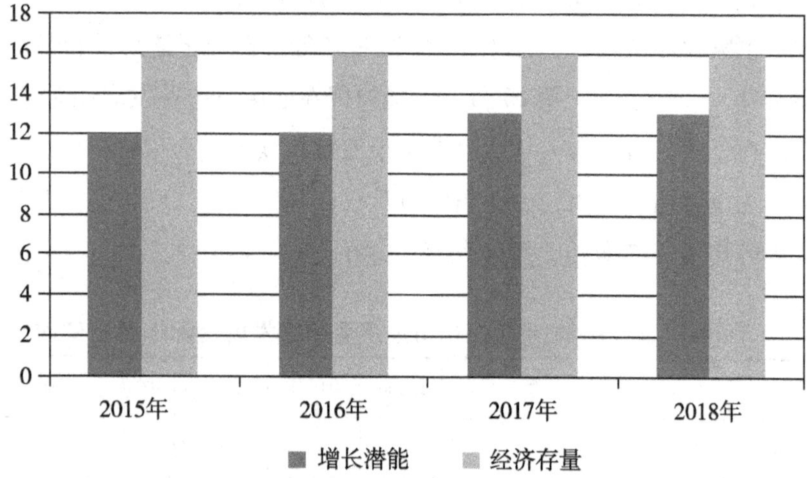

图 5-44　2015—2018 年焦作市经济增长潜能和经济存量水平变化情况

3）社会可持续发展排名及变化原因。2018 年，在社会四大类指标中，服务类指标排名第 7 位，电信设施方面的指标手机用户和互联网用户占比指标比 2015 年排名提高了 3 个名次至第 3 位，其余指标均呈下降趋势，其中，养老保险覆盖率下降了 5 个名次，变动较大。因此，焦作市在社会可持续发展中应当加强养老服务方面的保障，增加公路交通基础设施建设，提高交通便利化（见表 5 - 47、图 5 - 45）。

表 5 - 47　2015—2018 年焦作市社会可持续发展指标排名及变动

类　别	2015 年	2016 年	2017 年	2018 年	排名变动
服务类	6	6	6	7	-1
公路线路总长度	14	13	13	14	0
公路每公里货运量	1	1	3	3	-2
养老保险覆盖率	8	13	12	13	-5
手机用户 + 互联网用户占比	6	6	6	3	3
文化类	12	13	9	11	1
健身场地设施数	13	15	7	12	1
公共图书馆个数	10	10	10	10	0
文化服务业企业营业收入	8	12	12	11	-3
国内旅游人次	4	4	4	6	-2
资源类	2	3	3	5	-3
人均天然气供给量	6	7	7	6	0
城市人均用电量	2	2	3	2	0
居民家庭用水占供水总量比重	7	8	6	7	0
普通高中在校学生数占全市人口比重	6	6	7	7	-1
人均教育经费	13	14	17	18	-5
人均床位数量	5	2	3	3	2
万人医生数量	7	6	6	6	1

续表

类　别	2015 年	2016 年	2017 年	2018 年	排名变动
保障类	18	18	18	16	2
财政预算赤字	6	4	4	5	1
万人火灾事故数量	15	15	17	15	0
万人刑事案件数量	16	15	17	18	-2
城市居民低保人数占比	16	15	12	13	3
城镇人口失业率	17	17	17	14	3
工资房价比	8	15	14	14	-6
人均住房保障支出	16	16	18	11	5

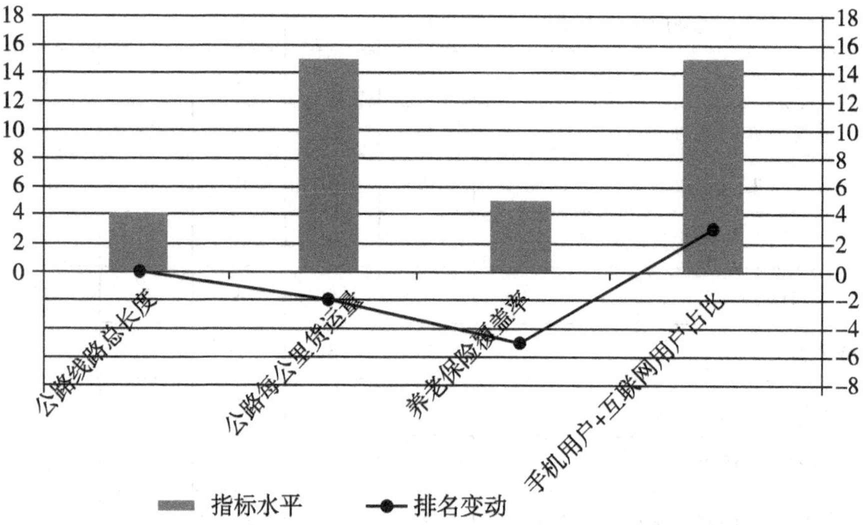

图 5－45　2018 年焦作市社会可持续——服务类指标水平及排名变动

文化类指标排名相对靠前的是国内旅游人次（6）；排名靠后的指标是健身场地设施数（12）和文化服务业企业营业收入（11），说明当前文化服务业企业营业收入不高，社会文化产业发展相对滞后（见图 5－46）。

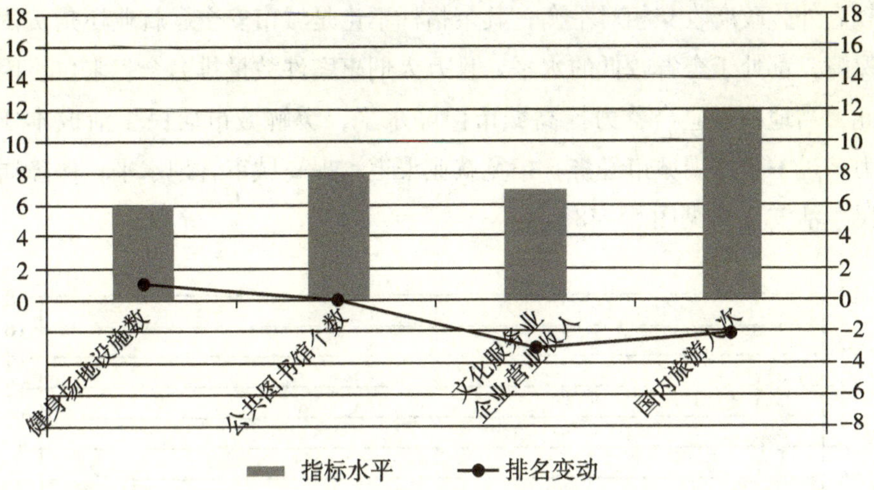

图5－46 2018年焦作市社会可持续——文化类指标水平及排名变动

资源类指标水平整体较高，其中，指标水平高的是城市人均用电量（2）；指标水平低的是人均教育经费（18）。受制于教育资源发展落后，2018年排名相较于2015年下降了3位，应当提高基础教育水平的关注度，加大教育投入（见图5－47）。

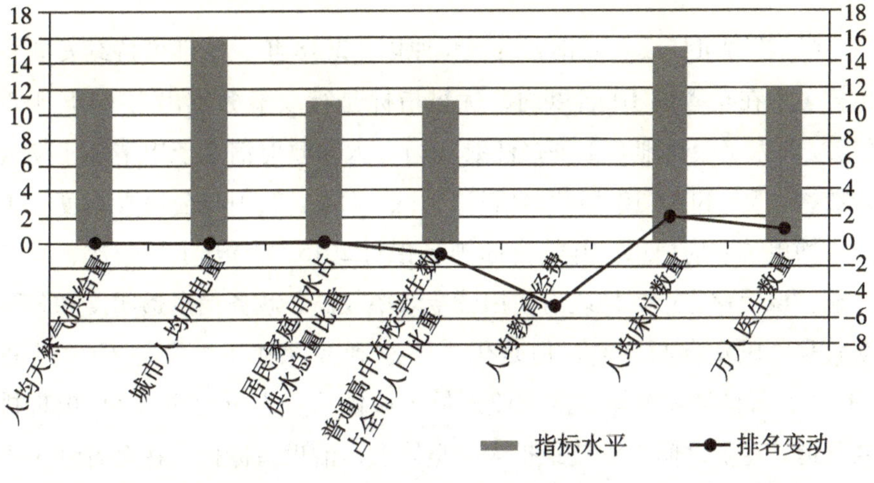

图5－47 2018年焦作市社会可持续——资源类指标水平及排名变动

保障类指标水平整体下降，2018年，除了财政预算赤字指标水平较高外，政府收支相对平衡，其余指标不论是城市安全、就业还是贫困保障，都处于全省较低的水平，且万人刑事案件数量排名全省末位。因此，当地政府应当着力提高城市保障水平，缓解城市居民生活成本压力，进一步发展城市经济，拓宽就业渠道，提高城市管理水平，保障居民生活安全（见图5－48）。

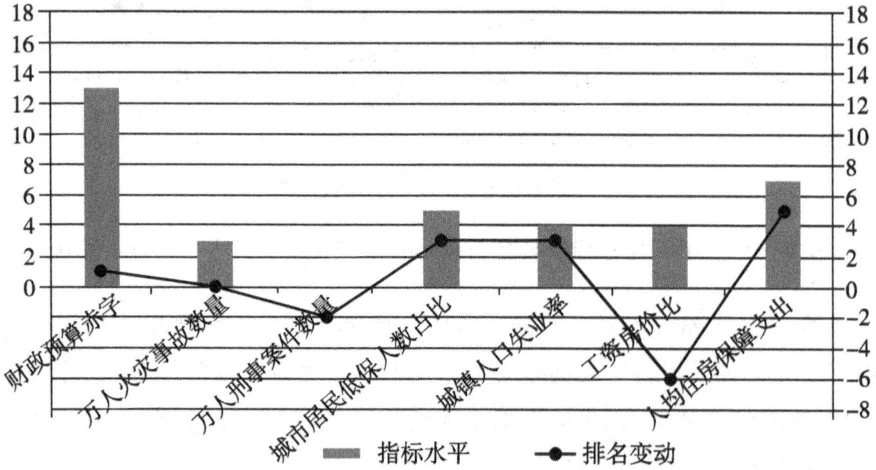

图5－48　2018年焦作市社会可持续——保障类指标水平及排名变动

4）治理可持续发展排名及变化原因。2018年，治理可持续发展指标排名均在全省前10名以内，优势指标是行政事务支出占GDP比重（1）、万人工会受理职工举报件数（2）、人均政府信息依申请和主动公开数量（5）和人均申请政府信息公开数（5），其中与公民参与度相关的人均申请政府信息公开数指标排名相对2015年提升了8位次，进步明显，说明焦作市当地政府使用资金效率较高，政务信息透明度和公开度较高，民众参与度高。但是仍需注意到实际利用外资占GDP比重（9）、私营经济和个体经济从业人员占城镇从业人员比重（7）出现排名后退，企业之间工资差距扩大。整体上，治理指标排名在全省处于中上游水平，7个指标中有3个排名比2015年上升了，反映焦作市近些年治理能力处于不断提高的过程，但是还有一些需要进一步完善，尤其是制度公平方面（见表5－48）。

表5－48　2015—2018年焦作市治理可持续发展指标排名及变动

类　别	2015年	2016年	2017年	2018年	排名变动
人均政府信息依申请和主动公开数量	3	3	4	5	－2
行政事务支出占GDP比重	1	2	2	1	0
实际利用外资占GDP比重	8	9	9	9	－1
私营经济和个体经济从业人员占城镇从业人员比重	4	4	5	7	－3
国企和私营企业平均工资差距	10	8	9	8	2
人均申请政府信息公开数	13	13	6	5	8
万人工会受理职工举报件数	3	3	3	2	1

（三）提高城市可持续发展能力的关键点

焦作市有着很好的资源禀赋且经济实力不俗，社会、治理可持续发展排名靠前。虽然自2015年以来环境保护持续改善，但由于环境破坏严重，影响了整体环境得分，导致环境可持续发展指标水平整体较低。未来的发展需要着重关注城市环境质量与社会保障问题，优化公共服务供给，着力稳定就业创业，同时倡导可持续发展思想，主动降耗减排，做好经济、环境与社会的协调可持续发展。

九、濮阳市

（一）城市概况简介

濮阳市位于河南省东北部，黄河下游，冀、鲁、豫3省交界处。石油、天然气、盐、煤等资源丰富，是国家重要的石油化工基地、石油机械装备制造基地，这为其经济发展奠定了良好的基础。随着经济进入新常态，濮阳市积极改进发展模式，在产业转型方面，坚持优化化工产业、改造提升传统行业、培育发展新兴产业、发展壮大服务业，在保护资源与环境的前提下，保证经济环境的可持续发展。

（二）城市可持续发展评价分析

（1）连续4年城市整体排名及变化分析。近年来，濮阳市整体可持续发展水平有下降的趋势，2018年在全省排名第8位。排名靠前的是环境、经济可持续发展，2018年排名分别为第3和第6位，相比而言，社会可持续发展排名靠后较为明显，2018年排名在末位排名，且排名近年出现大幅度的退后，2015年、2016年、2017年排名分别为第11、15、18位，治理可持续发展近些年排名相对稳定，在政府公开度和制度公平方面有待进一步提升与完善（见表5－49）。

表5－49　2015—2018年濮阳市可持续发展排名情况

年份	维度				城市可持续发展综合排名
	环境	经济	社会	治理	
2015	7	3	11	8	6
2016	6	5	15	8	7
2017	11	8	18	9	10
2018	3	6	18	9	8

（2）2018年，濮阳市在省内排名前5位和后5位的指标。从二级指标来看，环境方面排名靠前的指标是空气质量（2）、固体废弃物产生（3），说明濮阳市在“散、乱、污”企业集中整治中取得了一定的成效。在经济方面中，新兴产业如光伏发电站、生物基材料集群等的发展使产业结构更加完善，产业结构合理度（4）指标排名也相对靠前。社会方面排名靠前的只有教育获取度（3）；此外，一些公共社会资源供给，如能源获取度（16）、文化规模（16）、交通运输（17）、养老服务（18）排名均靠后。治理方面排名靠后的二级指标是公民参与度，在全省排第14位，说明需要通过有效的公民意识培养，进一步完善公民参与的制度设计，增强公民的民主观念（见表5－50）。

表5-50　2018年濮阳市在省内城市可持续发展指标中排名在前五位和后五位的分布情况

类　别	排名前五位的二级指标	指标数量	排名后五位的二级指标	指标数量
环境	空气质量（2） 固体废弃物产生（3） 土地可持续利用（4） 能源消耗（5）	4	无	0
经济	产业结构合理度（4）	1	无	0
社会	教育获取度（教育）（3）	1	贫困保障（贫困）（14） 文化设施（文化馆所）（15） 能源获取度（16） 文化规模（公共文化活动）（16） 交通运输（17） 养老服务（18）	6
治理	无	0	公民参与度（14）	1

（3）具体指标排名及变化。

1）环境可持续发展排名及变化原因。2018年，环境消耗减量指标排名相对靠前。在消耗减量指标中，排名靠前的有烟（粉）尘排放量（2）、二氧化硫排放量（2）、氮氧化物排放量（3）、一般工业固体综合产生量（4），说明濮阳市在对高耗能企业的处理、车辆限行限号等减排工作上取得了一定的成效；但是也应该注意到人均日生活用水量（17）排名较为靠后，表明了居民还需进一步建立绿色环保的生活观念；同时万元GDP能耗排名第10位，说明各工业企业在提高资源利用效率方面还有提升的空间。在环境修复指标中，单位GDP能耗降低率的绝对值（5）排名相对靠前，城市建成区绿化覆盖率（8）、每平方公里产出生产总值（6）、单位GDP废水排放量（8）等指标表现一般；相比之下，一般公共预算节能环保支出占总支出比

（14）排名较为落后，这是由于当地环境污染问题相对不突出，所以环保支出占比较少。总之，濮阳市在城市污水处理、资源利用效率方面还需进一步改善，当地政府可以适当增加环保支出，加大环境修复力度（见表5－51）。

表5－51　2015—2018年濮阳市环境可持续发展指标排名及变动

类　别	2015年	2016年	2017年	2018年	排名变动
消耗减量	6	5	7	5	1
人均日生活用水量	11	15	18	17	－6
规模以上工业企业取水总量	6	6	6	6	0
一般工业固体综合产生量	3	3	3	4	－1
城市生活垃圾清运量	4	6	9	7	－3
万元GDP能耗	10	10	10	10	0
全社会用电量	5	5	4	4	1
城市居民天然气消耗量	13	14	14	9	4
烟（粉）尘排放量	6	5	2	2	4
二氧化硫排放量	3	2	4	2	1
氮氧化物排放量	8	7	10	3	5
环境修复	11	8	17	7	4
一般公共预算节能环保支出占总支出比	14	12	17	14	0
单位GDP能耗降低率的绝对值	4	3	14	5	－1
城市建成区绿化覆盖率	15	14	14	8	7
每平方公里生产总值	6	6	6	6	0
单位GDP废水排放量	11	10	12	8	3
城市污水处理率	10	12	13	13	－3

整体上，濮阳市环境消耗减量高于环境修复水平（见图5－49）。环境修复水平除了2017年出现异常以外，指标水平整体有提高的趋势，说明政府在环境修复方面的工作还是有成效的。未来应该继续实施节能减排的措施，积极宣传倡导绿色生活方式，使得环境消耗减量水平稳中有降，同时适当加大环保支出，继续提高环境修复水平。

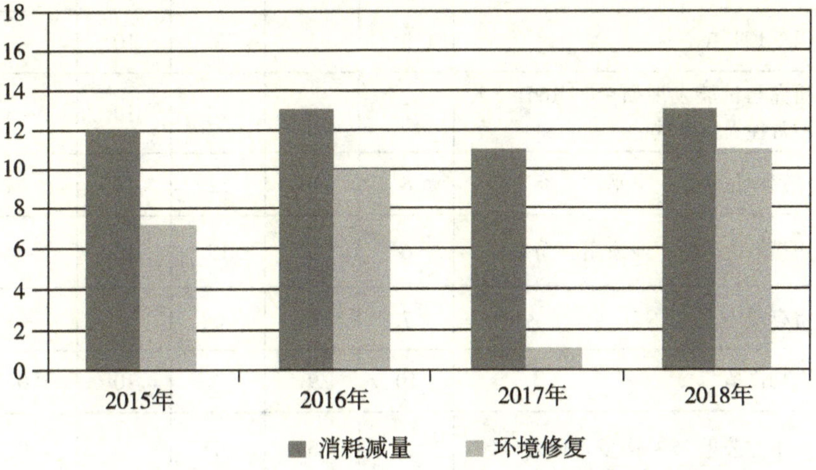

图5－49　2015—2018年濮阳市环境消耗减量和环境修复水平变化情况

2）经济可持续发展排名及变化原因。2018年，濮阳市经济增长潜能处于全省中上游水平，增长潜能下降的原因在于GDP增长率、规模以上工业企业成本利润率下降幅度较大。产业结构升级速度相对缓慢，缺乏效益好的高新技术企业带动，未来还需要着力于引进新产业，提高劳动生产率，从而促进城镇单位从业人员平均工资的提升。

在经济存量方面，除了人均产值（10）排名相对靠后以外，每平方公里15～64岁常住人口数、城市人均居民人民币储蓄存款余额和人均固定资产投资额分别排名第5、6、8位，居于全省中上游位置（见表5－52）。

表 5－52　2015—2018 年濮阳市经济可持续发展指标排名及变动

类　别	2015 年	2016 年	2017 年	2018 年	排名变动
增长潜能	2	5	8	7	－5
规模以上工业增加值占第二产业生产总值比重	1	2	5	3	－2
第二产业生产总值占 GDP 比重	14	15	14	11	3
GDP 增长率	2	3	3	10	－8
研究与试验发展研究（R&D）人员占常住人口比重	7	9	10	10	－3
城镇单位从业人员平均工资	6	8	12	10	－4
规模以上工业企业成用利润率	6	6	15	10	－4
经济存量	7	6	6	8	－1
人均产值	10	9	9	10	0
每平方公里 15～64 岁常住人口数	5	5	5	5	0
人均固定资产投资额	9	8	8	8	1
城市人均居民人民币储蓄存款余额	4	5	5	6	－2

整体上，濮阳市经济增长潜能高于经济存量水平（见图 5－50），但从表5－52看出增长潜能排名有明显的下降趋势，关键的指标规模以上工业企业利润率（10）和城镇单位从业人员平均工资（10）排名靠后；经济存量排名没有大幅度的波动。濮阳市有着良好的经济发展基础，产业竞争力决定着城市经济未来的发展水平，还需要继续挖掘经济潜力，找到经济发展优势，带动整个城市的经济发展。

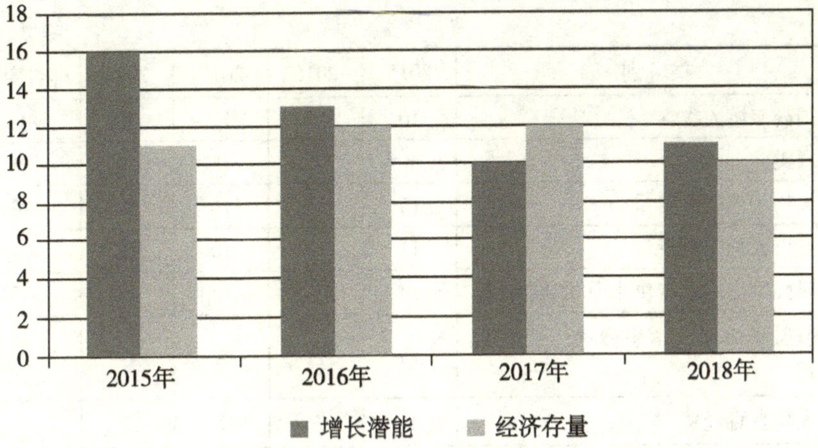

图5－50　2015—2018年濮阳市经济增长潜能和经济存量水平变化情况

3）社会可持续发展排名及变化原因。2018年，在社会四大类指标中，服务类指标除了手机用户＋互联网用户占比（8）排名相对靠前，其他排名均比较靠后，如养老保险覆盖率、公路线路总长度、公路每公里货运量分别排第18、15、11位。因此，濮阳市需要在居民养老保险、交通运输基础设施建设方面增加投入，提高养老保险覆盖率和交通运输基础设施建设与利用水平（见表5－53、图5－51）。

表5－53　2015—2018年濮阳市社会可持续发展指标排名及变动

类　别	2015年	2016年	2017年	2018年	排名变动
服务类	18	17	17	17	1
公路线路总长度	15	15	15	15	0
公路每公里货运量	14	13	11	11	3
养老保险覆盖率	16	17	18	18	－2
手机用户＋互联网用户占比	9	9	9	8	1
文化类	13	12	14	16	－3
健身场地设施数	10	9	13	15	－5
公共图书馆个数	10	11	11	11	－1
文化服务业企业营业收入	9	11	14	13	－4

续表

类　别	2015	2016	2017	2018	排名变动
国内旅游人次	10	12	12	16	-6
资源类	8	8	9	9	-1
人均天然气供给量	15	14	16	17	-2
城市人均用电量	11	10	10	12	-1
居民家庭用水占供水总量比重	4	9	13	13	-9
普通高中在校学生数占全市人口比重	13	11	8	6	7
人均教育经费	8	6	7	5	3
人均床位数量	10	8	8	9	1
万人医生数量	4	4	5	5	-1
保障类	7	10	15	13	-6
财政预算赤字	9	7	7	7	2
万人火灾事故数量	14	12	15	17	-3
万人刑事案件数量	6	9	16	7	-1
城市居民低保人数占比	7	12	13	14	-7
城镇人口失业率	12	11	13	12	0
工资房价比	3	9	15	17	-14
人均住房保障支出	5	6	7	2	3

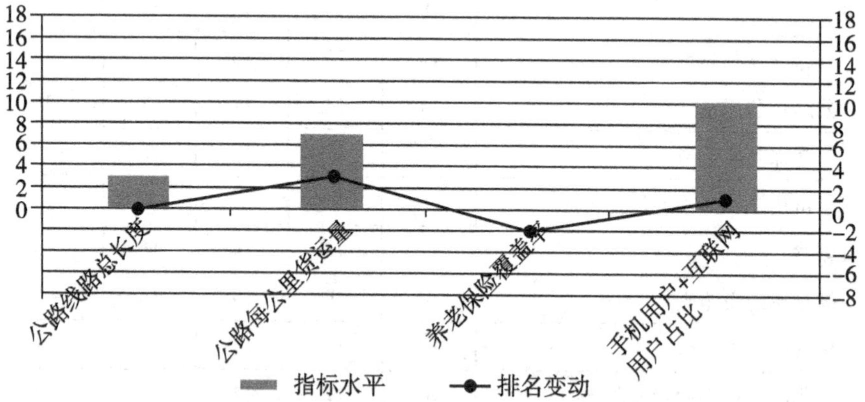

图5－51　2018年濮阳市社会可持续——服务类指标水平及排名变动

2018 年，文化类指标水平普遍较低，国内旅游人次、文化服务企业营业收入、健身场地设施数和公共图书馆个数排名在省内各地市中均处于中下游的位置（见图5－52），说明濮阳市社会发展的开放度需要进一步提高，在繁荣城市文化旅游业的同时，政府收入应该更多投入公共文化设施建设。

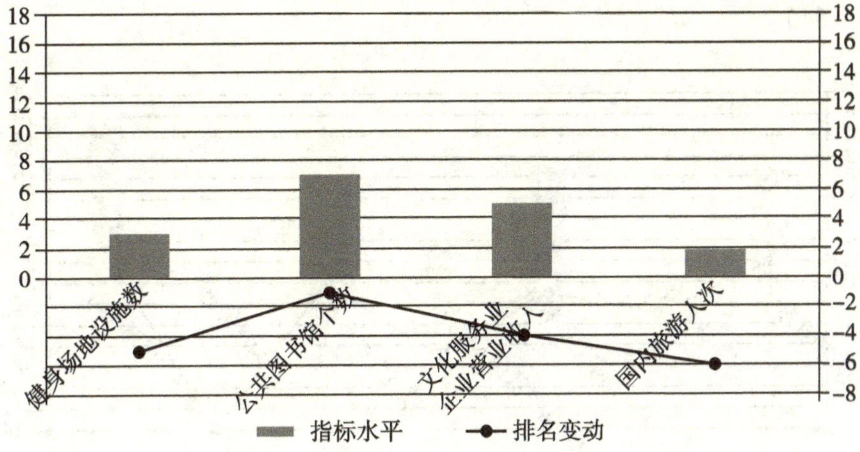

图 5－52　2018 年濮阳市社会可持续——文化类指标水平及排名变动

2018 年，资源类指标水平较高，这主要是得益于教育、医疗类指标水平较高。相对来说，水平较低是人均天然气供给量、居民家庭用水占供水总量比重、城市人均用电量，城市能源瓶颈有待突破（见图 5－53）。

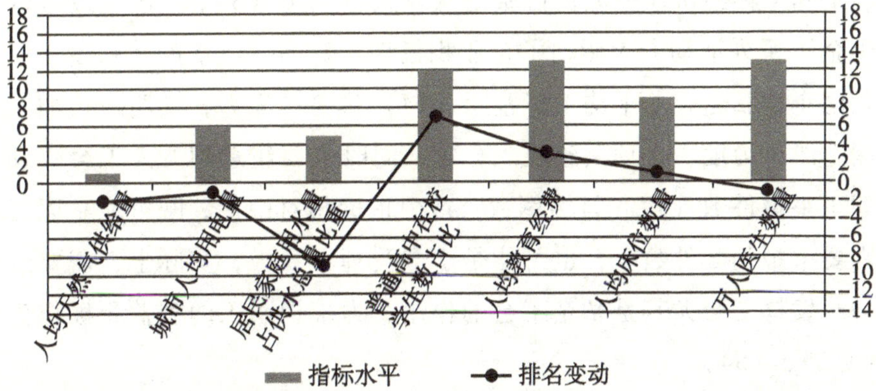

图 5－53　2018 年濮阳市社会可持续——资源类指标水平及排名变动

2018年，保障类指标水平处于全省中下游，且内部水平差异较大，人均住房保障支出、万人刑事案件数量和财政预算赤字相对处于中上游水平；工资房价比、万人火灾事故数量在省内处于较低水平，说明工资水平与房价不协调，居民的房价负担仍较重，同时也要加强城市热电系统、城市治安方面的管理，切实保障居民居住安全（见图5－54）。

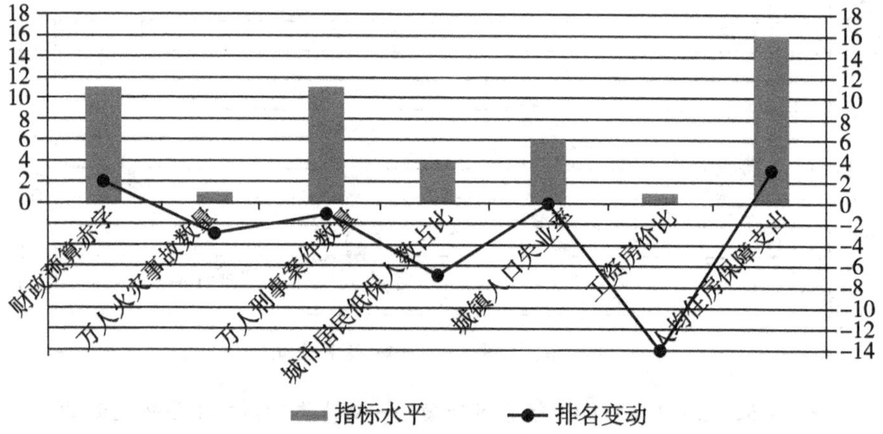

图5－54　2018年濮阳市社会可持续——保障类指标水平及排名变动

4）治理可持续发展排名及变化原因。治理可持续发展指标整体排名较稳定，但是内部排名差异较大，2018年排名靠前的是私营经济和个体经济从业人员占城镇从业人员比重（3），“惠企政策进千企”系列活动大大调动了企业积极性，提高了经济的活跃度；但是国企和私营企业平均工资差距（14）排名较靠后，说明还需加大国企改革力度，合理调整收入分配；同时也要注意到万人工会受理职工举报件数（17）排名倒数，这个指标相对中性，既可能是职工需要举报的案件数少，也可能是工会受理不积极，实际上，需要进一步发挥工会尤其是私企工会的作用，为维护职工的利益积极作为（见表5－54）。

表5-54　2015—2018年濮阳市治理可持续发展指标排名及变动

类　别	2015年	2016年	2017年	2018年	排名变动
人均政府信息依申请和主动公开数量	11	11	11	11	0
行政事务支出占GDP比重	4	6	5	8	-4
实际利用外资占GDP比重	9	8	8	8	1
私营经济和个体经济从业人员占城镇从业人员比重	5	2	2	3	2
国企和私营企业平均工资差距	8	13	11	14	-6
人均申请政府信息公开数	12	12	13	6	6
万人工会受理职工举报件数	15	12	15	17	-2

（三）提高城市可持续发展能力的关键点

总体来说，濮阳市环境可持续发展排名较为靠前，表现在对环境的消耗较少，为城市可持续发展奠定了良好的基础。同时，经济可持续发展虽有下行压力，但是表现良好的经济潜能与经济存量为其经济发展提供了有效的保障，不过也要注意到经济发展不平衡、不充分，行业龙头企业少等问题仍然突出，需要继续加快产业升级、企业转型提质工作，提高新兴产业产出占比。治理可持续发展总体发展平稳，但是内部差异较大，要调整政府工作重心，提高工作效率，最大化地推动城市发展。相对而言，社会可持续发展排名较为靠后，服务与保障方面的工作仍存在较大提升空间，这也是限制其长期可持续发展的短板，基础设施建设，能源、交通体系还需加强力度进行改进。总之，濮阳市既拥有大量的发展优势，也面临着诸多困难；既要找准特色资源优势，使其发挥带动经济发展的龙头作用，又要权衡好各种问题的主次，补齐短板，实现城市经济社会全面发展。

十、许昌市

（一）城市概况简介

许昌市，又称莲城，是中原城市群、中原经济区核心城市之一。地处河南省腹地，北临郑州市，西依伏牛山脉、中岳嵩山，东、南接黄淮海大平原。许昌市烟草种植历史悠久，是全国重要的烟草生产加工基地和中药材生产加工基地，有“烟草王国”的美誉。许昌市现代工业体系齐全，非公有制经济发达，拥有许昌市新区和东城区、许昌市经济开发区3个现代化新城区。以电力和电子装备制造业为支柱产业，是国家现代化机电研发基地，省政府重点扶持的食品工业产业带，食品加工业的总量在全省居第三位，汽车传动轴、低速汽车、蜂产品在全国都处于领先的位置，并荣获全省“优秀金融生态城市”。郑州市新郑国际机场在河南省建设的第一个异地航站楼——许昌市异地航站楼，目前已建成并投入运营。许昌市是第一批通过全国水生态文明建设试点验收城市，并且近期许昌市入选国家重大市政工程领域PPP创新工作重点城市，国家生态园林城市以及全国文明城市。

（二）城市可持续发展评价分析

（1）连续4年城市整体排名及变化分析。许昌市整体发展水平保持稳中有升的态势，2018年在全省排名第2位。排名靠前的有环境、经济和治理可持续发展，反映许昌市在教育方面的社会公共问题仍需要完善提升，可进一步巩固九年义务教育，鼓励社会力量等进入教育领域来激发民间投资活力。许昌市的社会可持续发展近些年排名相对靠后，相较2015年排名上升4位（见表5－55）。

表5－55　2015—2018年许昌市可持续发展排名情况

年份	维度				城市可持续发展综合排名
	环境	经济	社会	治理	
2015	4	4	14	6	3
2016	4	3	18	6	5
2017	5	2	15	5	3
2018	4	2	10	4	2

（2）2018年，许昌市在省内排名前5位和后5位的指标。从二级指

标来看，环境方面排名靠前的指标是治理投入（1）、废水处理（1），并且没有排名后5位的二级指标，表明许昌市整体环境情况处于较好的状态。许昌市政府仍需在环境建设上投以较大的关注，提高重点工业企业集约化、绿色化的水平，并加大治污排污的力度，增强对排污工业企业的监督奖罚机制，做好污染防治工作。经济方面排名靠前的是产业附加值水平（1）、经济增长潜能（3）、经济发展水平（3），说明在产业规模和供给质量方面占据一定优势。社会方面住房保障（14）和教育获取度（教育）（15）排名较为靠后（见表5－56），住房保障问题则是基本民生问题，许昌市可促进房地产市场平稳健康发展，有序推进棚户区改造，保障困难群体基本居住需求。教育方面需要深化提升基础教育，增扩中小学及幼儿园等的建设，鼓励社会力量等进入教育领域来激发民间投资活力。治理方面并没有排名靠后的二级指标，许昌市整体治理水平较高。

表5－56　2018年许昌市在省内城市可持续发展指标中排名在前五位和后五位的分布情况

类　别	排名前五位的二级指标	指标数量	排名后五位的二级指标	指标数量
环境	治理投入（1） 废水处理（1）	2	无	0
经济	产业附加值水平（1） 经济增长潜能（3） 经济发展水平（3）	3	无	0
社会	安全（1） 文化设施（文化馆所）（5）	2	住房保障（14） 水源获取度（15） 教育获取度（教育）（15）	3
治理	制度公平（2） 透明度（3） 公民参与度（4）	3	无	0

（3）具体指标排名及变化。

1）环境可持续发展排名及变化原因。由于许昌市是工业强市，针对环境问题更应做好表率，但就目前数据来看，2018 年，许昌市的环境消耗减量化程度仍不容乐观，整体环境消耗减量排名全省第 11 位，特别是烟（粉）尘排放量（12）、二氧化硫排放量（11）、氮氧化物排放量（13）。许昌市可对重点排污企业，执行差异化错峰生产和管控措施。强化执法监管，对工业企业污染治理设施设置及运行情况实施在线监测，严格区域管理考核制度，设立扬尘污染防治公示牌，提升企业管理标准。

许昌市虽然环境修复排名位于全省前列，但仍需要从源头开始重视环境污染的减量化，环保部门对环境破坏还要进行有效的控制（见表 5－57）。

表 5－57　2015—2018 年许昌市环境可持续发展指标排名及变动

类　别	2015 年	2016 年	2017 年	2018 年	排名变动
消耗减量	7	6	10	11	－4
人均日生活用水量	7	10	10	10	－3
规模以上工业企业取水总量	5	5	7	7	－2
一般工业固体综合产生量	7	7	8	9	－2
城市生活垃圾清运量	8	8	6	13	－5
万元 GDP 能耗	8	8	8	3	5
全社会用电量	9	8	9	9	0
城市居民天然气消耗量	8	10	9	13	－5
烟（粉）尘排放量	7	3	10	12	－5
二氧化硫排放量	9	9	15	11	－2
氮氧化物排放量	9	9	11	13	－4
环境修复	4	3	2	1	3
一般公共预算节能环保支出占比	13	13	4	5	8
单位 GDP 能耗降低率的绝对值	7	5	9	1	6
城市建成区绿化覆盖率	16	13	9	12	4
每平方公里生产总值	3	3	3	3	0

续表

类 别	2015年	2016年	2017年	2018年	排名变动
单位GDP废水排放量	1	2	2	1	0
城市污水处理率	4	3	16	6	-2

整体上，许昌市环境消耗减量低于环境修复水平（见图5－55）。环境消耗减量水平在全省逐步降低，环境修复力度则在逐年加大，在以后的生产生活中，需要严格管控高污染项目，不能走先污染后治理的老路，从源头治理开始，以更快实现环境可持续发展。

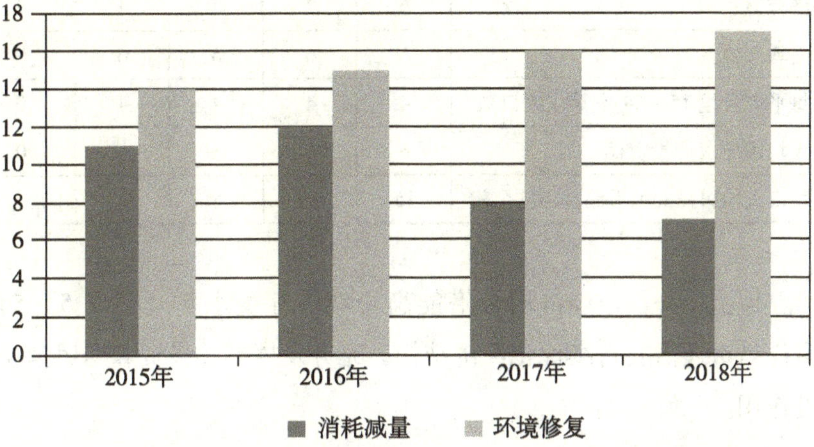

图5－55 2015—2018年许昌市环境消耗减量和环境修复水平变化情况

2）经济可持续发展排名及变化原因。2018年，许昌市经济增长潜能（3）排名较为靠前，但第三产业生产总值占GDP比重（14）排名相对靠后。许昌市在产业结构优化升级中还有很大的提升空间，在优化重点工业企业的同时可加大对于商贸业、区域现代物流业的发展培育。在经济存量指标中，城市人均居民人民币储蓄存款余额（9），较2015年上升6个位次，但人均固定投资额从2015年到2018年排名保持不变。许昌市在未来还需要积极利用现有资源，疏通从储蓄转化为投资的渠道，增加有效投资，激发经济增长活力（见表5－58）。

表 5 -58　2015—2018 年许昌市经济可持续发展指标排名及变动

类　别	2015 年	2016 年	2017 年	2018 年	排名变动
增长潜能	3	3	2	3	0
规模以上工业增加值占第二产业生产总值比重	2	3	2	4	-2
第三产业生产总值占 GDP 比重	12	11	11	14	-2
GDP 增长率	6	8	1	2	4
研究与试验发展研究（R&D）人员占常住人口比重	10	5	5	5	5
城镇单位从业人员平均工资	5	5	5	4	1
规模以上工业企业成本利润率	3	4	3	3	0
经济存量	6	7	3	4	2
人均产值	6	6	6	6	0
每平方公里 15 ~64 岁常住人口数	4	4	4	4	0
人均固定资产投资额	6	6	6	6	0
城市人均居民人民币储蓄存款余额	15	15	8	9	6

整体上，许昌市经济增长潜能高于经济存量水平（见图 5 -56）。未来许昌市还需要持续优化经济结构，充分发挥有效投资和居民消费的关键作用。

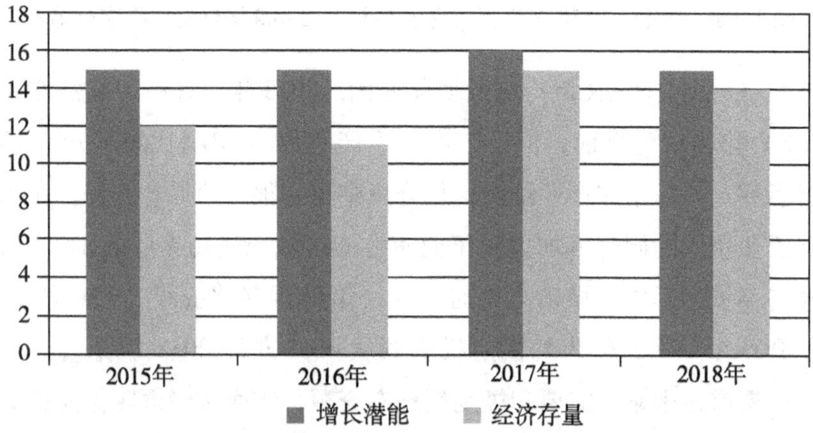

图 5 -56　2015—2018 年许昌市经济增长潜能和经济存量水平变化情况

3）社会可持续发展排名及变化原因。在社会四大类指标中，2018年，服务类指标的公路线路总长度（12）和养老保险覆盖率（11），以及手机用户+互联网用户占常住人口比重（10）的排名较为靠后，并较2015年相比排名没有变动，所以许昌市需要在交通电信方面加大投入力度，提高设施利用效率和使用规模（见表5-59、图5-57）。

表5-59 2015—2018年许昌市社会可持续发展指标排名及变动

类别	2015年	2016年	2017年	2018年	排名变动
服务类	14	9	10	9	5
公路线路总长度	12	11	11	12	0
公路每公里货运量	12	11	10	9	3
养老保险覆盖率	15	9	10	11	4
手机用户+互联网用户占比	10	10	11	10	0
文化类	11	15	13	6	5
健身场地设施数	9	17	14	1	8
公共图书馆个数	10	11	11	11	-1
文化服务业企业营业收入	5	6	6	8	-3
国内旅游人次	13	15	15	14	-1
资源类	10	16	15	18	-8
人均天然气供给量	8	9	10	11	-3
城市人均用电量	10	11	11	10	0
居民家庭用水占供水总量比重	11	12	10	15	-4
普通高中在校学生数占全市人口比重	15	18	18	18	-3
人均教育经费	7	7	6	9	-2

续表

类　别	2015 年	2016 年	2017 年	2018 年	排名变动
人均床位数量	12	15	17	12	0
万人医生数量	8	12	12	11	-3
保障类	11	11	8	7	4
财政预算赤字	7	6	6	6	1
万人火灾事故数量	6	7	2	2	4
万人刑事案件数量	8	12	11	2	6
城市居民低保人数占比	15	17	15	12	3
城镇人口失业率	1	2	3	6	-5
工资房价比	16	12	11	13	3
人均住房保障支出	18	18	12	12	6

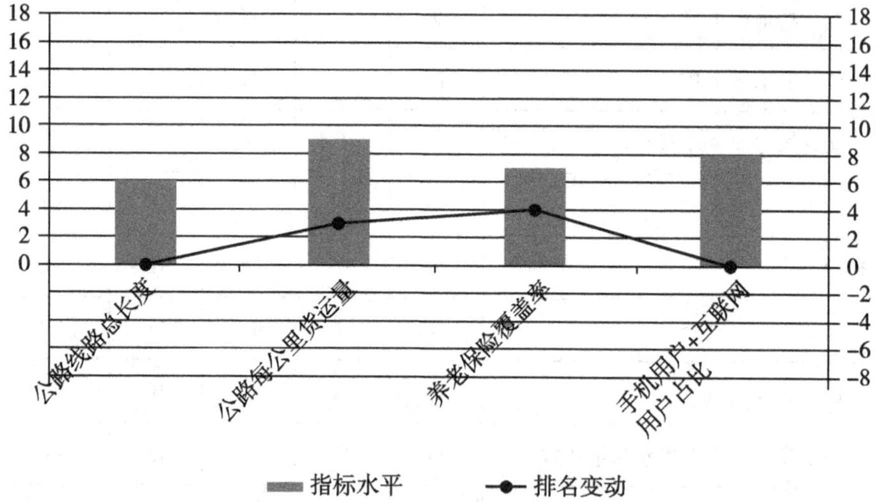

图 5-57　2018 年许昌市社会可持续——服务类指标水平及排名变动

文化类指标水平如国内旅游人次相对较低，但许昌市公益性文化类健身场地设施数的投入还是可观的（见图5－58）。

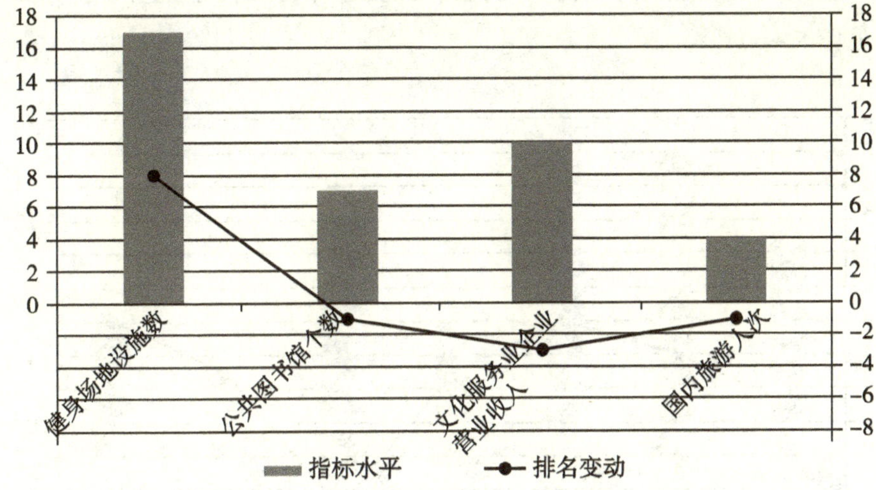

图5－58　2018年许昌市社会可持续——文化类指标水平及排名变动

在资源类指标中，普通高中在校学生数占全市人口比重指标水平很低，较2015年下降了3位。许昌市应加大对教育投资的力度（见图5－59）。

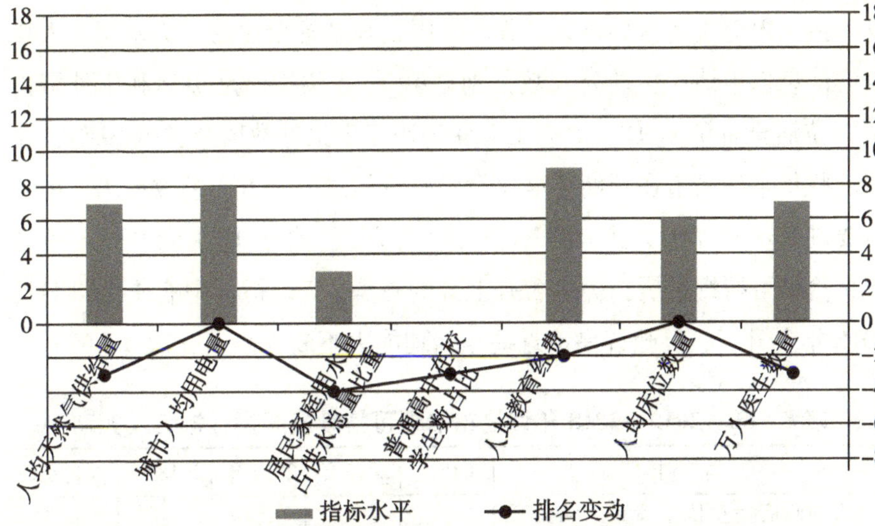

图5－59　2018年许昌市社会可持续——资源类指标水平及排名变动

保障类指标水平位居省内中上游，较2015年上升4位次，说明许昌市近些年来经济增长较快，就业和社会保障方面位于全省上游水平（见图5－60）。

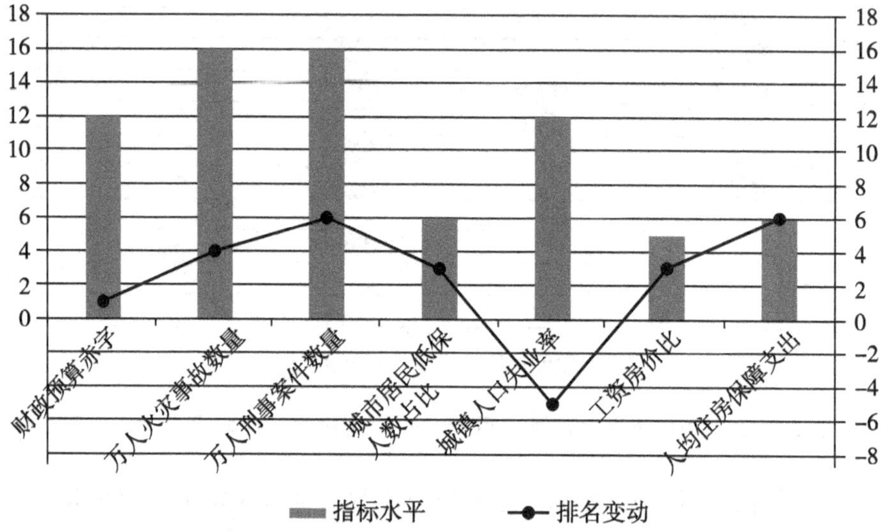

图5－60　2018年许昌市社会可持续——保障类指标水平及排名变动

4）治理可持续发展排名及变化原因。2018年，许昌市治理可持续发展指标内部排名差异较大，其中，国企和私营企业的工资差距、人均政府信息依申请和主动公开数分别排第2、3位，但是实际利用外资占GDP位居全省第11位，万人工会受理职工举报件数居全省第10位。说明近些年来许昌市在营商环境建设、政府信息公开方面绩效突出，但是需要进一步发挥工会尤其是私企工会的力量、维护职工的利益。整体上，治理可持续发展指标排名有上升的趋势，7个指标中有4个排名比2015年上升了，反映许昌市近些年治理能力不断提高（见表5－60）。

表5－60　2015—2018年许昌市治理可持续发展指标排名及变动

类　别	2015年	2016年	2017年	2018年	排名变动
人均政府信息依申请和主动公开数量	6	6	5	3	3

续表

类　别	2015年	2016年	2017年	2018年	排名变动
行政事务支出占GDP比重	9	10	8	7	2
实际利用外资占GDP比重	11	11	11	11	0
私营经济和个体经济从业人员占城镇从业人员比重	1	5	4	5	-4
国企和私营企业平均工资差距	2	1	1	2	0
人均申请政府信息公开数	6	6	4	4	2
万人工会受理职工举报件数	18	16	14	10	8

（三）提高城市可持续发展能力的关键点

总体来说，许昌市在环境可持续发展中，由于是工业强市，对于企业排放的各种污染物许昌市并没有做到有效的控制，使得环境负面影响较为突出，虽然环境修复力度在全省排名也比较靠前，但许昌市环保部门仍需要加大环境污染督察和控制的力度，不要走先污染后治理的老路，加快推进企业向集约化绿色化的发展。在经济可持续发展中，第三产业生产总值占GDP比重过小，产业结构并没有达到最优状态，深化工业化改革的同时，文化旅游、信息服务和物流业仍有很大改善空间。在社会可持续发展中，根据资源类指标中的排名，建议重视教育等公共事业和住房保障事业的发展。在治理可持续发展中，许昌市还需继续优化商务和政务环境，提升公众的参与意愿和能力，保障中小企业经营者的权益。

十一、漯河市

（一）城市概况简介

漯河市历史悠久，是中国古代乐器、甲骨文等的发源地之一。位于华北平原西南边缘地带，西部为伏牛山，东部为平原，是中国地形上第二、第三阶梯的接合部位。辣椒是漯河市一项优势特色农产品，目前，全市辣椒种植面积达50多万亩，年产干椒近20万吨，已成为河南省乃至全国主要的辣椒优势产区和生产基地。漯河市有双汇集团、银鸽集团、南街村集团及卫龙食品等著名企业。漯河市自然景观资源丰富，有国家4A级旅游景区5处、3A级旅游景区2处、2A级旅游景区1处。漯河市距郑州市新郑国际机场不足一小时车程，石武高铁、京广、漯宝（丰）、漯阜（阳）4条铁路和京港澳高速、宁洛高速等贯穿全境。先后被评为国家园林城市、全国绿化模范城市、国家森林城市和国家卫生城市。

（二）城市可持续发展评价分析

（1）连续4年城市整体排名及变化分析。漯河市整体发展水平保持稳定，2018年全省排名第6位，环境、经济可持续发展排名靠前。社会可持续发展虽然有进步，但排名一直比较靠后，2018年排名全省第16位，具体表现为资源类、服务类、文化类方面相对落后。尤其是在能源获取、公益性文化建设、教育支出等方面还有很大的进步空间，应推进信息、养老、文化等领域供给侧结构性改革。2018年，漯河市治理可持续发展排名第7位，在4年中有明显下降，表现为对私营中小微企业的扶持力度不够，国企和私企的工资利润差距还有待进一步缩小。对于双汇、南街村这类大型食品企业，可以完善食品共性技术研发中心，支持与高校进行产学研结合。漯河市引进了曙光健士、乐通源德福、协鑫新能源等企业为提升循环化利用和绿色发展水平做出了贡献，政府的重点任务在于通过营商环境建设推动招商引资和企业高质量发展，进而达到促就业、保增长的目的（见表5-61）。

表5-61　2015—2018年漯河市可持续发展排名情况

年份	维度				城市可持续发展综合排名
	环境	经济	社会	治理	
2015	3	7	18	3	5
2016	3	6	16	5	4
2017	2	6	17	8	6

续表

年份	维度				城市可持续发展综合排名
	环境	经济	社会	治理	
2018	1	5	16	7	6

（2）2018年，漯河市排名前5位和后5位的指标。从二级指标来看，环境方面排名靠前的有能源消耗（2）、淡水消耗（3），说明漯河市对于资源的利用率达到一个较优的状态，空气质量（4）排名靠前，说明漯河市二氧化硫、烟尘的排放量相对较少。漯河市环境质量好，一方面来源于对环保的重视；另一方面是因为当地食品加工企业较多、废气排放量相对少。但是废水处理相对落后，在全省排第15位，具体表现在漯河市城市污水处理率较低及单位GDP的废水排放量较高。

在经济方面中，经济发展水平、产业附加值水平和人均资本存量都处于全省前五位，漯河市经济类中并没有指标排在后五位，说明漯河市整体经济可持续发展处于一个较优的位置。

在社会方面中，水源获取度（1）和安全（2）、就业（2）排名较为靠前；但能源获取度（18）、教育获取度（18）等排名末位，说明漯河市人均教育经费投入量和普通高中在校学生数量还有待提高。

在治理方面中，公民参与度（3）排名靠前；制度公平（16）排名靠后，漯河市私营经济和个体经济的活力还有待提升，需要营造更为公平的营商环境（见表5-62）。

表5-62　2018年漯河市在省内城市可持续发展指标中排名在前五位和后五位的分布情况

类　别	排名前五位的二级指标	指标数量	排名后五位的二级指标	指标数量
环境	能源消耗（2） 淡水消耗（3） 固体废弃物生产（4） 空气质量（4） 治理投入（4）	5	废水处理（15）	1

续表

类 别	排名前五位的二级指标	指标数量	排名后五位的二级指标	指标数量
经济	经济发展水平（3） 产业附加值水平（4） 人均资本存量（5）	3	无	0
社会	水源获取度（1） 安全（2） 就业（2）	3	交通运输（14） 电信设施获取度（14） 文化规模 （公共文化活动）（18） 能源获取度（18） 教育获取度（教育）（18）	5
治理	公民参与度（3）	1	制度公平（16）	1

（3）具体指标排名及变化。

1）环境可持续发展排名及变化原因。在消耗减量方面，全社会用电、居民天然气消耗量均排第 2 位，处于全省前列。值得注意的是：在环境修复指标中城市建成区绿化覆盖率（16），不仅排名靠后还在逐年下降，绿化对改善城市热岛效应具有较为显著作用，漯河市应加大道路植被建设、游园景观绿化等的投资力度。再者就是污水处理率（12）和单位 GDP 的废水排放量（13）这两个指标相对靠后，需要提高相应技术水平，增建企业排污过滤设施，增加污水治理的技改资金投入（见表 5 -63）。

表 5 -63　2015—2018 年漯河市环境可持续发展指标排名及变动

类 别	2015 年	2016 年	2017 年	2018 年	排名变动
消耗减量	2	1	1	2	0
人均日生活用水量	15	17	12	7	8
规模以上工业企业取水总量	7	4	5	5	2

续表

类　别	2015年	2016年	2017年	2018年	排名变动
一般工业固体综合产生量	4	2	4	5	-1
城市生活垃圾清运量	9	7	7	6	3
万元GDP能耗	3	2	6	6	-3
全社会用电量	2	2	2	2	0
城市居民天然气消耗量	4	4	3	2	2
烟（粉）尘排放量	1	1	1	3	-2
二氧化硫排放量	1	1	1	5	-4
氮氧化物排放量	1	1	1	4	-3
环境修复	13	10	14	10	3
一般公共预算节能环保支出占总支出比	15	14	14	9	6
单位GDP能耗降低率的绝对值	17	12	11	4	13
城市建成区绿化覆盖率	12	15	17	16	-4
每平方公里生产总值	4	4	4	4	0
单位GDP废水排放量	15	12	17	13	2
城市污水处理率	6	5	6	12	-6

整体上，漯河市环境修复远远低于消耗减量的水平（见图5-61）。漯河市在4年的发展中对于环境的干扰程度相对较低，以后在环境管理中要重视环境的修复工作，不能因生产生活对环境影响小而忽略环境修复（见图5-61）。

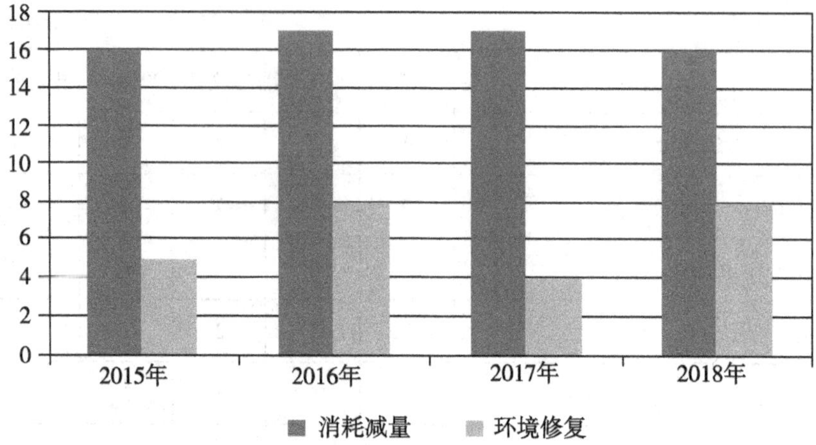

图 5-61　2015—2018 年漯河市环境消耗减量和环境修复水平变化情况

2）经济可持续发展排名及变化原因。2018 年，漯河市经济增长潜能水平排名第 6 位，比 2015 年的第 13 位有较大幅度提升，优势指标为规模以上工业增加值占第二产业生产总值比重（1）和规模以上企业成本利润率（2），但是和产业结构相关的第三产业生产总值占 GDP 比重却一直排在全省第 17 位，处于相对落后的位置。因此，漯河市在服务业扩量提质方面还应加大力度。另外，从研究与试验发展研究（R&D）人员占常住人口比重指标（13）中看出，漯河市研发人员相对较为缺乏，需要加强产学研融合和技能型人才的培养。漯河市经济存量水平一直处于省内较为靠前的位置，但是从人均固定投资额（9）和城市人均居民人民币储蓄存款余额（4），可以看出，未来需要疏通从储蓄转化为投资的渠道（见表 5-64）。

表 5-64　2015—2018 年漯河市经济可持续发展指标排名及变动

类　别	2015 年	2016 年	2017 年	2018 年	排名变动
增长潜能	13	7	10	6	7
规模以上工业增加值占第二产业生产总值比重	6	1	1	1	5
第三产业生产总值占 GDP 比重	17	17	17	17	0
GDP 增长率	10	5	13	7	3

续表

类 别	2015年	2016年	2017年	2018年	排名变动
研究与试验发展研究（R&D）人员占常住人口比重	13	13	13	13	0
城镇单位从业人员平均工资	15	13	13	12	3
规模以上工业企业成本利润率	2	2	2	2	0
经济存量	3	3	3	3	0
人均产值	8	8	8	8	0
每平方公里15~64岁常住人口数	2	2	2	2	0
人均固定资产投资额	11	10	10	9	2
城市人均居民人民币储蓄存款余额	5	4	4	4	1

整体上，漯河市经济存量高于经济增长潜能水平（见图5-62）。漯河市已经形成较为完备的工业经济体系，劳动力和资本供给都具有相当优势。在此基础上应偏重技术创新资金投资，进一步改善生产技术，引进科研人才，促进制造业信息化、智能化转变，优化经济结构，提高第三产业生产总值占GDP比重。

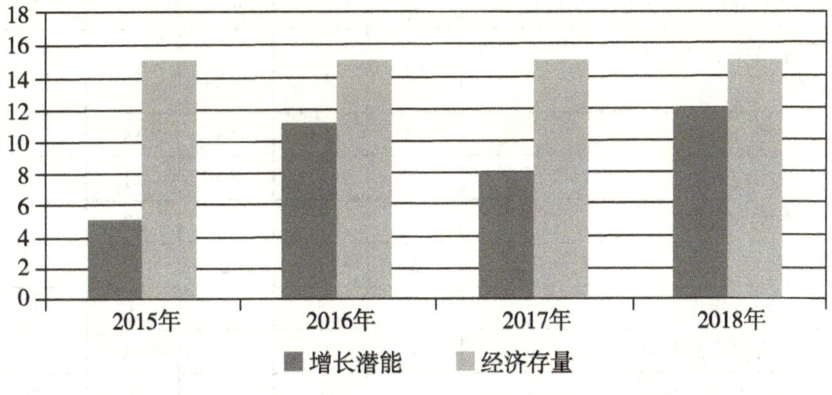

图5-62 2015—2018年漯河市经济增长潜能和经济存量水平变化情况

3）社会可持续发展排名及变化原因。在社会四大指标中，服务类2018年较2015年下降4位，主要是由于养老保险覆盖率下降5位（见表5-65、图5-63）。

表 5－65　2015—2018 年漯河市社会可持续发展指标排名及变动

类　别	2015 年	2016 年	2017 年	2018 年	排名变动
服务类	11	13	12	15	－4
公路线路总长度	16	16	16	16	0
公路每公里货运量	6	7	6	6	0
养老保险覆盖率	7	8	8	12	－5
移动电话用户＋国际互联网用户占常住人口比重	14	14	14	14	0
文化类	16	16	17	14	2
健身场地设施数	16	12	16	3	13
公共图书馆个数	16	16	16	16	0
文化服务业企业营业收入	18	18	18	18	0
国内旅游人次	18	17	18	18	0
资源类	13	12	11	16	－3
人均天然气供给量	17	15	15	18	－1
城市人均用电量	13	12	13	13	0
居民家庭用水量占供水总量比重	1	1	1	1	0
普通高中在校学生数占全市人口比重	14	14	14	16	－2
人均教育经费	15	15	15	14	1
人均床位数量	9	9	10	11	－2
万人医生数量	9	8	10	13	－4
保障类	6	7	2	5	1
财政预算赤字	3	5	5	3	0
万人火灾事故数量	10	11	10	13	－3
万人刑事案件数量	1	1	1	1	0
城市居民低保人数占比	14	13	11	11	3
城镇人口失业率	4	5	2	2	2
工资房价比	11	16	9	10	1
人均住房保障支出	3	9	1	10	－7

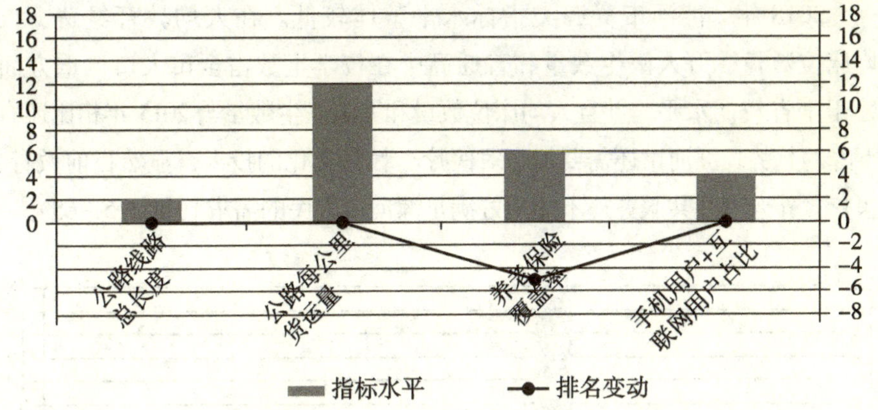

图5-63　2018年漯河市社会可持续——服务类指标水平及排名变动

2018年，文化类除了健身场地设施数有所改善，其他指标水平均处于较低位置，特别是公共图书馆个数、文化服务业企业营业收入和国内旅游人次。漯河市无论是公益性文化设施供给，还是市场化营利性的社会文化产业发展都没有给予足够的重视。为此，漯河市要找准自己城市的特色所在，发展特色性文化产业，如公共图书馆等的城市文化基础设施建设还有很大的提升空间（见图5-64）。

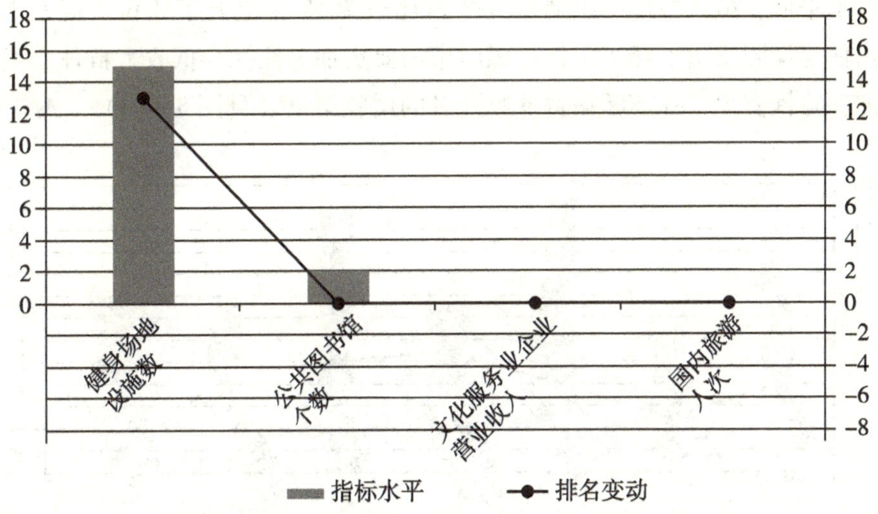

图5-64　2018年漯河市社会可持续——文化类指标水平及排名变动

2018年，漯河市资源类指标水平整体较低。在人均教育经费、人均床位数量、万人医生数量和普通高中在校学生数占全市人口比重方面处于全省较低水平，并且人均床位数量和万人医生数量与2015年相比还有下降的趋势。漯河市还需要加强对医疗、教育文化的投入，显然目前教育、医疗、养老等公共服务还不能很好满足漯河市人民的需求（见图5－65）。

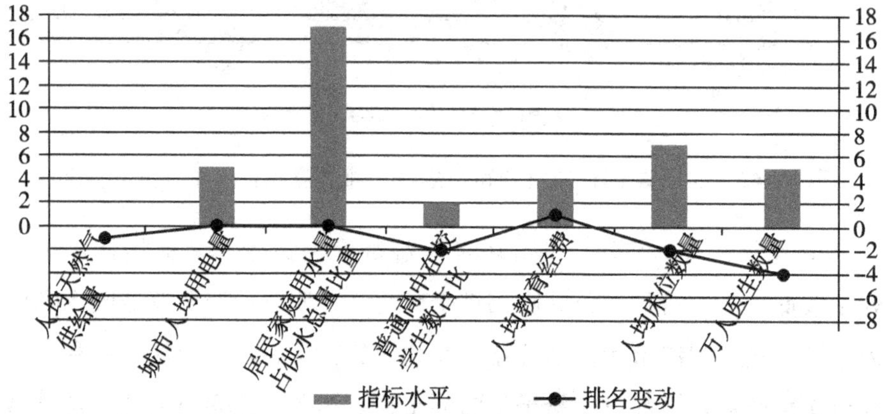

图5－65　2018年漯河市社会可持续——资源类指标水平及排名变动

在保障类指标中，漯河市城市居民低保人数占比和人均住房保障支出水平低，虽然城市居民低保人数占比较2015年上升了3位，但是人均住房保障支出下降了7位。漯河市需要更加关注社会低收入群体，增加保障性支出，并不断拓宽低收入者的增收渠道（见图5－66）。

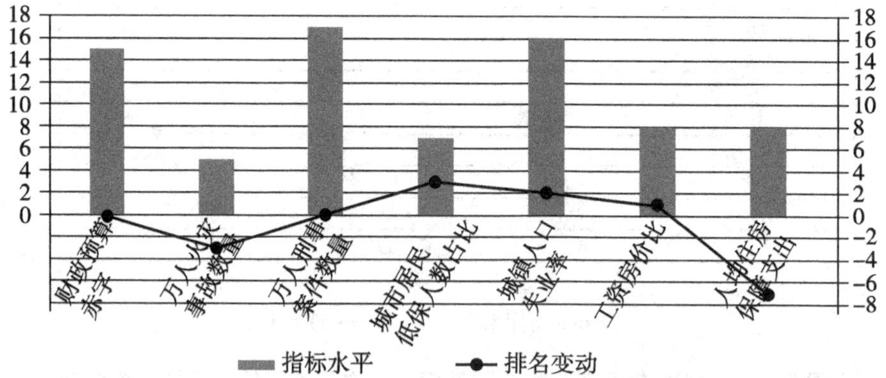

图5－66　2018年漯河市社会可持续——保障类指标水平及排名变动

4）治理可持续发展排名及变化原因。在治理可持续发展指标中，国企和私营企业工资差异在这4年变动剧烈，从2015年的全省第1位下降到2018年全省第12位，说明漯河市存在一定的国进民退现象，政府应该进一步放开市场，激发私营经济活力。和行政效率相关的指标如行政事务支出占GDP比重排名第10位，说明政府存在提高行政效率的上升空间。万人工会受理职工举报件数较多，排名第1位，说明工会在维护职工利益方面做出了较为突出的贡献。治理可持续发展指标排名变动整体呈下降趋势，7个指标中只有1个指标比2015年提高，反映漯河市近些年治理能力还有很大的提升空间，尤其是行政效率和对私营企业的扶持方面（见表5-66）。

表5-66　2015—2018年漯河市治理可持续发展指标排名及变动

类　别	2015年	2016年	2017年	2018年	排名变动
人均政府信息依申请和主动公开数量	7	7	8	8	-1
行政事务支出占GDP比重	5	8	12	10	-5
实际利用外资占GDP比重	2	2	2	2	0
私营经济和个体经济从业人员占城镇从业人员比重	17	18	18	18	-1
国企和私营企业平均工资差距	1	9	8	12	-11
人均申请政府信息公开数	8	8	14	9	-1
万人工会受理职工举报件数	2	2	1	1	1

（三）提高城市可持续发展能力的关键点

漯河市的生产生活对环境带来的破坏，环境修复投入相对少，植被覆盖率有待提高。漯河市应加大公共绿地、街道绿地和庭院绿地的建设。在降低单位GDP废水排放方面，除了督促企业节约用水之外，可以采取排水管网的建设与修复、设施维修或更换等措施，同时制订相关运营维护管理制度，加强污水治理工程后期运行的监督和管护。

漯河市的经济目前正处转型中，应积极借鉴国内外先进经验，结合区域内具体情况，积极吸引人才，激发创新活力，优化产业结构，使得传统工业从粗放型向环保集约型发展。

漯河市社会可持续发展需要加大对教育和医疗等公共服务类的投入，特别是在医疗方面，还需加快城市社区医疗服务体系建设，增加基层医疗卫生硬件设施，提高居民就医质量和便利化程度。

十二、三门峡市

（一）城市概况简介

三门峡市位于河南省西部，地处河南、山西、陕西三省交界处，水资源丰富，也因四面环山三面水的独特地貌，享有“黄河明珠”之称的美誉。源远流长的黄河文化，造就了三门峡市独具特色的城市魅力，作为华夏文明发祥地之一，大禹、杜甫、白居易等历史名人都曾在此留下足迹、墨迹和诗篇。三门峡市地下资源极为丰富，已发现的矿藏达66种，占河南省已发现矿种的60%，黄金储量、产量均为全国第二，成为河南省重要的能源基地、黄金生产加工基地，也是全国重要的煤、电、铝综合开发制造基地之一；三门峡市依托得天独厚的地理位置优势，除了形成便利的交通设施外，也形成了独具黄河特色的旅游产业，开辟的“大黄河漂流”旅游项目是中国三大江河漂流专线之一。改革开放以来，三门峡市依托资源、区位和产业优势，积极实施开放带动战略，未来的三门峡市正逐渐形成全方位、多层次、宽领域的对外开放格局。

（二）城市可持续发展评价分析

（1）连续4年城市整体排名及变化分析。2018年，三门峡市在全省排名第10位。排名靠前的是社会可持续发展，2018年排全省18个城市中的第4位，其中，养老服务和住房保障水平相对较高。除此之外，环境、经济和治理可持续发展，2018年排名分别为第10、10、11位，同2015年相比变动幅度相对稳定，具体表现为环境保护和经济增长潜能相对滞后，尤其需要提高土地可持续利用率和产业结构水平。（见表5－67）。

表5－67　2015—2018年三门峡市可持续发展排名情况

年份	维度				城市可持续发展综合排名
	环境	经济	社会	治理	
2015	9	11	4	10	9
2016	16	10	4	11	12
2017	8	11	6	6	8
2018	10	10	4	11	10

（2）三门峡市在省内2018年排名前5位和后5位的指标。从二级指标来看，环境方面排名靠前的是淡水消耗，在全省各市中排名第4位，而排名比较靠后的指标是治理投入（15）、土地可持续利用（17），应当更加重视企业生产和居民生活的环保治理方面。经济方面的优势指标是人均资本存量（4），但产业结构合理度（18）排名为末位，作为一个长期依赖矿物质等自然资源发展的城市，势必会导致产业结构出现不可持续的偏向性。社会方面排名靠前的是养老服务（2）、住房保障（2）；劣势指标是交通运输（15）、水源获取度（17）。三门峡市应加大公共文化服务供给力度，提高居民生活质量，丰富居民文化生活。治理方面公民参与度指标（5）排名靠前，但制度公平排名为末位，表现为国有和私营企业之间工资水平差距较大（见表5－68）。

表5－68　2018年三门峡市在省内城市可持续发展指标中排名在前五位和后五位的分布情况

类　别	排名前五位的二级指标	指标数量	排名后五位的二级指标	指标数量
环境	淡水消耗（4）	1	治理投入（15） 土地可持续利用（17）	2

续表

类　别	排名前五位的二级指标	指标数量	排名后五位的二级指标	指标数量
经济	人均资本存量（4）	1	产业结构合理度（18）	1
社会	养老服务（2） 住房保障（2） 能源获取度（3） 贫困保障（贫困）（5）	4	文化设施（文化馆所）（14） 文化规模（公共文化活动）（14） 交通运输（15） 水源获取度（17）	4
治理	公民参与度（5）	1	制度公平（18）	1

（3）具体指标排名及变化。

1）环境可持续发展排名及变化原因。2018 年，消耗减量指标排名靠前的城市生活垃圾清运量、城市居民天然气消耗量均为第 1 位，其中，城市居民天然气消耗量 4 年排名均位居全省第 1 位；指标排名靠后的有万元 GDP 能耗（16）、一般工业固体综合产生量（17），城市节能减排和产业升级的压力较大。

从指标变动来看，在环境消耗减量方面，人均日生活用水量排名波动较大，相较 2015 年上升了 10 个位次，空气质量指标也有明显提高。环境修复方面排名下降明显，说明三门峡市在环境修复方面投入的力度过小，具体表现为一般公共预算节能环保支出占比的排名下降 9 个位次。另外，城市建成区绿化覆盖率和城市污水处理率分别下降 13、7 个位次，可见资金的投入对环保的改善作用重大，为了未来环境可持续发展，应当注重工业企业方面的节能降耗，加大城市节能环保支出（见表 5－69）。

表 5－69　2015—2018 年三门峡市环境可持续发展指标排名及变动

类　别	2015 年	2016 年	2017 年	2018 年	排名变动
消耗减量	12	12	9	8	4

续表

类　别	2015年	2016年	2017年	2018年	排名变动
人均日生活用水量	13	11	4	3	10
规模以上工业企业取水总量	11	11	10	10	1
一般工业固体综合产生量	16	15	17	17	-1
城市生活垃圾清运量	1	2	1	1	0
万元GDP能耗	16	16	16	16	0
全社会用电量	10	10	7	8	2
城市居民天然气消耗量	1	1	1	1	0
烟（粉）尘排放量	12	11	8	8	4
二氧化硫排放量	16	14	14	9	7
氮氧化物排放量	12	10	8	9	3
环境修复	5	18	9	17	-12
一般公共预算节能环保支出占比	2	8	7	11	-9
单位GDP能耗降低率的绝对值	18	18	3	18	0
城市建成区绿化覆盖率	1	17	11	14	-13
每平方公里生产总值	15	16	16	16	-1
单位GDP废水排放量	10	9	7	2	8
城市污水处理率	3	18	9	10	-7

整体上，三门峡市环境消耗减量化水平呈现逐年上升的趋势，2018年，三门峡市的环境消耗减量明显高于环境修复水平（见图5-67）。这是因为生产生活行为对环境的干扰程度相对低，投入环境修复相应也低而产生的结果。近年来环境修复水平则呈现逐年下降的趋势，同可持续发展理念相违背，今后三门峡市应当加大在环境保护领域的投入，加大环境修复力度，提高三门峡市环境可持续发展。

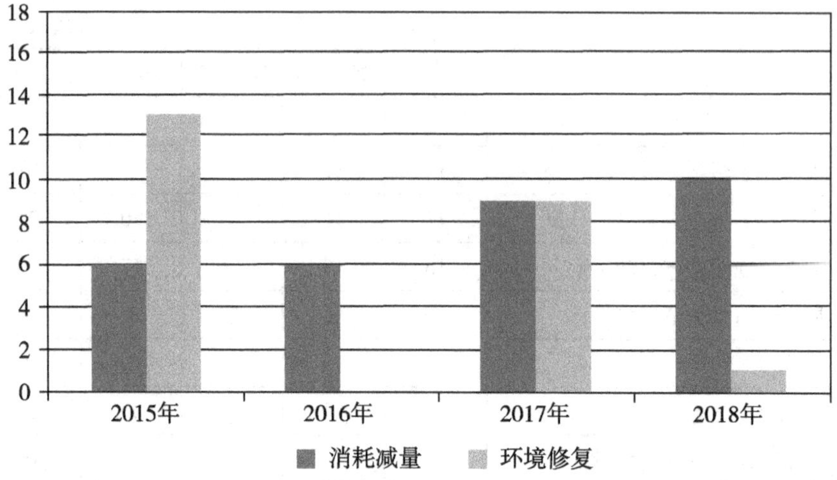

图 5-67　2015—2018 年三门峡市环境消耗减量和环境修复水平变化情况

2）经济可持续发展排名及变化原因。2018 年，三门峡市经济增长潜能排名全省第 14 位，较 2015 年下降 5 位，而存量水平稳定不变，增长潜能下降的原因在于规模以上工业增加值占第二产业生产总值比重下降，规模以上企业成本利润率下降。经济存量指标中仅有城市人均居民人民币储蓄存款余额上升 4 个位次，其余指标呈现稳定趋势，但是值得注意的是每平方公里 15～64 岁常住人口数排名一直处于全省末位，说明城市劳动力流失严重，未来需要提高城市自身吸引力，引进高技术人才，促进城市更快更好的发展（见表 5-70）。

表 5-70　2015—2018 年三门峡市经济可持续发展指标排名及变动

类　别	2015 年	2016 年	2017 年	2018 年	排名变动
增长潜能	9	14	17	14	-5
规模以上工业增加值占第二产业生产总值比重	9	10	11	12	-3
第三产业生产总值占 GDP 比重	15	13	13	15	0
GDP 增长率	11	18	18	8	3

续表

类　别	2015年	2016年	2017年	2018年	排名变动
研究与试验发展研究（R&D）人员占常住人口比重	12	12	12	14	-2
城镇单位从业人员平均工资	3	4	10	3	0
规模以上工业企业成本利润率	7	10	14	12	-5
经济存量	9	9	9	9	0
人均产值	3	3	4	4	-1
每平方公里15~64岁常住人口数	18	18	18	18	0
人均固定资产投资额	1	1	1	1	0
城市人均居民人民币储蓄存款余额	14	16	9	10	4

整体上，三门峡市经济增长潜能低于经济存量水平（见图5-68）。三门峡市的工业发展，对于自然资源的依赖程度过高，存量水平远远高于增长潜能，急需寻找新的转型模式。

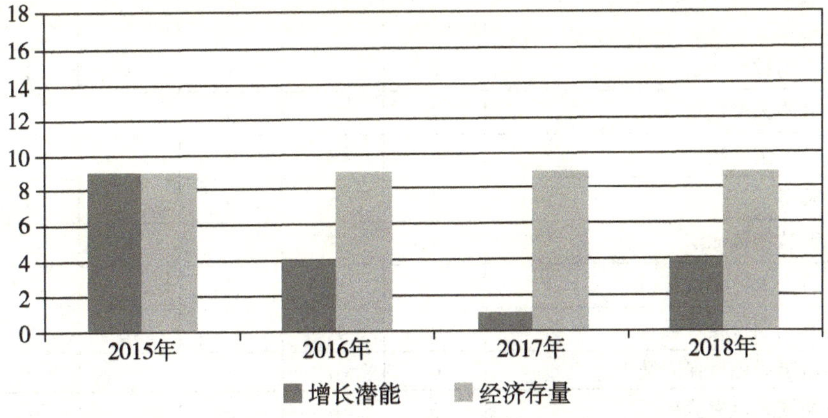

图5-68　2015—2018年三门峡市经济增长潜能和经济存量水平变化情况

3）社会可持续发展排名及变化原因。在社会四大类指标中，服务类指标呈现稳步上升的趋势，2015—2018 年的排名分别为第 9、7、8、6 位，不过相对其他指标的发展水平，公路每公里货运量指标仍有较大的上升空间（见表 5－71、图 5－69）。

表 5－71　2015—2018 年三门峡市社会可持续发展指标排名及变动

类　别	2015 年	2016 年	2017 年	2018 年	排名变动
服务类	9	7	8	6	3
公路线路总长度	11	10	10	11	0
公路每公里货运量	15	15	15	12	3
养老保险覆盖率	9	7	7	2	7
手机用户＋互联网用户占比	7	7	8	7	0
文化类	15	14	15	15	0
健身场地设施数	14	14	15	13	1
公共图书馆个数	10	11	11	11	－1
文化服务业企业营业收入	14	15	15	16	－2
国内旅游人次	5	7	7	10	－5
资源类	1	1	5	8	－7
人均天然气供给量	1	1	2	2	－1
城市人均用电量	4	5	5	5	－1
居民家庭用水占供水总量比重	18	18	18	17	1
普通高中在校学生数占全市人口比重	7	8	10	14	－7
人均教育经费	2	1	1	1	1
人均床位数量	2	3	5	5	－3
万人医生数量	6	7	7	12	－6
保障类	4	5	6	3	1
财政预算赤字	4	3	3	4	0
万人火灾事故数量	4	2	12	11	－7
万人刑事案件数量	18	18	18	16	2
城市居民低保人数占比	6	6	7	5	1
城镇人口失业率	5	6	6	7	－2
工资房价比	1	1	2	1	0
人均住房保障支出	13	14	4	5	8

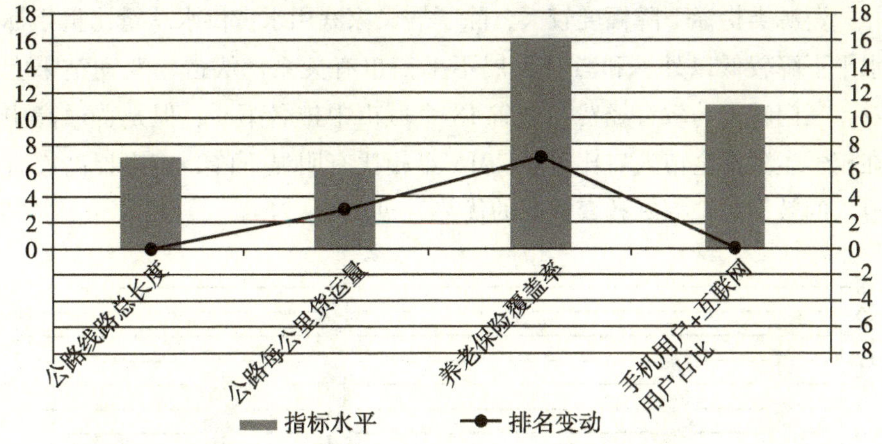

图 5－69　2018 年三门峡市社会可持续——服务类指标水平及排名变动

文化类指标水平整体较低，排名变动除了健身场地设施数相较于 2015 年上升了 1 位，其余指标均有下降，且国内城市旅游人次比 2015 年下降了 5 个名次。不论是市场化营利性的社会文化产业，还是文化服务业产业的发展水平都比较滞后，三门峡市应当利用好的自然风景优势，提高旅游业营业收入，建设基础文化设施，丰富居民日常文化生活（见图 5－70）。

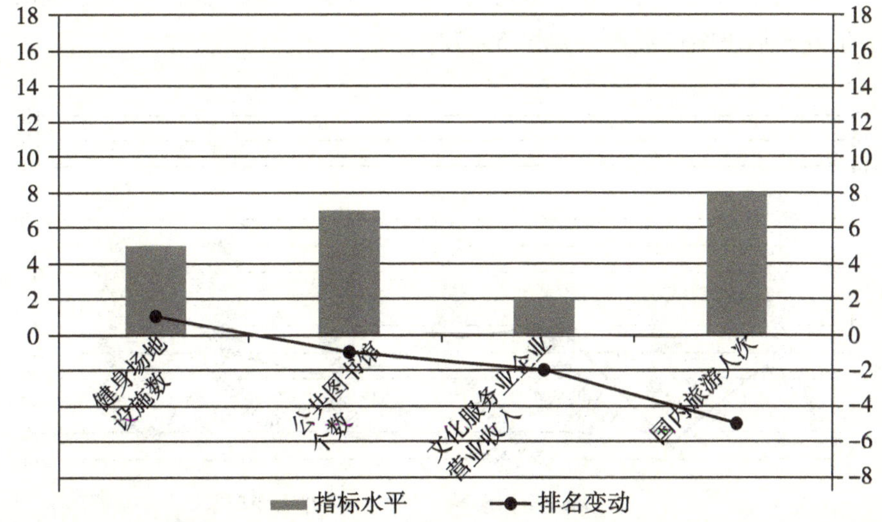

图 5－70　2018 年三门峡市社会可持续——文化类指标水平及排名变动

资源类指标下降幅度较大，除了居民家庭用水占供水总量比重指标水平下降较低以外，和教育发展不平衡也有关系，从指标变动结果上看，三门峡市的教育经费在全省 18 个城市中排名第一，但是普通高中在校学生数占全市人口比重较 2015 年相比有明显下降，应当提高教育投入的效率，把握好教育资源的优势（见图 5 - 71）。

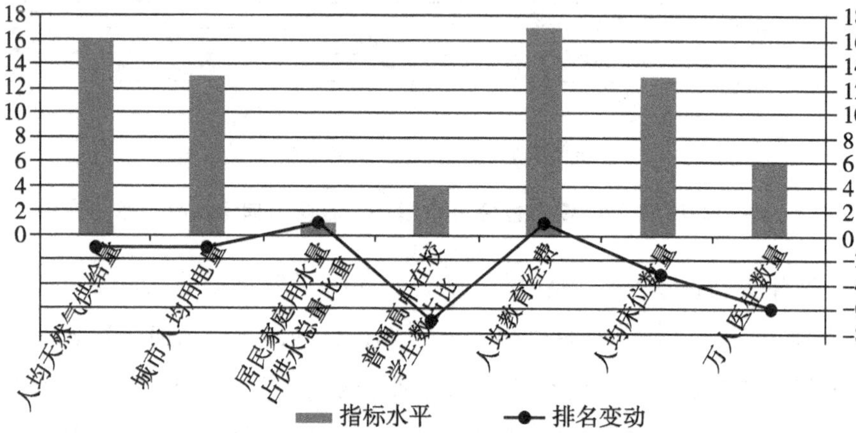

图 5 - 71　2018 年三门峡市社会可持续——资源类指标水平及排名变动

保障类指标水平整体较高，其中，指标水平高的是财政预算赤字、城市居民低保人数占比、工资房价比、人均住房保障支出；劣势指标水平是万人刑事案件数量（见图 5 - 72）。

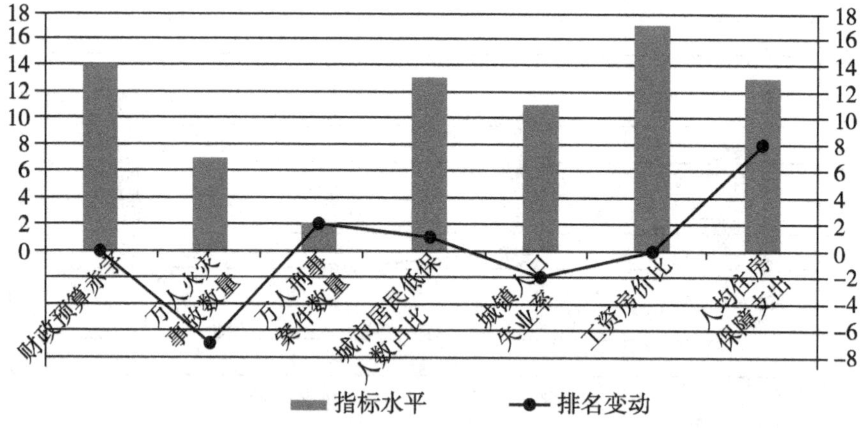

图 5 - 72　2018 年三门峡市社会可持续——保障类指标水平及排名变动

4）治理可持续发展排名及变化原因。治理可持续发展指标内部差异较大，同政府效率相关的实际利用外资占 GDP 比重排名靠前，自 2015—2018 年一直处于全省第 3 位，但是制度公平相关的私营经济和个体经济从业人员占城镇从业人员比重（16）在 4 年中下降 7 位，而人均政府信息依申请和主动公开数量（7）在 4 年中上升 9 位。7 个指标中有 4 个下降，反映三门峡市这几年在治理可持续发展中还需要进一步完善（见表 5－72）。

表 5－72　2015—2018 年三门峡市治理可持续发展指标排名及变动

类　别	2015 年	2016 年	2017 年	2018 年	排名变动
人均政府信息依申请和主动公开数量	16	16	1	7	9
行政事务支出占 GDP 比重	11	12	14	14	－3
实际利用外资占 GDP 比重	3	3	3	3	0
私营经济和个体经济从业人员占城镇从业人员比重	9	9	7	16	－7
国企和私营企业平均工资差距	15	15	16	17	－2
人均申请政府信息公开数	5	5	11	7	－2
万人工会受理职工举报件数	9	9	8	8	1

（三）提高城市可持续发展能力的关键点

总体来说，三门峡市社会可持续发展排名相对靠前，具体表现为社会基础养老设施好和城市居民住房压力小，其余环境、经济和治理可持续发展维持在全省中游的水平，但环境可持续发展中的修复水平处于下游水平，与当地的资源利用率低和环保支出占比小有关，导致环境修复能力下降。未来应当夯实产业发展基础，聚焦转型升级，加快发展特色经济和培育战略性新兴产业，全面提高经济发展质量效益。此外，还需多管齐下推进减量排放、截污纳管、生态净化，深入践行环境可持续发展思想。

十三、南阳市

（一）城市概况简介

南阳市位于河南省西南部、豫鄂陕三省交界地带，因地处伏牛山以南，汉水以北而得名，是河南省面积最大、人口最多的城市。拥有2000多年建城历史的文化名城，是楚汉文化的发源地。南阳市培育出世界级的历史名人，南阳市五圣便是其中的杰出代表："谋圣"姜子牙、"科圣"张衡、"医圣"张仲景、"商圣"范蠡、"智圣"诸葛亮。作为河南产粮大市，南阳市是全国粮、棉、油、烟集中产地，也是全国中药材的主产区之一，中药材品种数量占全国的20%以上；南阳市的出口创汇总量也一直居河南前列，是全国出口商品综合基地之一；其依山傍水的地理位置，形成了许多天然的自然景观，不仅带动了当地的旅游业，更造就了南阳市优越的居住环境。先后荣膺中国优秀旅游城市、中国月季之乡、首批国家新能源示范城市、中国十大最具创新力城市、中国最具幸福感城市等荣誉称号。

（二）城市可持续发展评价分析

（1）连续4年城市整体排名及变化分析。由于近年来南阳市开放度低、科技创新能力弱，导致其整体可持续发展水平比较落后，2018年在全省排名为末位。排名相对靠前的是环境可持续发展，2018年排名第12位，其中废水处理水平居于全省第2位。相对来说经济可持续发展排名较为靠后，为第17位，缺乏创新性产业和龙头企业带动经济可持续发展，以至于南阳市经济可持续发展长期位于全省靠后的位置。社会可持续发展近几年排名有所下降，2015年、2016年、2017年、2018年分别为第13、12、12、15位。治理可持续发展需要在政府公开度和政府效率方面实现进一步提升（见表5－73）。

表5－73　2015—2018年南阳市可持续发展排名情况

年份	维度				城市可持续发展综合排名
	环境	经济	社会	治理	
2015	15	16	13	15	18

续表

年份	维度				城市可持续发展综合排名
	环境	经济	社会	治理	
2016	12	15	12	16	18
2017	15	16	12	15	18
2018	12	17	15	16	18

（2）2018年，南阳市在省内排名前5位和后5位的指标。从二级指标来看，环境方面排名靠前的指标是废水处理（2）和治理投入（4）；排名靠后的指标是固体废弃物产生（15）、土地可持续利用（18）。经济方面整体排名靠后，经济发展水平、人均资本存量分别为第17、16位，应当发挥企业规模效益，提高人均生产总值。社会方面排名靠前的是水源获取度（3）、就业（3）、交通运输（5），说明在公共交通基础设施方面占一定优势；相反，一些资源供给如电信设施获取度、能源获取度排名靠后均为第17位。治理方面排名靠后的二级指标是透明度（16）、政府效率（14），即需要政府提高办事效率，加大政务公开（见表5－74）。

表5－74 2018年南阳市在省内城市可持续发展指标中排名在前五位和后五位的分布情况

类别	排名前五位的二级指标	指标数量	排名后五位的二级指标	指标数量
环境	废水处理（2） 治理投入（4）	2	空气质量（14） 固体废弃物生产（15） 土地可持续利用（18）	3
经济	无	0	产业附加值水平（15） 经济增长潜能（16） 人均资本存量（16） 经济发展水平（17）	4

续表

类　别	排名前五位的二级指标	指标数量	排名后五位的二级指标	指标数量
社会	水源获取度（3） 就业（3） 交通运输（5）	3	养老服务（14） 卫生（卫生设施）（14） 安全（15） 电信设施获取度（17） 能源获取度（17）	5
治理	无	0	政府效率（14） 透明度（16）	2

（3）具体指标排名及变化。

1）环境可持续发展排名及变化原因。2018 年，消耗减量指标如城市生活垃圾清运量、烟（粉）尘排放量排名靠后，分别是第 16 和第 15 位。从指标变动分析，指标排名上升的是氮氧化物排放指标，上升 4 位；烟（粉）尘排放量指标排名下降 6 位。环境修复指标中排名靠前的有城市污水处理率、一般公共预算节能环保支出占总支出比，分别为第 2、3 位，其中，城市污水处理率指标 2015 年为第 16 位，至 2018 年上升了 14 个位次；但是城市建成区绿化覆盖率和每平方公里生产总值排名靠后，2015—2018 年都是全省第 17 位。南阳市应当从增加城市绿化面积和节能减排入手，提高环境可持续发展（见表 5 –75）。

表 5 –75　2015—2018 年南阳市环境可持续发展指标排名及变动

类　别	2015 年	2016 年	2017 年	2018 年	排名变动
消耗减量	11	11	12	12	–1
人均日生活用水量	2	1	3	4	–2
规模以上工业企业取水总量	12	12	12	12	0
一般工业固体综合产生量	9	8	11	11	–2
城市生活垃圾清运量	15	15	16	16	–1
万元 GDP 能耗	6	5	4	5	1
全社会用电量	14	13	13	13	1

续表

类　别	2015 年	2016 年	2017 年	2018 年	排名变动
城市居民天然气消耗量	9	9	11	8	1
烟（粉）尘排放量	9	8	14	15	-6
二氧化硫排放量	13	13	11	13	0
氮氧化物排放量	15	12	13	11	4
环境修复	18	12	13	12	6
一般公共预算节能环保支出占比	3	3	3	3	0
单位 GDP 能耗降低率的绝对值	11	8	10	10	1
城市建成区绿化覆盖率	18	18	16	17	1
每平方公里生产总值	17	17	17	17	0
单位 GDP 废水排放量	6	6	5	6	0
城市污水处理率	16	1	4	2	14

整体上，2018 年，南阳市环境消耗减量和环境修复水平持平（见图 5 - 73）。今后南阳市政府需要在控制排放的基础上，进一步加大在环境保护方面的投入，以更快促进环境可持续发展。

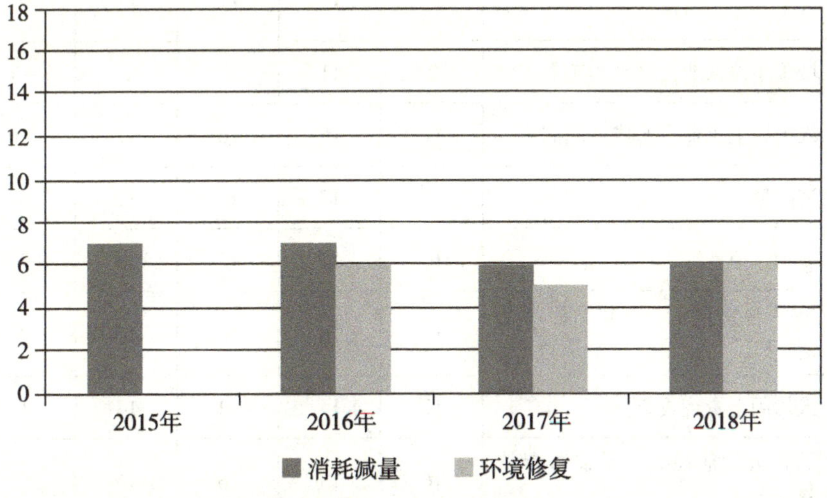

图 5 - 73　2015—2018 年南阳市环境消耗减量和环境修复水平变化情况

2）经济可持续发展排名及变化原因。2018 年，南阳市经济增长潜能和经济存量排名均靠后，均在全省第 17 位。南阳市增长潜能指标排名均比较靠后，缺乏大规模的工业企业和研发人员带动经济增长；而经济存量中的 4 个指标也稳定处于全省靠后的位置，增长缓慢。增长潜能中排名变动较大的指标是规模以上工业企业成本利润率，下降了 6 个位次，未来应当在提升产业规模效应的同时，加大企业研发投入力度，形成增长潜能高、附加值高的优势产业，带动当地经济增长，拓宽居民就业渠道，增加社会投资和储蓄额（见表 5 –76）。

表 5 –76　2015—2018 年南阳市经济可持续发展指标排名及变动

类　别	2015 年	2016 年	2017 年	2018 年	排名变动
增长潜能	15	12	14	17	–2
规模以上工业增加值占第二产业生产总值比重	17	16	17	16	1
第三产业生产总值占 GDP 比重	7	7	8	7	0
GDP 增长率	16	7	9	17	–1
研究与试验发展研究（R&D）人员占常住人口比重	11	11	11	11	0
城镇单位从业人员平均工资	7	11	7	8	–1
规模以上工业企业成本利润率	11	16	16	17	–6
经济存量	17	17	17	17	0
人均产值	15	15	15	15	0
每平方公里 15 ~ 64 岁常住人口数	16	16	16	16	0
人均固定资产投资额	15	15	14	14	1
城市人均居民人民币储蓄存款余额	16	13	16	16	0

整体上，南阳市经济增长潜能略高于经济存量水平，并在2018年达到持平（见图5－74）。南阳市具备较丰富的农林和生态资源，为产业多元化发展提供了潜在空间。但是人力资源和金融资本都相对缺乏，需要加大城市开放力度，实现外向型引资引智，从而带动产业发展和居民增收。

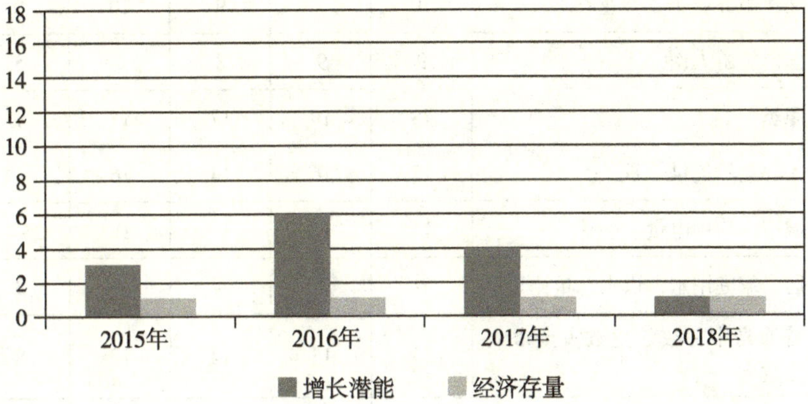

图5－74　2015—2018年南阳市经济增长潜能和经济存量水平变化情况

3）社会可持续发展排名及变化原因。在社会四大类指标中，服务类指标除了公路线路总长度，其他排名均比较靠后，公路每公里货运量和手机用户＋互联网用户占比分别排第16位和第17位。因此，南阳市需要在交通电信方面加大投入力度，提高设施利用效率和使用规模（见表5－77、图5－75）。

表5－77　2015—2018年南阳市社会可持续发展指标排名及变动

类　别	2015年	2016年	2017年	2018年	排名变动
服务类	13	14	15	16	－3
公路线路总长度	1	1	1	1	0
公路每公里货运量	16	16	16	16	0
养老保险覆盖率	12	12	14	14	－2
手机用户＋互联网用户占比	16	16	16	17	－1

续表

类 别	2015 年	2016 年	2017 年	2018 年	排名变动
文化类	2	3	3	5	-3
健身场地设施数	2	3	4	10	-8
公共图书馆个数	2	3	3	3	-1
文化服务业企业营业收入	10	7	9	10	0
国内旅游人次	9	9	8	4	5
资源类	18	18	17	17	1
人均天然气供给量	12	16	14	16	-4
城市人均用电量	14	15	15	15	-1
居民家庭用水占供水总量比重	6	4	4	3	3
普通高中在校学生数占全市人口比重	18	15	12	10	8
人均教育经费	16	16	14	12	4
人均床位数量	16	14	14	15	1
万人医生数量	15	16	16	16	-1
保障类	10	8	10	9	1
财政预算赤字	18	18	18	17	1
万人火灾事故数量	2	1	3	3	-1
万人刑事案件数量	7	6	7	12	-5
城市居民低保人数占比	9	8	10	10	-1
城镇人口失业率	9	9	9	3	6
工资房价比	6	3	5	3	3
人均住房保障支出	15	17	17	18	-3

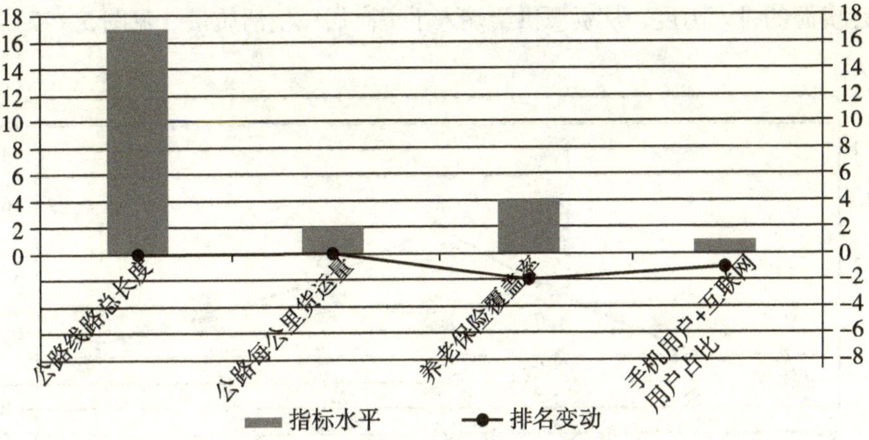

图5－75　2018年南阳市社会可持续——服务类指标水平及排名变动

文化类指标水平整体较高，其中，公共图书馆个数和国内旅游人次两个指标水平较高，2018年，南阳市的旅游人数突破了5000万人次，较2017年增加了2倍（见图5－76）。

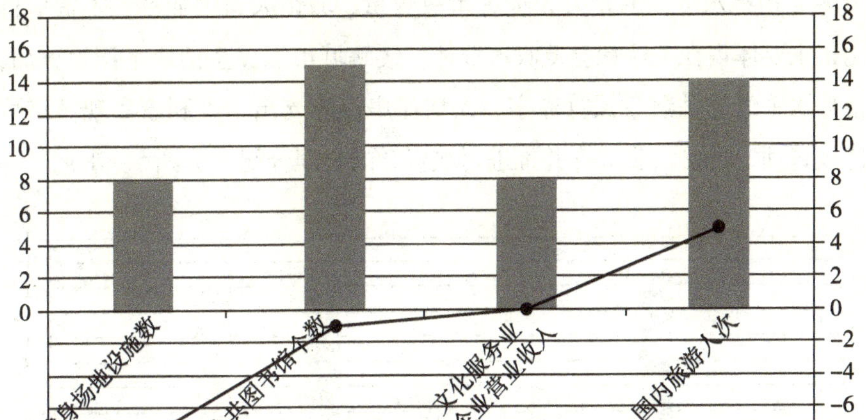

图5－76　2018年南阳市社会可持续——文化类指标水平及排名变动

资源类指标呈现明显的下降趋势，4年基本位于全省倒数一、二位。具体指标中除居民家庭用水占供水总量比重外，其余能源、教育、医疗指标水平都比较低，需要完善城市用电、用气等供给设施，加大教育医疗资源的投入力度，从资源供给端入手提高居民生活质量（见图5－77）。

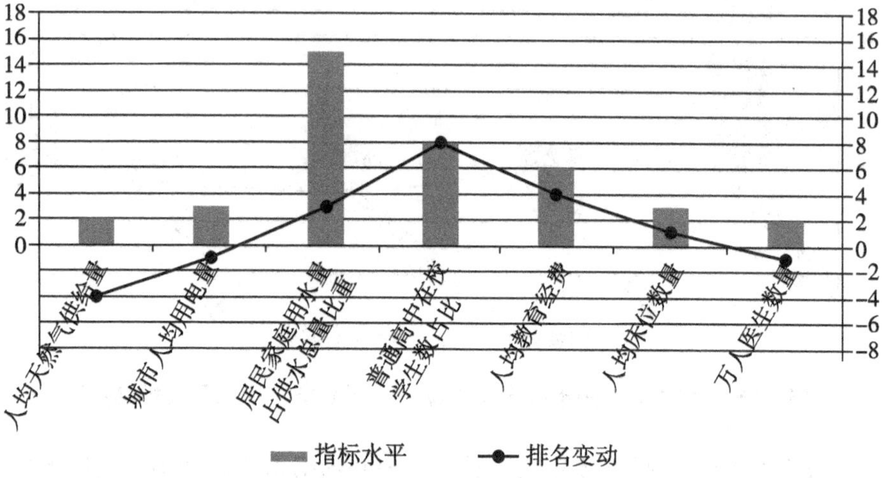

图5－77　2018年南阳市社会可持续——资源类指标水平及排名变动

保障类指标水平整体处于中游位置，比2015年稍有上升。其中，2018年指标水平高的是万人火灾事故数量、城镇人口失业率、工资房价比，主要体现在关注社会低收入群体，缓解城市居民生活成本压力方面；指标水平低的是财政预算赤字、人均住房保障支出，不利于实现城市可持续管理，需要增收节支并推进财政资金的合理分配（见图5－78）。

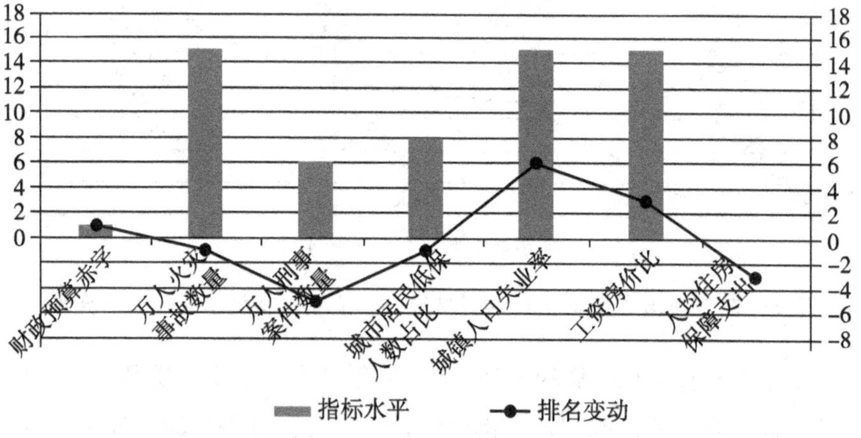

图5－78　2018年南阳市社会可持续——保障类指标水平及排名变动

4）治理可持续发展排名及变化原因。2018年，治理可持续发展指标内部排名差异很大，制度公平中的万人工会受理职工举报件数（5）指标排名相对靠前，其余指标排名均比较靠后。透明度和政府效率中的人均政府信息依申请和主动公开数量指标和实际利用外资占GDP比重的指标，分别排第16位、17位，说明当地政府需进一步扩大公开透明度，增强政府和居民信息沟通，将资金力量集中在关键领域，加大对外贸开放的力度。具体指标中排名变动较大的是国企和私营企业平均工资差距，上升6个位次，说明切实有效的改变了当地的工资不平衡状态；而人均申请政府信息公开数下降了5个位次，结合人均政府信息依申请和主动公开数量较少，说明需要进一步坚持南阳市居民参与政府治理的理念。整体上，治理可持续发展指标排名略呈下降的趋势，反映南阳市近些年治理能力还需要进一步完善，尤其是政务透明度方面（见表5-78）。

表5-78　2015—2018年南阳市治理可持续发展指标排名及变动

类　别	2015年	2016年	2017年	2018年	排名变动
人均政府信息依申请和主动公开数量	14	14	17	16	-2
行政事务支出占GDP比重	12	11	11	11	1
实际利用外资占GDP比重	16	17	17	17	-1
私营经济和个体经济从业人员占城镇从业人员比重	8	15	11	9	-1
国企和私营企业平均工资差距	17	16	15	11	6
人均申请政府信息公开数	7	7	9	12	-5
万人工会受理职工举报件数	4	5	6	5	-1

（三）提高城市可持续发展能力的关键点

总体来说，作为河南省西南部的门户，南阳市的可持续发展能力，在河南省所有地级市中排在末位。南阳市所存在的问题有：基础产业比重高、技术创新能力弱，产业规模效应不足，发展动能转换滞后；公共服务体系不健全，环境保护不足等。因此，未来应当结合自身地理环境优势，明确生态发展目标，建立生态宜居城市，发展绿色循环经济；弥补人口众多带来的基础设施压力，改造城市基础设施，加强城市信息和医疗系统建设，加大城市互联网、电信系统的投入力度，为智慧养老、旅游、医疗、教育和城市管理的形成发展打好基础。同时应当最大限度地发挥社会保障系统作用，提高住房保障支出，为居民参与经济活动提供稳定住所；提高养老覆盖率，让居民老有所依、住有所居，实现城市全面可持续发展。

十四、商丘市

（一）城市概况简介

商丘市，简称“商”，位于河南省最东部，其东望安徽淮北、江苏徐州，北临山东菏泽、济宁。商丘市是全国重要综合交通枢纽，河南省第二大铁路枢纽，也是贯穿中国东西、南北的陇海铁路和京九铁路的高铁普铁“双十字”交会城市。商丘市豫东综合物流产业集聚区是河南省三大物流产业集聚区之一，是国家级示范物流园区，汇集了商丘市农产品中心批发市场、中原佳海国际商贸城、亿丰国际商业博览城、传化公路港、中部（国际）跨境电商园等一大批商贸物流企业，快递业务量稳居全省前三名。作为河南省粮食的主产区，商丘市有豫东粮仓之称，其农产品中心批发市场是全国“十强”、豫鲁苏皖四省最大的农产品交易集散地。商丘市支柱产业有纺织业、服饰业、农副食品加工业、食品制造业、非金属矿物制品业等。商丘市也是中国历史文化名城、中华文明的发祥地之一，是商部族的起源和聚居地、商朝最早的建都地、商文明的诞生地，有“华商之源”的美誉。

（二）城市可持续发展评价分析

（1）连续4年城市整体排名及变化分析。商丘市目前由于缺乏高技术和附加值产业，整体排名较为靠后，2018年排名为第14位，较2015年下降了1位。排名靠前的是环境可持续发展，2018年排名第5位，但较2015年下降了4位，具体表现为废水处理和环境治理水平指标相对滞后。在环境的治理方面，特别是排污治理、基础设施的建设，以及监管的力度还有待进一步加强。经济、治理可持续发展排名一直比较靠后，其中，经济可持续发展的产业结构合理度和人均资本存量还有较大的提升空间，并且商丘市的劳动力数量较2015年呈下降的趋势，针对此现象商丘市可出台引进人才的各项优惠政策，引导各类人才在商丘市就业创业。在治理可持续发展中，公民参与度、政府效率和政务服务能力方面还有很大的提升空间，还需要持续深化“放、管、服”改革，激发市场主体活力。在社会可持续发展中，2018年排名为第11位，较2015年下降了5位，其中，养老服务和水源获取度是商丘市的短板（见表5－79）。

表5－79　2015—2018年商丘市可持续发展排名情况

年份	维度				城市可持续发展综合排名
	环境	经济	社会	治理	
2015	1	15	6	18	13
2016	8	17	8	18	17
2017	3	15	7	17	13
2018	5	14	11	17	14

（2）商丘市在省内2018年排名前5位和后5位的指标。从二级指标来看，环境方面排名靠前的指标是淡水消耗，在全省中排名第1位，但环境的治理投入（14）和废水处理（14）排名都比较靠后，说明商丘市城市污水处理率较低，单位GDP废水排放量较大，商丘市环保部门对于工业企业等污水的排放处理重视度还应提高。经济方面，产业结构合理度（15）、经济发展水平（15）和人均资

本存量（15）排名相对靠后，商丘市可结合自身的区位优势，大力发展交通运输业、现代服务业和文化旅游业，并通过扶持本土企业，像虞城县的科迪乳业，宁陵的张弓酒业等来促进自身经济的发展。社会方面排名靠前的指标为保障（1）、交通运输（4）、安全（4），而在养老服务（15）水源获取度（18）方面排名靠后，说明商丘市在住房保障、道路基础设施、社会安全方面优势明显，但在养老保险和保障方面需要加大投入力度，重视人口老龄化问题。治理方面，政府的透明度（14）、政府效率，以及公民参与度（18）排名都靠后，说明商丘市在政务透明化和行政事务运行效率方面仍有较大的提升空间（见表5－80）。

表5－80　2018年商丘市在省内城市可持续发展指标中排名在前五位和后五位的分布情况

类　别	排名前五位的二级指标	指标数量	排名后五位的二级指标	指标数量
环境	淡水消耗（1）	1	治理投入（14） 废水处理（14）	2
经济	经济增长潜能（5）	1	产业结构合理度（15） 经济发展水平（15） 人均资本存量（15）	3
社会	住房保障（1） 交通运输（4） 安全（4）	3	养老服务（15） 水源获取度（18）	2
治理	无	0	透明度（14） 政府效率（17） 公民参与度（18）	3

（3）具体指标排名及变化。

1）环境可持续发展排名及变化原因。在环境指标中整体排名稳定且稍有下降的趋势，在消耗减量方面城市居民天然气消耗量（10）较2015年下降了7位；在环境修复方面，2018年一般公共预算节能环保支出占总支出比（15）、单位GDP废水排放量（16）位于全省较后位次，尤其是单位GDP废水排放量更是从2015年的第8位下降到2018年的第16位。可见商丘市对于废水排污的重视和投资力度不足，应加大对环境修复方面的科技、人才和资金的投入，提高商丘市环境修复效益，为城市环境可持续发展提供强大的推动力（见表5-81）。

表5-81 2015—2018年商丘市环境可持续发展指标排名及变动

类 别	2015年	2016年	2017年	2018年	排名变动
消耗减量	3	7	3	4	-1
人均日生活用水量	3	3	2	1	2
规模以上工业企业取水总量	4	7	2	2	2
一般工业固体综合产生量	2	11	2	2	0
城市生活垃圾清运量	10	11	12	12	-2
万元GDP能耗	7	7	5	8	-1
全社会用电量	12	12	12	12	0
城市居民天然气消耗量	3	3	5	10	-7
烟（粉）尘排放量	4	12	5	7	-3
二氧化硫排放量	4	6	6	7	-3
氮氧化物排放量	4	8	6	6	-2
环境修复	9	14	12	11	-2
一般公共预算节能环保支出占总支出比	17	18	8	15	2
单位GDP能耗降低率的绝对值	3	6	13	11	-8
城市建成区绿化覆盖率	3	3	3	1	2
每平方公里生产总值	14	14	14	14	0

续表

类　别	2015 年	2016 年	2017 年	2018 年	排名变动
单位 GDP 废水排放量	8	11	9	16	-8
城市污水处理率	13	14	18	8	5

整体上，商丘市环境消耗减量高于环境修复水平（见图5-79），说明生产生活行为对环境的干扰程度相对低，同时对环境的修复的投入也低。随着近年来环境可持续发展影响度的提升，相应对环境的修复力度也在加大。商丘市应增加优化环境的基础设施建设，持续推进相对精细化的环境治理，树立绿色发展理念，坚持削减污染排量与扩大环境容量的同时，提高技术水平，促进各类资源高效利用。

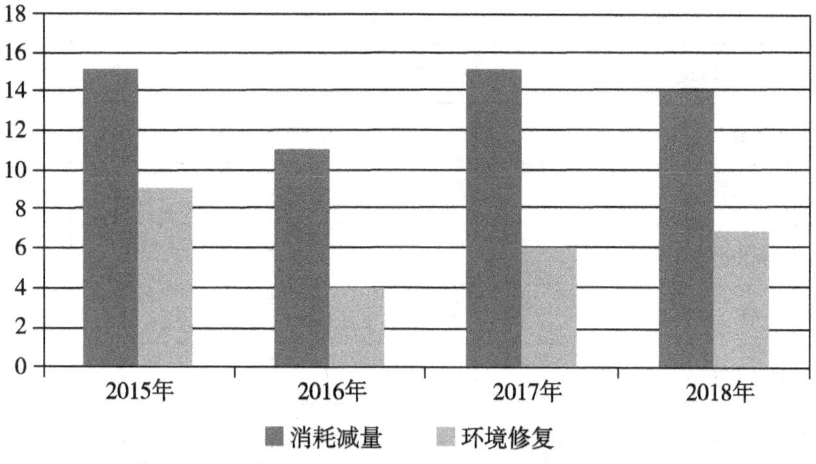

图5-79　2015—2018 年商丘市环境消耗减量和环境修复水平变化情况

2）经济可持续发展排名及变化原因。2018 年，商丘市经济增长潜能略有提高，但仍处于全省靠后位置，特别是研究与试验发展研究（R&D）人员占常住人口比重排全省第 15 位，并且从 2015—2018 年在全省各市排名中均处于较后位置。说明商丘市人才引进乏力，应提高人文环境和自然环境，制定吸引人才的政策，围绕推进人才本土化，在落户、购房补贴、生活补贴、配套保障供给激励等方面，创造优越的环境来加快人才的引进。规模以上工业企业成本利润率指标在全省的排名中也相对靠后，当前商丘市的产业结构还有改善余地，资金和技术转化水平还较低，仍然存在中小企业竞争力弱、城市就业机会少的问题。商丘市应多给予这些企业一些资金、技术等方面的帮助，扶持本土企业发展，带动本市就业，从而增加本市人均资本存量（见表5－82）。

表5－82　2015—2018年商丘市经济可持续发展指标排名及变动

类　别	2015年	2016年	2017年	2018年	排名变动
增长潜能	16	17	9	12	4
规模以上工业增加值占第二产业生产总值比重	18	18	16	15	3
第三产业生产总值占GDP比重	9	9	9	10	－1
GDP增长率	8	11	2	3	5
研究与试验发展研究（R&D）人员占常住人口比重	15	15	15	15	0
城镇单位从业人员平均工资	9	7	6	6	3
规模以上工业企业成本利润率	14	17	10	13	1
经济存量	14	14	15	14	0
人均产值	17	17	17	17	0
每平方公里15～64岁常住人口数	9	10	11	11	－2
人均固定资产投资额	16	16	16	16	0
城市人均居民人民币储蓄存款余额	13	14	15	13	0

整体上，商丘市经济增长潜能和经济存量水平都处于全省中下

游水平（见图5－80）。商丘市工业基础较为薄弱，在升级打好现有工业基础的同时，可利用自身区位优势，通过发展交通运输、仓储及邮电通信业，批发和零售贸易、餐饮业等来提高第三产业生产总值在GDP中的比重。面对规模以上工业企业成本较高的问题，商丘市可适当降低税费，降低工业企业在销售和融资方面的成本、工业企业用能、用地成本，给当地工业企业营造一个良好的发展环境（见图5－80）。

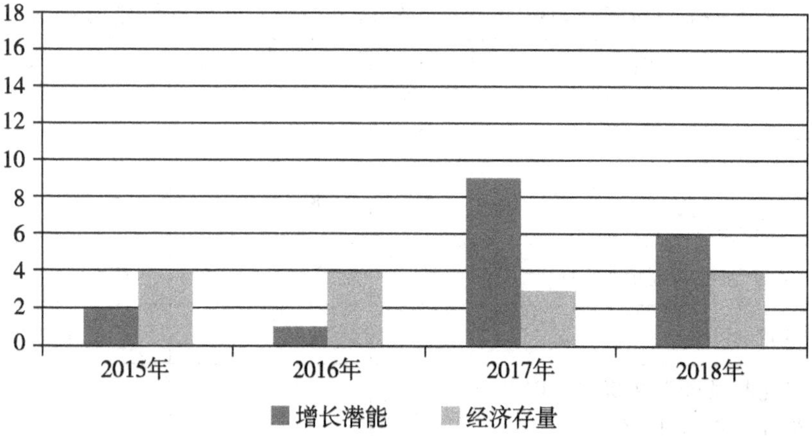

图5－80　2015—2018年商丘市经济增长潜能和经济存量水平变化情况

3）社会可持续发展排名及变化原因。在社会四大类指标中，2018年，服务类指标除了公路线路总长度（3），其余均处于全省靠后的位次，就服务类指标来说，2018年排名整体处于靠后位置，其中，养老保险覆盖率的排名靠后，处于全省第15位（见表5－83、图5－81）。

表5－83　2015—2018年商丘市社会可持续发展指标排名及变动

类　别	2015	2016	2017	2018	排名变动
服务类	8	12	11	10	－2
公路线路总长度	3	3	3	3	0
公路每公里货运量	11	12	13	13	－2

续表

类　别	2015	2016	2017	2018	排名变动
养老保险覆盖率	13	15	16	15	-2
手机用户+互联网用户占比	12	13	10	11	1
文化类	8	6	7	9	-1
健身场地设施数	4	1	3	8	-4
公共图书馆个数	8	8	8	8	0
文化服务业企业营业收入	13	10	8	7	6
国内旅游人次	15	13	13	15	0
资源类	14	14	14	15	-1
人均天然气供给量	13	8	6	7	6
城市人均用电量	12	13	12	11	1
居民家庭用水量占供水总量比重	16	16	16	18	-2
普通高中在校学生数占全市人口比重	3	4	4	8	-5
人均教育经费	9	18	18	16	-7
人均床位数量	14	12	13	13	1
万人医生数量	11	9	9	10	1
保障类	2	2	5	4	-2
财政预算赤字	14	14	13	13	1
万人火灾事故数量	1	3	1	1	0
万人刑事案件数量	3	3	12	10	-7
城市居民低保人数占比	4	4	5	7	-3
城镇人口失业率	9	9	9	9	0
工资房价比	5	4	3	4	1
人均住房保障支出	1	2	2	1	0

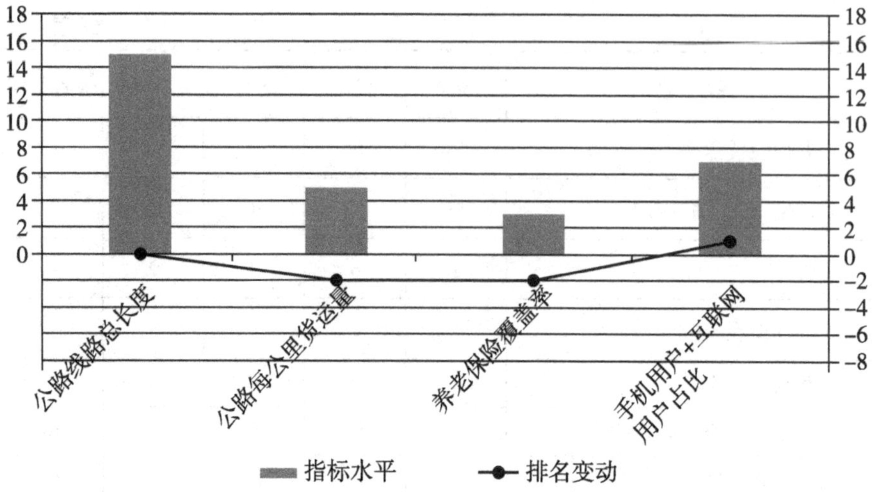

图 5-81　2018 年商丘市社会可持续——服务类指标水平及排名变动

文化类指标水平整体稳定且稍有下降趋势，2018 年，国内旅游人次指标水平较低，而文化服务业企业营业收入指标较 2015 年上升了 6 位，这与商丘市的产业转型和定位有一定关系（见图 5-82）。

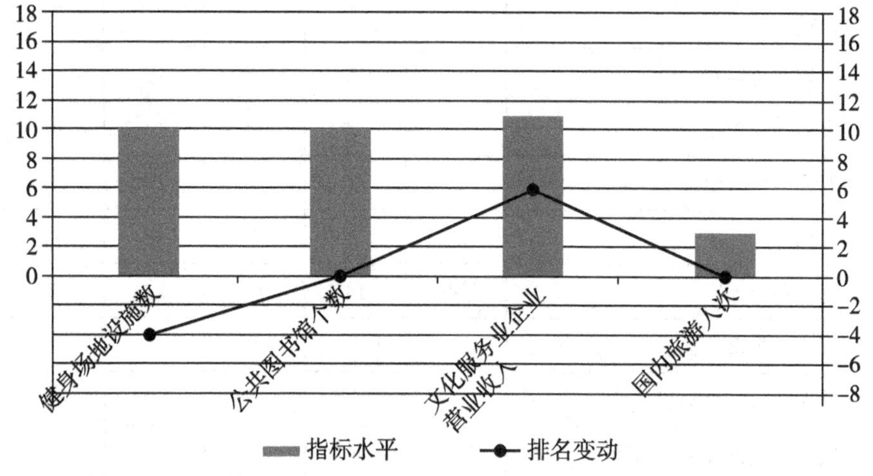

图 5-82　2018 年商丘市社会可持续——文化类指标水平及排名变动

资源类指标水平整体较低，特别是居民家庭用水量占供水总量比重、人均教育经费，反映了商丘市还需对基础设施保障、教育和医疗等公共社会项目进行改善性投资（见图5-83）。

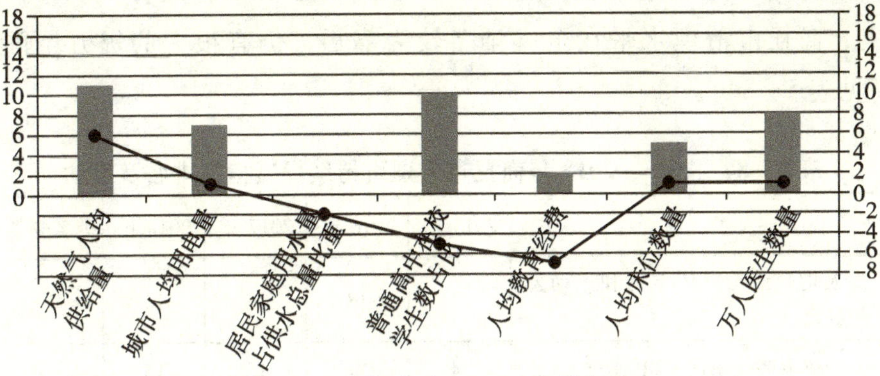

图5-83　2018年商丘市社会可持续——资源类指标水平及排名变动

保障类指标水平整体居于全省上游，指标水平较高的是万人火灾事故数量和人均住房保障支出，但是在财政预算赤字、万人刑事案件数量、城镇人口失业率等都处于中等偏下水平（见图5-84）。

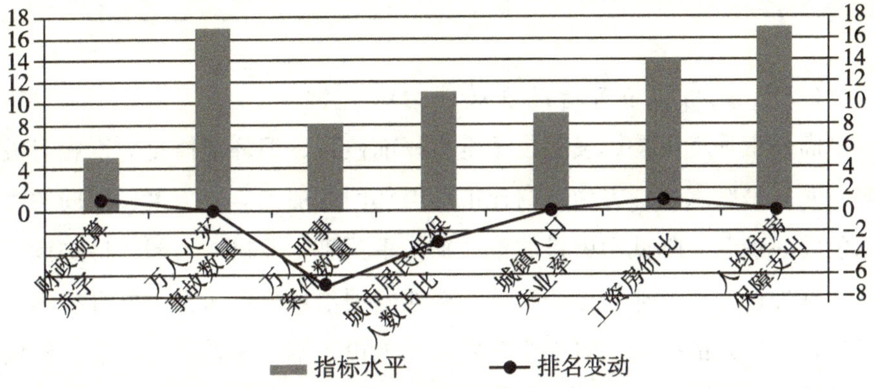

图5-84　2018年商丘市社会可持续——保障类指标水平及排名变动

4）治理可持续发展排名及变化原因。2018年，治理可持续发展指标除了国营和私营平均工资差距位居全省第1位，其余都处于全省靠后位置，实际利用外资占GDP比重（18）在全省排名为末位，说明商丘市在政府和居民信息沟通方面具有一定优势，但在政府工作效率和政府投资支出方面仍存在较大的提升空间。商丘市仍需要将资金力量集中在关键领域，节约不必要的行政开支。整体上，商丘市治理水平在全省排名较为靠后，仍有很大的提升空间（见表5－84）。

表5－84　2015—2018年商丘市治理可持续发展指标排名及变动

类　别	2015年	2016年	2017年	2018年	排名变动
人均政府信息依申请和主动公开数量	18	18	18	14	4
行政事务支出占GDP比重	14	14	13	15	－1
实际利用外资占GDP比重	18	18	18	18	0
私营经济和个体经济从业人员占城镇从业人员比重	10	7	14	14	－4
国企和私营企业平均工资差距	7	4	2	1	6
人均申请政府信息公开数	17	17	16	16	1
万人工会受理职工举报件数	14	18	13	18	－4

（三）提高城市可持续发展能力的关键点

商丘市环境可持续发展位于全省靠前位置，但环境修复力度相对较弱，尤其是废水处理方面。商丘市环保部门应加大监督力度，牢固树立绿色发展理念，降低污染排放量；加快重污染企业退城入园，推进商砼搅拌站外迁，持续抓好散、乱、污企业专项治理，重污染天气管控等一系列行之有效的措施。对于企业发展，无论是本土还是外驻企业，政府都需给予充分的自主权，切实优化营商环境，激发市场主体活力。落实减税降费、金融支持实体企业等政策，降低工业企业运营成本，提升高技术制造业的份额，加快现代服务业发展，增强引领服务经济发展的动力。

利用好商丘市的地理位置优势，加快交通、能源、通信等重大基础设施建设，与此同时可发展电商和现代物流业，持续把电商和物流业作为枢纽经济的先导，以冷链物流、快递物流和电商物流为重点，加快推进传化公路港智能化仓储、华东商储等项目的建设。在文化方面可结合古城特点，将文化与旅游相结合，发展民间传统文化旅游、红色革命教育旅游等，加大教育和医疗等公共性产业的投入比例，落实好进城务工人员随迁子女入学政策，提高政府的效率和公众的参与度，增进民众对政府的信任度。

十五、信阳市

（一）城市概况简介

信阳市，别称申城，地处中国南北地理、气候、文化的过渡带，位于河南省最南部，山青水秀，气候宜人，有“江南北国、北国江南”之美誉。信阳市处于武汉城市圈、中原经济区、中西部人口密集区的中间位置。信阳市是国家级公路运输枢纽城市，其中，京广高铁在信阳市形成多个黄金十字交叉，淮河航运使信阳市拥有河南最大的内陆出海口。信阳市农业经济发达，是全国第二大稻谷主产市、第一大籼稻主产市，但是工业企业发展不足。信阳市盛产茶叶，其中，信阳毛尖品牌多年位居中国茶叶区域公用品牌价值第 3 位，被誉为“绿茶之王”。信阳市获得了国家卫生城市、国家级生态示范市、全国绿化模范城市、中国宜居城市、中国优秀旅游城市、国家园林城市、中国最具幸福感城市等头衔，是一个宜居的城市。

（二）城市可持续发展评价分析

（1）连续 4 年城市整体排名及变化分析。2018 年，信阳市整体发展水平位于全省第 17 位，相较 2015 年略有下降。排名靠前的是社会可持续发展，2018 年排名第 5 位。经济可持续发展排名位于全省末位，近些年变化幅度并不明显。信阳市应推动工业扩量提质，增强经济发展支撑能力，推动制造业高质量发展。支持民营经济发展，全面落实更大规模减税降费政策。信阳市的环境、治理可持续发展排名中等偏下，需要政府加大环境治理投入，进一步拓宽信息公开渠道，让权力在阳光下运转（见表5－85）。

表5－85 2015—2018年信阳市可持续发展排名情况

年份	维度				城市可持续发展综合排名
	环境	经济	社会	治理	
2015	11	17	9	9	14
2016	10	16	5	9	13
2017	13	18	5	12	14
2018	13	18	5	14	17

（2）2018年，信阳市在省内排名前5位和后5位的指标。从二级指标分析，环境方面没有排名前五的指标，其中，治理投入（18）位于全省末位。经济方面也没有排名前五名的指标，经济增长潜能（18）排全省末位。信阳市政府要树立可持续发展的政绩观，出台高能耗控制政策，减少高耗能工业企业数量，促进企业向集约化发展。社会可持续发展方面排名靠前的是教育获取度（1）、贫困保障（1）和就业（1），另外，在一些公共社会资源供给如公共文化设施，文化规模占有一定优势；相反电信设施获取度（16）、安全（16）和卫生设施（18）这些方面排名并不理想，说明信阳市能源资源与基本生活保障等方面还有较大的完善空间，城市管理者需从市政基础设施建设、卫生医疗方面着手保障居民基本生活。在治理方面的排名靠后的是透明度（15）（见表5－86）。

表5－86 2018年信阳市在省内城市可持续发展指标中排名在前五位和后五位的分布

	排名前五位的二级指标	指标数量	排名后五位的二级指标	指标数量
环境	无	0	治理投入（18）	1

续表

	排名前五位的二级指标	指标数量	排名后五位的二级指标	指标数量
经济	无	0	产业附加值水平（14） 产业结构合理度（16） 经济发展水平（17） 经济增长潜能（18）	4
社会	教育获取度（教育）（1） 贫困保障（贫困）（1） 就业（1） 文化设施（文化馆所）（4） 文化规模（公共文化活动）（4）	5	住房保障（15） 电信设施获取度（16） 安全（16） 卫生（卫生设施）（18）	4
治理	无	0	透明度（15）	1

（3）具体指标排名及变化。

1）环境可持续发展排名及变化原因。2018 年，在环境消耗减量指标中排名靠前的是人均日生活用水量，排名第 2 位。从指标变动来看，该指标排名上升也快。烟（粉）尘（13）、二氧化硫（10）、氮氧化物（12）排放量排名都有所下降，较 2015 年分别下降 8、4、7 位。环境修复指标的排名整体相对靠后，除了城市建成区绿化覆盖率（3）和单位 GDP 废水排放量排名第 4 位外，其他指标都排在 15 名以外，需要从提高技术水平和加大政府支出方面提高信阳市环境修复效益，加强污染防治和生态建设，巩固提升绿色发展优势（见表 5－87）。

表 5－87　2015—2018 年信阳市环境可持续发展指标排名及变动

类　别	2015 年	2016 年	2017 年	2018 年	排名变动
消耗减量	10	10	11	10	0
人均日生活用水量	16	16	14	2	14

续表

类　别	2015 年	2016 年	2017 年	2018 年	排名变动
规模以上工业企业取水总量	17	17	17	17	0
一般工业固体综合产生量	10	9	7	7	3
城市生活垃圾清运量	7	9	8	10	-3
万元 GDP 能耗	2	4	7	7	-5
全社会用电量	6	7	8	7	-1
城市居民天然气消耗量	14	13	13	12	2
烟（粉）尘排放量	5	4	11	13	-8
二氧化硫排放量	6	5	2	10	-4
氮氧化物排放量	5	5	5	12	-7
环境修复	12	13	16	16	-4
一般公共预算节能环保支出占比	11	10	13	16	-5
单位 GDP 能耗降低率的绝对值	16	16	18	15	1
城市建成区绿化覆盖率	2	1	2	3	-1
每平方公里生产总值	18	18	18	18	0
单位 GDP 废水排放量	2	3	3	4	-2
城市污水处理率	15	16	17	18	-3

整体上，信阳市环境修复低于消耗减量水平（见图 5 - 85），说明生产生活行为对环境的干扰程度相对较低，相应的环境修复投入也低。今后需要加大在环境保护领域的投入，以更快提高信阳市环境可持续发展。

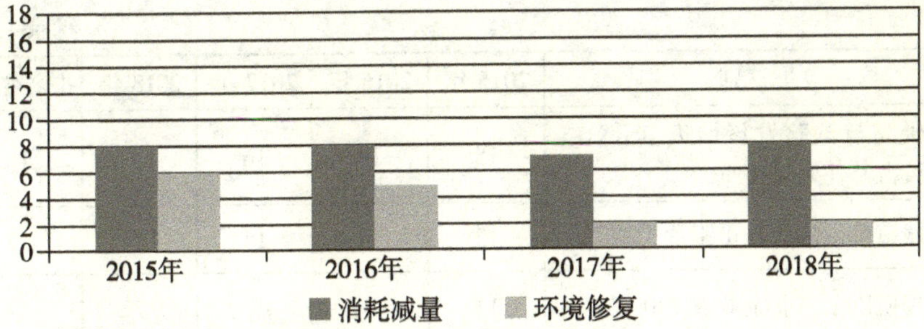

图 5－85　2015—2018 年信阳市环境消耗减量和环境修复水平变化情况

2）经济可持续发展排名及变化原因。2018 年，信阳市经济增长潜能排名位于全省末位，而存量水平位于全省第 16 位，比 2015 年均下降了 1 位。第三产业生产总值占 GDP 比重（9）上升 1 位，GDP 增长率（18）下降 5 位，规模以上工业增加值占第二产业生产总值比重（17）也较 2015 年下降 2 位，表明工业企业在发展时，去产能等措施确实对其生产产生了影响，但这也加快了其产业转型步伐，集约绿色发展是未来工业企业必经之路，可对重点工业企业进行资金扶持，帮助其度过转型期。在经济存量指标中，城市人均居民人民币储蓄存款余额（14），较 2015 年降了 3 位，每平方公里 15～64 岁常住人口数（17）较为靠后。信阳市应持续创造更多就业机会，防止青壮年劳动力过多外流，加大人才建设力度，创造良好的政策环境来吸引人才，并在今后的发展中疏通从储蓄转化为投资的渠道，提高劳动生产率（见表 5－88）。

表 5－88　2015—2018 年信阳市经济可持续发展指标排名及变动

类　别	2015 年	2016 年	2017 年	2018 年	排名变动
增长潜能	17	16	16	18	－1
规模以上工业增加值占第二产业生产总值比重	15	15	15	17	－2
第三产业生产总值占 GDP 比重	10	10	10	9	1
GDP 增长率	13	9	10	18	－5

续表

类　别	2015 年	2016 年	2017 年	2018 年	排名变动
研究与试验发展研究（R&D）人员占常住人口比重	18	16	16	17	1
城镇单位从业人员平均工资	13	14	15	15	－2
规模以上工业企业成本利润率	13	9	8	7	6
经济存量	15	15	16	16	－1
人均产值	14	14	14	14	0
每平方公里 15～64 岁常住人口数	17	17	17	17	0
人均固定资产投资额	13	13	13	13	0
城市人均居民人民币储蓄存款余额	11	11	13	14	－3

整体来说，信阳市经济存量高于经济增长潜能水平（见图 5－86）。当前信阳市经济状况仍面临资金和技术转化水平较低、人才匮乏、中小企业竞争力弱、城市就业机会少等问题。

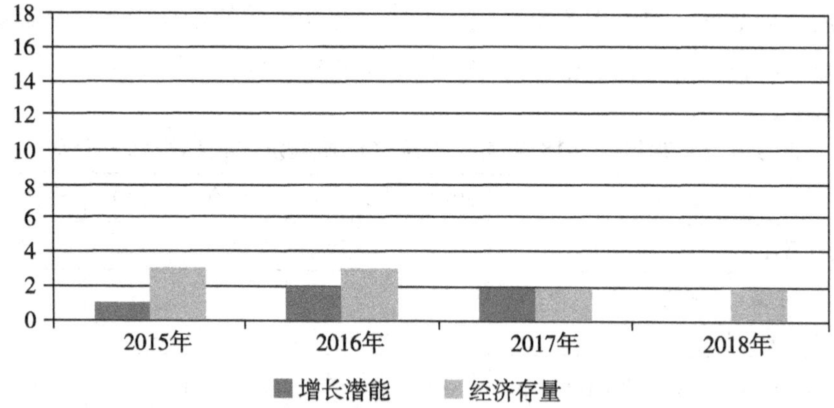

图 5－86　2015—2018 年信阳市经济增长潜能和经济存量水平变化情况

4）社会可持续发展排名及变化原因。2018年，在社会四大类指标中，服务类指标除了公路线路总长度、养老保险覆盖率，其他指标排名均比较靠后，公路每公里货运量和手机用户+互联网用户占比分别排第18位和第16位。因此，信阳市需要在交通电信方面加大投入力度，提高设施利用效率和使用规模（见表5-89、图5-87）。

表5-89 2015—2018年信阳市社会可持续发展指标排名及变动

类别	2015年	2016年	2017年	2018年	排名变动
服务类	15	15	14	12	3
公路线路总长度	2	2	2	2	0
公路每公里货运量	18	18	18	18	0
养老保险覆盖率	11	11	9	7	4
手机用户+互联网用户占比	17	17	17	16	1
文化类	3	2	2	4	-1
健身场地设施数	7	4	1	7	0
公共图书馆个数	4	4	4	4	0
文化服务业企业营业收入	3	3	3	3	0
国内旅游人次	8	8	9	9	-1
资源类	15	13	13	10	5
人均天然气供给量	4	2	5	5	-1
城市人均用电量	17	17	17	17	0
居民家庭用水占供水总量比重	17	17	17	10	7
普通高中在校学生数占全市人口比重	1	1	1	1	0
人均教育经费	5	4	3	4	1

续表

类　别	2015 年	2016 年	2017 年	2018 年	排名变动
人均床位数量	18	18	18	18	0
万人医生数量	18	18	18	18	0
保障类	3	1	3	2	1
财政预算赤字	15	15	14	14	1
万人火灾事故数量	11	5	6	5	6
万人刑事案件数量	5	4	5	15	-10
城市居民低保人数占比	3	2	1	1	2
城镇人口失业率	2	1	1	1	1
工资房价比	13	10	10	9	4
人均住房保障支出	8	8	16	16	-8

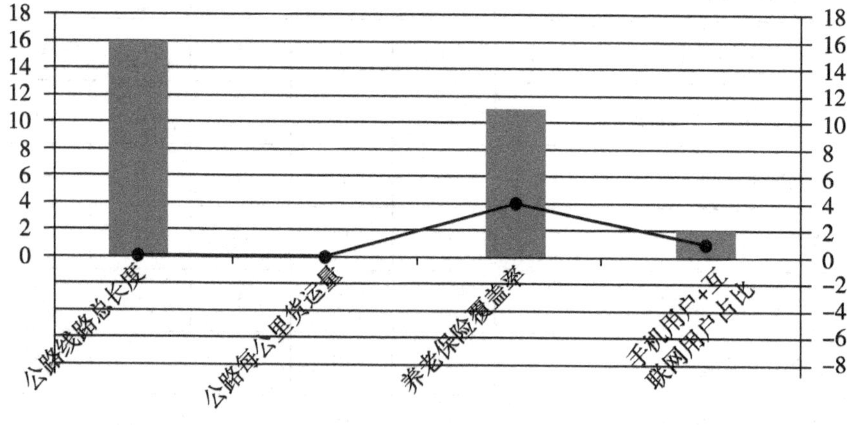

图 5－87　2018 年信阳市社会可持续——服务类指标水平及排名变动

文化类指标水平整体较高，其中，公共图书馆个数、文化服务业企业营业收入指标排名靠前，健身场地设施数和国内旅游人次指标水平居中，相对于其他地区，信阳市社会文化产业发展较快（见图5－88）。

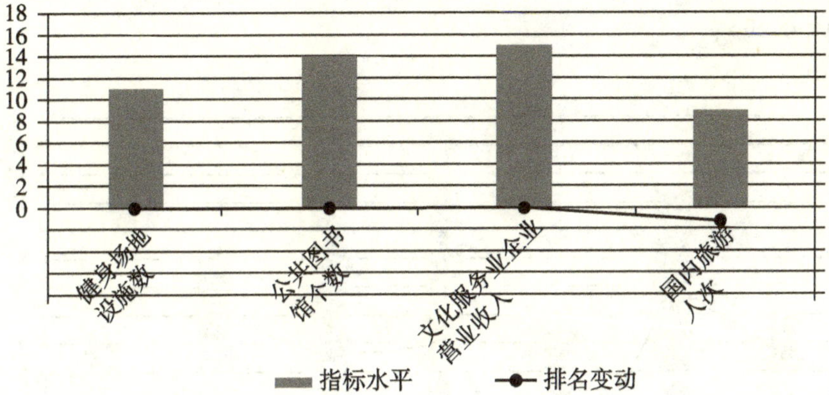

图5－88　2018年信阳市社会可持续——文化类指标水平及排名变动

资源类指标受益于教育科技资源数量丰富，指标水平较高，其中，普通高中在校学生数占全市人口比重位于全省最高水平。信阳市资源类也存在明显较低的指标水平，如城市人均用电量、人均床位数量、万人医生数量（见图5－89）。

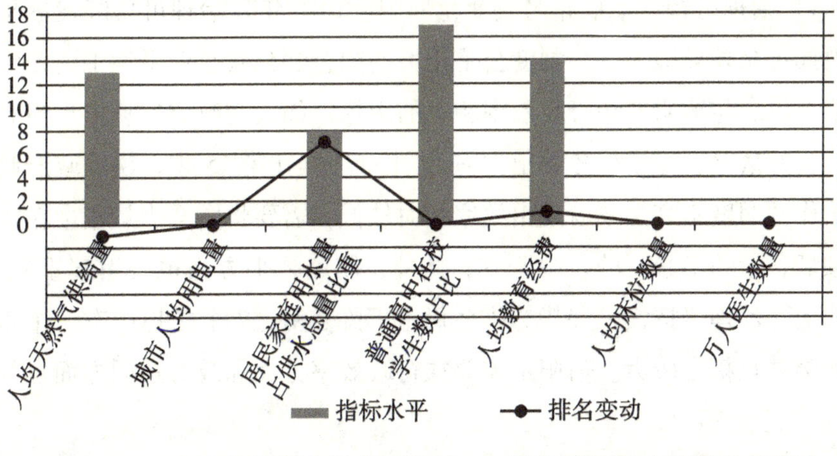

图5－89　2018年信阳市社会可持续——资源类指标水平及排名变动

保障类指标水平位于全省上游，且近些年波动不大，其中，2018年指标水平高的是城市居民低保人数占比、城镇人口失业率；保障方面的指标水平低的是万人刑事案件数量、人均住房保障支出。因此，需要更加关注素质教育，加强经济发展，缓解城市居民生活住房保障压力，（见图5－90）。

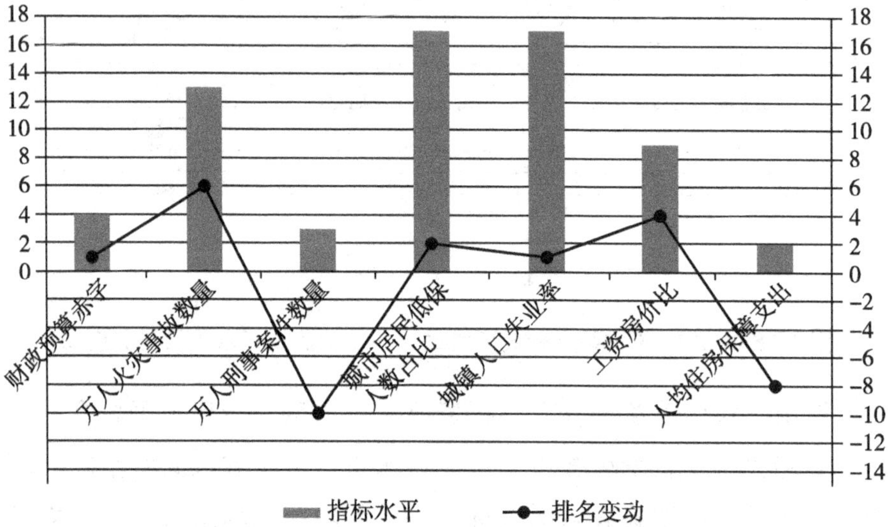

图5－90　2018年信阳市社会可持续——保障类指标水平及排名变动

4）治理可持续发展排名及变化原因。2018年，治理可持续发展指标内部排名差异很大，与制度公平相关的国企和私营企业平均工资差距为第3位。与透明度和行政效率相关的指标，如人均政府信息依申请和主动公开数量、行政事务支出占GDP比重均排在第15位，说明政府政务工作透明度不高，政府支出效率相对较低，需要将资金力量集中在关键领域，节约不必要的行政开支，此外，制度公平方面也要引起重视。整体上，治理可持续发展指标排名仍呈下降趋势，7个指标中有4个指标下降并且幅度较大。信阳市需要在行政效率方面和政务透明方面加强改进（见表5－90）。

表5-90　2015—2018年信阳市治理可持续发展指标排名及变动

类　别	2015年	2016年	2017年	2018年	排名变动
人均政府信息依申请和主动公开数量	9	9	12	15	-6
行政事务支出占GDP比重	18	17	17	15	3
实际利用外资占GDP比重	12	13	12	12	0
私营经济和个体经济从业人员占城镇从业人员比重	6	10	15	15	-9
国企和私营企业平均工资差距	4	6	4	3	1
人均申请政府信息公开数	4	4	5	11	-7
万人工会受理职工举报件数	8	7	7	11	-3

（三）提高城市可持续发展能力的关键点

总体来说，信阳市社会可持续发展排名相对靠前，表现为文化和保障方面较为突出，经济、环境和治理可持续发展排名相对靠后，体现在环境保护意识差，浪费能源资源现象突出，经济增长潜力和经济存量均不高，政务公开透明度较低且制度公平、行政效率方面存在不足之处。在未来的发展中信阳市应持续扩大开放招商，主动融入“一带一路”建设及河南省“三区一群”国家战略，推动信阳市经济技术开发区、综合保税区、空港经济区建设，进一步提升开放平台优势和通道优势。

持续抓好创新引领型企业、人才、平台、机构建设，大力实施“十百千”转型升级创新专项，加快创建国家创新型城市。信阳市在社会可持续方面还需增加基础公共服务供给，健全社会保障体系，特别是在教育和医疗方面。在环境可持续方面仍要继续推进黑臭水体治理示范城市建设，加快城区老旧供排水管网改造和污水再生利用设施建设，完成各县、建成区黑臭水体截污纳管和排污口整治，大力实施国土绿化提速行动，巩固去冬今春新造林成果，启动绿色生态示范区建设，提升人民居住的幸福感。

十六、周口市

（一）城市概况简介

周口市，位于河南省东南部，地处沙河、颍河、贾鲁河交汇处。自古被誉为伏羲故都、老子故里，有“华夏先驱、九州圣迹”之称。当前周口市的六大支柱产业有食品产业、纺织服装产业、医药化工产业、装备制造产业、电器电缆产业和新型建材产业。拥有国内外知名的工业品牌，其中莲花集团生产能力跻身世界同行业四强，单厂产量居世界第一，宋河酒业生产的高、低度宋河粮液酒获国家金奖。周口市是全国和河南省著名的农业大市，其粮、棉总产量均居河南省第1位。主要农作物有小麦、玉米、大豆、棉花、芝麻、烟叶等。但周口市的交通发展滞后，是河南省最晚开通高铁的城市。

（二）城市可持续发展评价分析

（1）连续4年城市整体排名及变化分析。周口市整体发展水平排名波动不大，2018年全省排名第16位，仍处于下游水平。排名靠前的是环境和社会可持续发展，2018年排名分别为第7位和第8位。经济和治理可持续发展在全省排名较为靠后，分别为第15位和第18位，其中人均资本存量一直位于全省末位，说明周口市在人力资本建设方面还有很大的提升空间，周口市经济增长潜能近4年波动较大，经济总体发展处于下游水平。在治理可持续发展中，周口市的透明度、政府效率、制度公平和公民参与度均较为落后（见表5－91）。

表5－91　2015—2018年周口市可持续发展排名情况

年份	维度				城市可持续发展综合排名
	环境	经济	社会	治理	
2015	6	14	10	16	15
2016	5	14	9	17	14

续表

年份	维度				城市可持续发展综合排名
	环境	经济	社会	治理	
2017	10	14	9	18	16
2018	7	15	8	18	16

（2）周口市在省内2018年排名前5位和后5位的指标。从二级指标来看，环境方面排名靠前的指标是固体废弃物生产（1）和能源消耗（1），说明一般工业固体综合产生量较低，万元GDP能耗与氮氧化物排放量较少；排名靠后的指标是土地可持续利用（16）和废水处理（17）。经济方面周口市一直以农业为主，第三产业比重较低，从而经济发展水平（14）、经济增长潜能（17）、人均资本存量（18）排名靠后；第二产业规模效应显著，特色产业突出，但产业附加值水平较高，排名第5位。社会方面排名靠前的是文化设施和贫困保障，排名均为第3位，说明健身场所和公共图书馆较多，受到贫困保障扶持的人口比重较高，但周口市的卫生设施建设（14）不完善，电信设施获取度（18）低。治理方面所有指标均靠后，如公民参与度（17）、透明度（18），周口市需要节约资金、提高行政事务运行效率（见表5-92）。

表5-92　2018年周口市在省内城市可持续发展指标中排名在前五位和后五位的分布情况排行

类　别	排名前五位的二级指标	指标数量	排名后五位的二级指标	指标数量
环境	固体废弃物生产（1） 能源消耗（1） 空气质量（3）	3	土地可持续利用（16） 废水处理（17）	2
经济	产业附加值水平（5）	1	经济发展水平（14） 经济增长潜能（17） 人均资本存量（18）	3

续表

类　别	排名前五位的二级指标	指标数量	排名后五位的二级指标	指标数量
社会	文化设施（文化馆所）(3) 贫困保障（贫困）(3)	2	卫生（卫生设施）(14) 电信设施获取度（18）	2
治理	无	0	政府效率（14） 制度公平（14） 公民参与度（17） 透明度（18）	4

（3）具体指标排名及变化。

1）环境可持续发展排名及变化原因。在环境消耗减量指标中排名靠前的是：一般工业固体综合产生量（1）、万元 GDP 能耗（1）、氮氧化物排放量（1）、城市生活垃圾清运量（2）等，但是人均用水量较高。环境修复相关的指标可持续度相对较差，如一般公共预算节能环保支出占总支出比、每平方公里生产总值、单位 GDP 废水排放量、城市污水处理率分别为第 18、15、13、17、16 位。

从指标变动来看，指标排名上升较快的是氮氧化物排放量（1），相较 2015 年上升 9 位。环境修复指标的排名整体靠后，除单位 GDP 能耗降低率的绝对值外，其他指标都在 12 名以外，单位 GDP 废水排放量（17）和城市污水处理率（16）指标排名下降较快，均下降 4 位。需要从增加治理投入和提高技术水平入手增进周口市环境修复效益（见表 5 -93）。

表 5 -93　2015—2018 年周口市环境可持续发展指标排名及变动

类　别	2015 年	2016 年	2017 年	2018 年	排名变动
消耗减量	1	3	4	1	0
人均日生活用水量	17	14	15	15	2
规模以上工业企业取水总量	3	3	4	3	0

续表

类　别	2015年	2016年	2017年	2018年	排名变动
一般工业固体综合产生量	1	1	1	1	0
城市生活垃圾清运量	2	1	2	2	0
万元GDP能耗	1	1	1	1	0
全社会用电量	4	4	5	5	-1
城市居民天然气消耗量	2	2	2	3	-1
烟（粉）尘排放量	2	6	6	4	-2
二氧化硫排放量	2	3	3	3	-1
氮氧化物排放量	10	13	16	1	9
环境修复	17	17	18	18	-1
一般公共预算节能环保支出占比	18	17	18	18	0
单位GDP能耗降低率的绝对值	6	10	16	3	3
城市建成区绿化覆盖率	14	11	15	15	-1
每平方公里生产总值	13	13	13	13	0
单位GDP废水排放量	13	15	14	17	-4
城市污水处理率	12	10	12	16	-4

整体上，周口市生产生活对环境的消减程度影响较少，消耗减量水平较高，并从2015—2018年4年间，消耗减量水平相对稳定，但环境修复水平较为欠缺，且逐年下降（见图5-91）。因此，周口市在环境修复过程中需要遵循循环经济的规律，从源头控制污染，从中间环节加强治理，针对重要环境问题，分种类和时段加以解决。

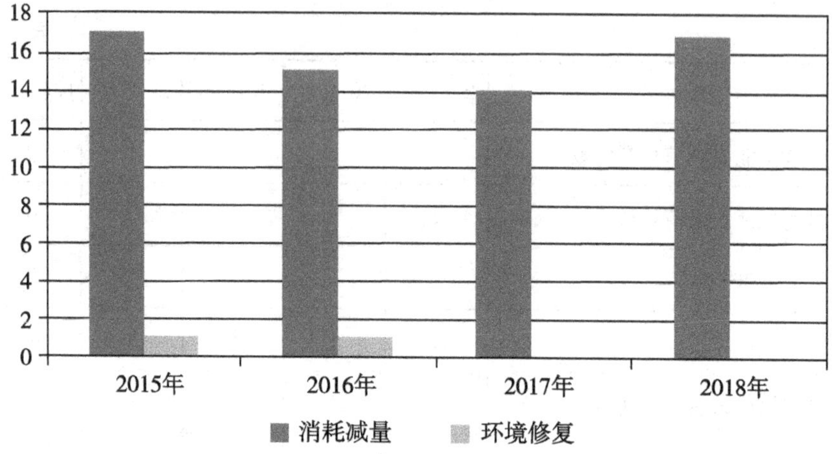

图 5－91　2015—2018 年周口市环境消耗减量和环境修复水平变化情况

2）经济可持续发展排名及变化原因。2018 年，周口市经济增长潜能略有下降，且相对水平较低（13）。在具体指标中，除规模以上工业增加值占第二产业生产总值比重（5）、规模以上工业企业成本利润率（1）排名靠前外，其他指标如 GDP 增长率（14）、研究与试验发展研究（R&D）人员占常住人口比重（18）等排名均靠后；此外经济存量排名虽略微上升，但排名仍处于下游位置。经济存量中的指标除每平方公里 15～64 岁常住人口数（8）排名于中间位，其他指标 4 年来一直排在末位，未来亟须通过多种途径提高城市经济资源的积累水平（见表 5－94）。

表 5－94　2015—2018 年周口市经济可持续发展指标排名及变动

类　别	2015 年	2016 年	2017 年	2018 年	排名变动
增长潜能	10	8	6	13	－3
规模以上工业增加值占第二产业生产总值比重	10	5	4	5	5
第三产业生产总值占 GDP 比重	13	13	15	12	1
GDP 增长率	9	6	5	14	－5
研究与试验发展研究（R&D）人员占常住人口比重	16	18	18	18	－2

续表

类　别	2015年	2016年	2017年	2018年	排名变动
城镇单位从业人员平均工资	11	10	8	14	-3
规模以上工业企业成本利润率	1	1	1	1	0
经济存量	16	16	14	15	1
人均产值	18	18	18	18	0
每平方公里15~64岁常住人口数	7	7	7	8	-1
人均固定资产投资额	18	18	18	18	0
城市人均居民人民币储蓄存款余额	18	18	18	18	0

整体上，周口市经济增长潜能高于经济存量水平（见图5-92），主要原因是周口市目前仍以农业为主，第三产业发展滞缓，人口稠密，经济发展水平低，且资金和技术转化水平较低，仍然存在中小企业竞争力弱、城市就业机会少的问题。

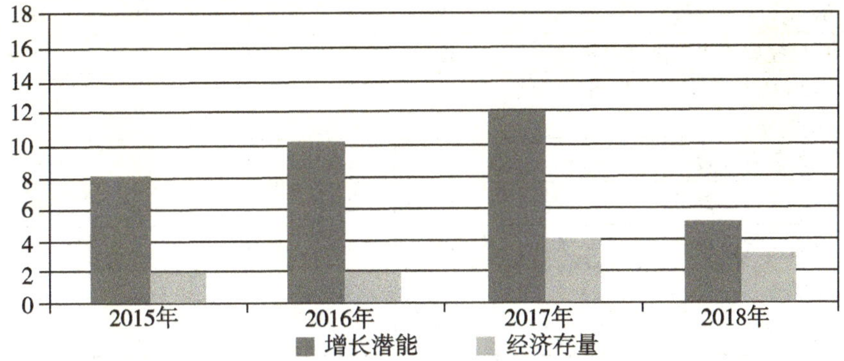

图5-92　2015—2018年周口市经济增长潜能和经济存量水平变化情况

3）社会可持续发展排名及变化原因。在社会四大类指标中，2018年，服务类指标除了公路线路总长度，其他排名均比较靠后，公路每公里货运量和手机用户+互联网用户占比分别排第14位和第18位。因此，周口市需要在交通电信方面加大投入力度，提高设施利用效率和使用规模（见表5－95、图5－93）。

表5－95　2015—2018年周口市社会可持续发展指标排名及变动

类　别	2015年	2016年	2017年	2018年	排名变动
服务类	16	16	16	13	3
公路线路总长度	4	4	4	4	0
公路每公里货运量	9	10	12	14	－5
养老保险覆盖率	17	16	15	9	8
手机用户＋互联网用户占比	18	18	18	18	0
文化类	4	5	5	3	1
健身场地设施数	1	2	2	4	－3
公共图书馆个数	4	4	4	4	0
文化服务业企业营业收入	11	9	7	4	7
国内旅游人次	14	14	14	12	2
资源类	16	11	12	14	2
人均天然气供给量	2	3	4	4	－2
城市人均用电量	18	18	18	18	0
居民家庭用水占供水总量比重	13	7	11	11	2
普通高中在校学生数占全市人口比重	2	2	2	2	0
人均教育经费	14	12	13	17	－3
人均床位数量	17	16	16	16	1
万人医生数量	16	15	15	15	1
保障类	9	6	7	8	1
财政预算赤字	17	17	17	16	1
万人火灾事故数量	7	4	5	4	3
万人刑事案件数量	2	2	2	9	－7
城市居民低保人数占比	5	5	3	3	2
城镇人口失业率	14	12	11	10	4
工资房价比	7	2	1	2	5
人均住房保障支出	12	12	14	13	－1

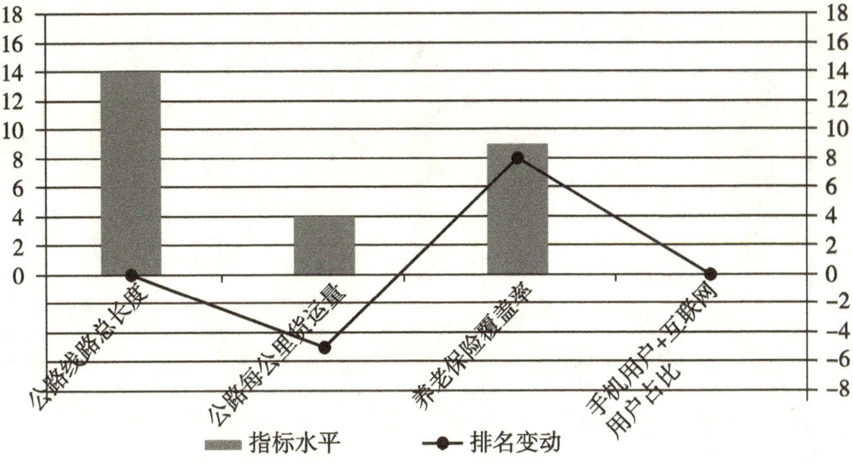

图5－93　2018年周口市社会可持续——服务类指标水平及排名变动

2018年，文化类指标除国内旅游人次（12）排名靠后，其他指标均排第4位（见图5－94）。

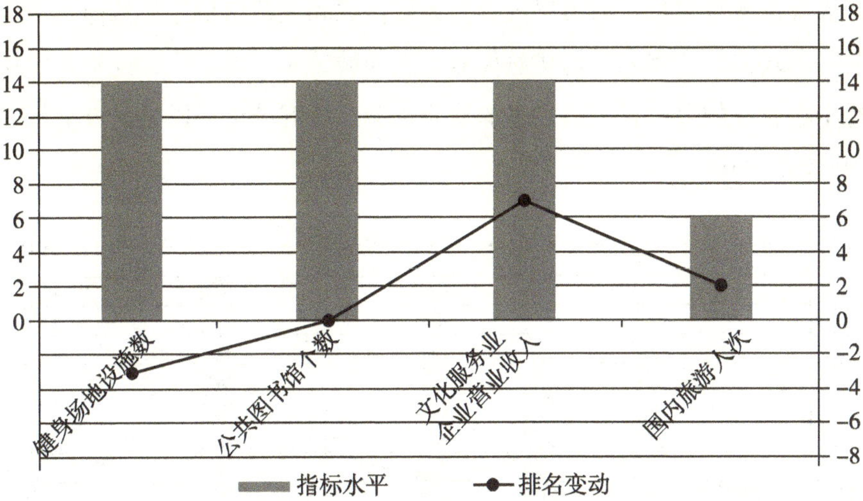

图5－94　2018年周口市社会可持续——文化类指标水平及排名变动

2018年，资源类指标除普通高中在校学生数占全市人口比重、人均天然气供给量水平高外，其他指标水平均低，主要是周口市人多，电、水、教育和医疗资源有限，存在供需矛盾（见图5－95）。

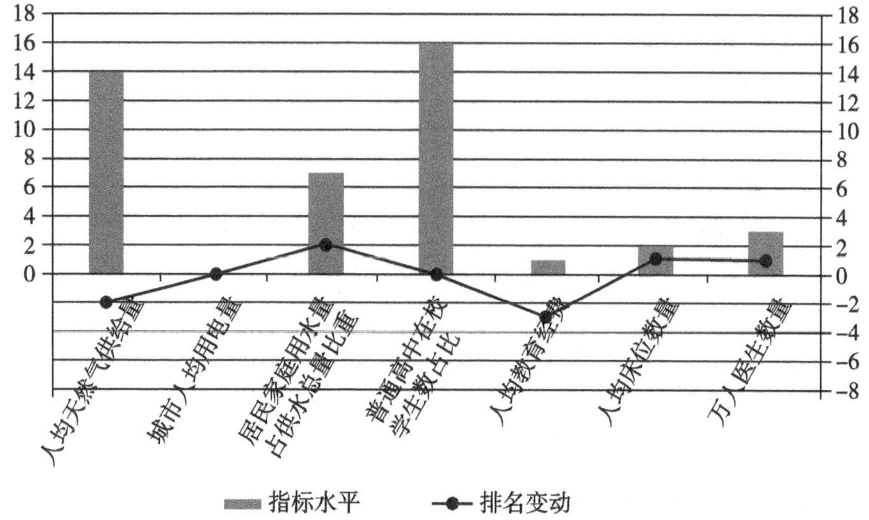

图 5－95　2018 年周口市社会可持续——资源类指标水平及排名变动

2018 年，保障类指标整体处于中等水平，其中，指标水平高的是万人火灾事故数量、城市居民低保人数占比和工资房价比；指标水平低的是财政预算赤字和人均住房保障支出和城镇人口失业率，说明需要扶持中小企业的发展，创造更多的就业机会，缓解城市居民生活成本压力（见图 5－96）。

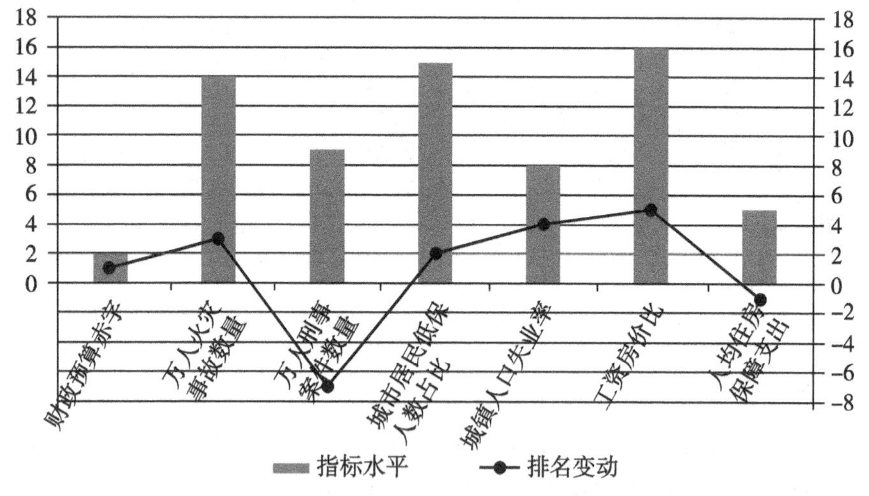

图 5－96　2018 年周口市社会可持续——保障类指标水平及排名变动

4）治理可持续发展排名及变化原因。2018年，周口市治理可持续发展整体排名相对靠后，其中，人均政府信息依申请和主动公开数量排在末位。排名变动较2015年，私营经济和个体经济从业人员占城镇从业人员比重指标排名下降幅度较大，需要搞活市场，扶持中小民营企业发展。支出效率相对较低，其行政事务支出占GDP比重排名靠后。周口市可节约不必要的行政开支，把较多的资金集中在关键的发展领域上（见表5－96）。

表5－96　2015—2018年周口市治理可持续发展指标排名及变动

类　别	2015年	2016年	2017年	2018年	排名变动
人均政府信息依申请和主动公开数量	13	13	15	18	－5
行政事务支出占GDP比重	15	16	15	13	2
实际利用外资占GDP比重	13	15	15	15	－2
私营经济和个体经济从业人员占城镇从业人员比重	2	3	6	12	－10
国企和私营企业平均工资差距	16	17	17	13	3
人均申请政府信息公开数	18	18	17	17	1
万人工会受理职工举报件数	13	15	17	16	－3

（三）提高城市可持续发展能力的关键点

总体来说，周口市环境可持续发展排名靠前，但经济可持续发展排名较为靠后，表现为环境损害相对小，并且政府信息公开度低，资金使用效率低，社会可持续发展排名相对靠前，社会设施建设相对较好。未来可通过技术创新和转化水平、多渠道融通资金来提高城市建设整体水平。在完善自身工业转型的同时还需要提高第三产业比重，加速产业结构升级和发展方式转变，并且要严格控制消耗高、污染重的工业企业的发展。特别对于排污方面，周口市可加强控制水体污染的基础设施建设，普及和完善城市供水排水系统，加快建设城市污水处理厂的步伐。还需对生态环境的改善，加大重视程度，如旧城及城市废弃土地的生态恢复，增加城市绿地面积，加强对有害气体的排污监管，开发清洁性能源等。积极扶持中小企业发展，同时充分利用农业优势，培养特色农产品产业链。提高政府信息透明度，拓宽群众投诉渠道。合理规划城市经济，提高产业科技含量和附加值。

十七、驻马店市

（一）城市概况简介

驻马店市，位于河南中南部，北接漯河市、周口市，南临信阳市，地处淮河上游的丘陵平原地区，是华夏文明的重要发祥地之一。这里古为交通要冲，因历史上在这里设驿站而得名，素有“豫州之腹地，天下之最中”之称。驻马店市交通便利，铁路线、高速线，省道、县道纵横交错，贯穿城市，四通八达。驻马店市产业结构调整的时期性特征较为明显，表现为工业经济壮大，第三产业平稳快速发展。驻马店市气候温和，土壤肥沃，适宜多种农作物生长，是国家和河南省重要的粮油生产基地，素有“中原粮仓”“豫南油库”和“芝麻王国”之称。

（二）城市可持续发展评价分析

（1）连续4年城市整体排名及变化分析。驻马店市整体发展水平保持平稳态势，2018年在全省排名第15位。排名靠前的是环境可持续发展，2018年排名第9位，还需要加大环境整治力度，针对城市扬尘和水污染问题进行集中治理。经济、社会可持续发展和治理可持续发展排名靠后，分别为第16、13、15位，经济和治理可持续发展近些年，排名比较靠后，还需要调整工业结构，推进现代服务业、物流和制造业的快速发展。逐步提升政府透明度和资金使用效率（见表5－97）。

表5-97　2015—2018年驻马店市可持续发展排名情况

年份	维度				城市可持续发展综合排名
	环境	经济	社会	治理	
2015	8	18	7	14	16
2016	7	18	7	13	15
2017	6	17	11	14	15
2018	9	16	13	15	15

（2）2018年，驻马店市在省内排名前5位和后5位的指标。从二级指标来看，环境方面排名靠前的指标是固体废弃物生产和能源消耗，在全省中排名均在第2位，而排名靠后的指标是治理投入（17），表明驻马店市在环境治理方面投入的力度还不足。经济方面排名靠后的是经济发展水平（16）、人均资本存量（17）。社会方面排名靠前的是贫困保障（2）、教育获取度（3），在贫困保障和教育资源获取方面占据一定优势；相反，一些公共社会资源如电信设施获取度、养老服务排名靠后，分别为第15位和第17位。治理方面排名靠后的二级指标是透明度（17）、政府效率（17），说明需要政务公开透明，提高行政事务运行效率（见表5-98）。

表5-98　2018年驻马店市在省内城市可持续发展指标中排名在前五位和后五位的分布情况

类　别	排名前五位的二级指标	指标数量	排名后五位的二级指标	指标数量
环境	固体废弃物生产（2） 能源消耗（2）	2	治理投入（17）	1
经济	无	0	经济发展水平（16） 人均资本存量（17）	2
社会	贫困保障（贫困）（2） 教育获取度（教育）（3） 安全（4） 就业（4） 住房保障（4）	5	能源获取度（14） 卫生（卫生设施）（14） 电信设施获取度（15） 养老服务（17）	4

续表

类　别	排名前五位的二级指标	指标数量	排名后五位的二级指标	指标数量
治理	制度公平（4）	1	透明度（17） 政府效率（17）	2

（3）具体指标排名及变化。

1）环境可持续发展排名及变化原因。2018 年，环境消耗减量排名有所下降，其指标中排名靠前的有城市生活垃圾清运量（3），万元 GDP 能耗（4）。

从指标变动来看，人均日生活用水量（14）指标排名下降幅度很大，下降了 10 名。环境修复指标的排名整体相对靠后，除了城市建成区绿化覆盖率（2）和城市污水处理率（9）外，其他指标都在 10 名以外，其中，一般公共预算节能环保支出占总支出比、每平方公里产出生产总值分别排名第 17、15 位，需要从新技术应用和加大政府支出方面来加强环境修复能力（见表 5－99）。

表 5－99　2015—2018 年驻马店市环境可持续发展指标排名及变动

类　别	2015 年	2016 年	2017 年	2018 年	排名变动
消耗减量	4	4	6	9	－5
人均日生活用水量	4	7	13	14	－10
规模以上工业企业取水总量	9	8	8	8	1
一般工业固体综合产生量	8	6	6	6	2
城市生活垃圾清运量	6	4	4	3	3
万元 GDP 能耗	4	6	3	4	0
全社会用电量	8	9	10	10	－2
城市居民天然气消耗量	6	7	7	5	1
烟（粉）尘排放量	10	7	7	6	4
二氧化硫排放量	7	7	13	12	－5

续表

类　别	2015 年	2016 年	2017 年	2018 年	排名变动
氮氧化物排放量	3	6	7	7	-4
环境修复	15	15	10	13	2
一般公共预算节能环保支出占比	16	16	16	17	-1
单位 GDP 能耗降低率的绝对值	12	15	1	14	-2
城市建成区绿化覆盖率	6	5	6	2	4
每平方公里生产总值	16	15	15	15	1
单位 GDP 废水排放量	9	8	11	11	-2
城市污水处理率	9	13	8	9	0

整体上，驻马店市环境消耗减量高于环境修复水平（见图 5-97）。这是生产生活行为对环境的干扰程度相对较低，同时环境修复度也低而造成的。驻马店市今后需要进一步加强政府对环境修复的重视和居民的环境保护意识，以更快速度提高环境可持续发展。

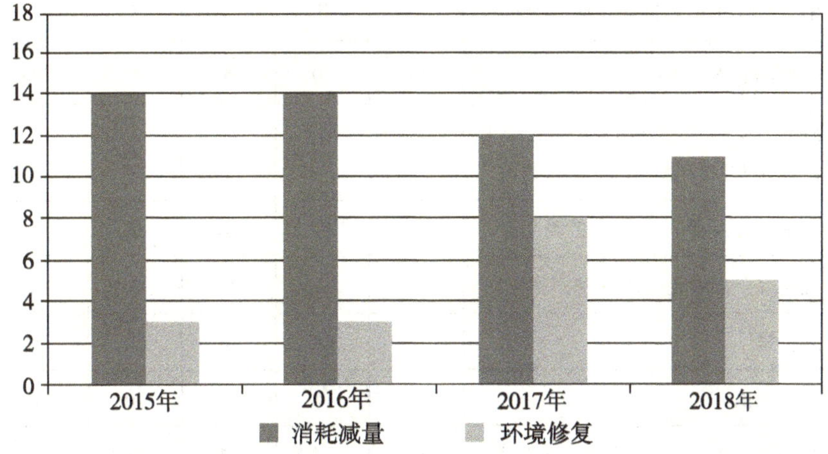

图 5-97　2015—2018 年驻马店市环境消耗减量和环境修复水平变化情况

2）经济可持续发展排名及变化原因。2018 年，驻马店市经济增长潜能（11）相对水平较低，较 2015 年排名上升 7 个名次，而经济存量指标从 2015 年到 2018 年全省排名均为末位。在增长潜能指标中，GDP 增长率（4）较 2015 年相比排名上升 13 位，说明驻马店市经济走向还是很乐观的；研究与试验发展研究（R&D）人员占常住人口比重（16），以及城镇单位从业人员平均工资（16）在全省排名较为落后。驻马店市在人才储备上还有很大的提升空间，需要从完善基础设施、优化产业结构等方面着手，从整体上提升城市综合实力，由此来吸引人才、留住人才，与此同时，可出台包括落户便利、购房补贴等在内的优惠政策，让人才在驻马店市落地生根（见表 5 - 100）。

表 5 - 100　2015—2018 年驻马店市经济可持续发展指标排名及变动

类　别	2015 年	2016 年	2017 年	2018 年	排名变动
增长潜能	18	15	13	11	7
规模以上工业增加值占第二产业生产总值比重	14	12	12	13	1
第三产业生产总值占 GDP 比重	8	8	7	8	0
GDP 增长率	17	10	8	4	13
研究与试验发展研究（R&D）人员占常住人口比重	17	17	17	16	1
城镇单位从业人员平均工资	18	17	16	16	2
规模以上工业企业成本利润率	9	7	6	5	4
经济存量	18	18	18	18	0
人均产值	16	16	16	16	0
每平方公里 15 ~ 64 岁常住人口数	14	14	14	14	0
人均固定资产投资额	17	17	17	17	0

续表

类　别	2015年	2016年	2017年	2018年	排名变动
城市人均居民人民币储蓄存款余额	17	17	17	17	0

整体上，驻马店市经济增长潜能高于经济存量水平（见图5－98）。当前驻马店市经济状况仍面临资金缺少、技术转化水平较低、人才匮乏、固定资产投资额少和人均储蓄量少等问题。

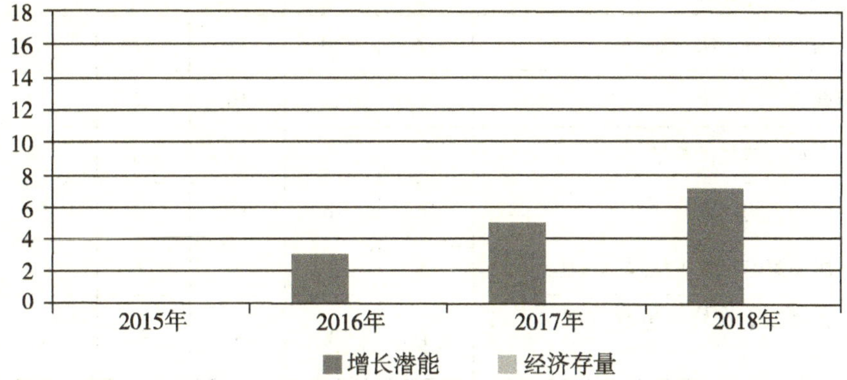

图5－98　2015—2018年驻马店市经济增长潜能和经济存量水平变化情况

3）社会可持续发展排名及变化原因。2018年，驻马店市在社会四大类指标中，服务类指标除了公路线路总长度，其他排名均比较靠后，公路每公里货运量、养老保险覆盖率分别排第15、17位，因此驻马店市需要在交通、养老、电信方面加大投入力度，提高设施利用效率和使用规模（见表5－101、图5－99）。

表5－101　2015—2018年驻马店市社会可持续发展指标排名及变动

类　别	2015年	2016年	2017年	2018年	排名变动
服务类	17	18	18	18	－1
公路线路总长度	5	6	6	5	0
公路每公里货运量	13	14	14	15	－2

续表

类　别	2015 年	2016 年	2017 年	2018 年	排名变动
养老保险覆盖率	18	18	17	17	1
手机用户 + 互联网用户占比	15	15	15	15	0
文化类	7	8	10	12	-5
健身场地设施数	8	6	11	16	-8
公共图书馆个数	7	7	7	7	0
文化服务业企业营业收入	7	8	10	9	-2
国内旅游人次	12	10	11	11	1
资源类	9	9	10	12	-3
人均天然气供给量	7	6	11	10	-3
城市人均用电量	16	16	16	16	0
居民家庭用水占供水总量比重	2	2	3	9	-7
普通高中在校学生数占全市人口比重	4	3	3	3	1
人均教育经费	11	10	9	8	3
人均床位数量	13	13	12	14	-1
万人医生数量	17	17	17	17	0
保障类	1	3	4	1	0
财政预算赤字	16	16	15	15	1
万人火灾事故数量	3	8	7	6	-3
万人刑事案件数量	14	13	13	3	11
城市居民低保人数占比	2	1	2	2	0
城镇人口失业率	3	4	5	4	-1
工资房价比	4	5	4	7	-3
人均住房保障支出	2	1	6	6	-4

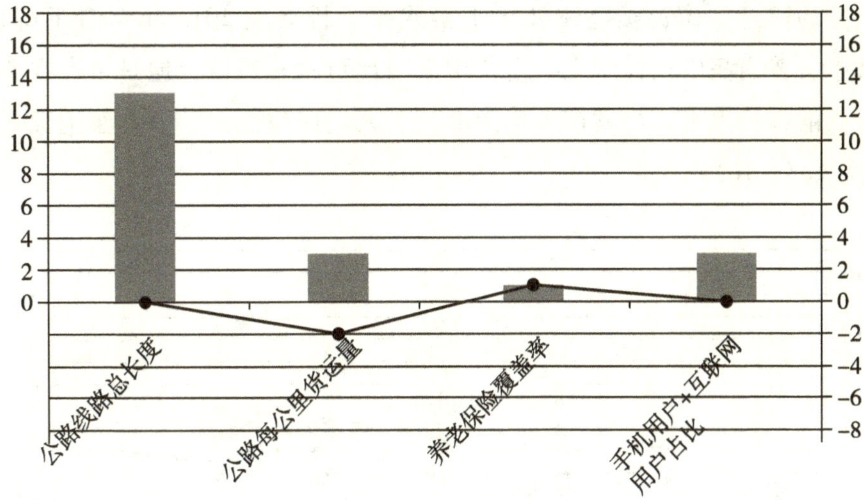

图5－99　2018年驻马店市社会可持续——服务类指标水平及排名变动

文化类指标整体水平不高，健身场地设施数和国内旅游人次指标水平低，驻马店市还需要不断完善公共文化体系，增加市博物馆、体育中心、职工文化活动中心等基础设施的建设，重视文物和非物质文化遗产保护，加快文化事业发展（见图5－100）。

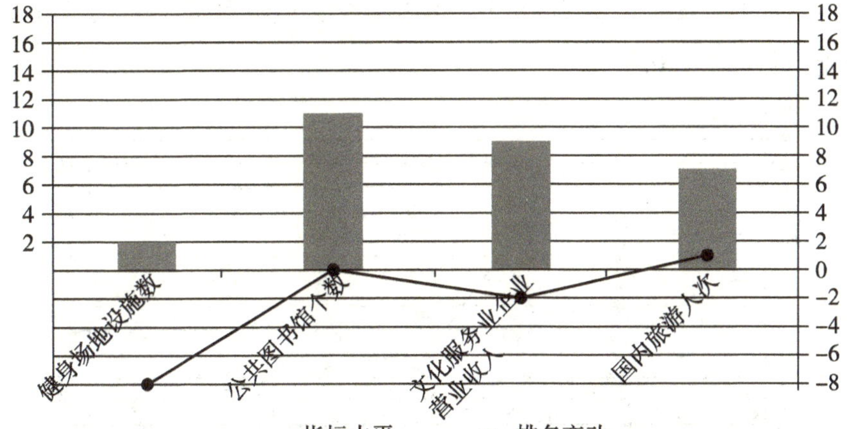

图5－100　2018年驻马店市社会可持续——文化类指标水平及排名变动

2018 年，资源类整体处于中游水平，排名较 2015 年略有下降，其中，普通高中在校学生数占全市人口比重水平较高，但是也存在明显低的指标水平，如城市人均用电量、人均床位数量、万人医生数量（见图 5－101）。

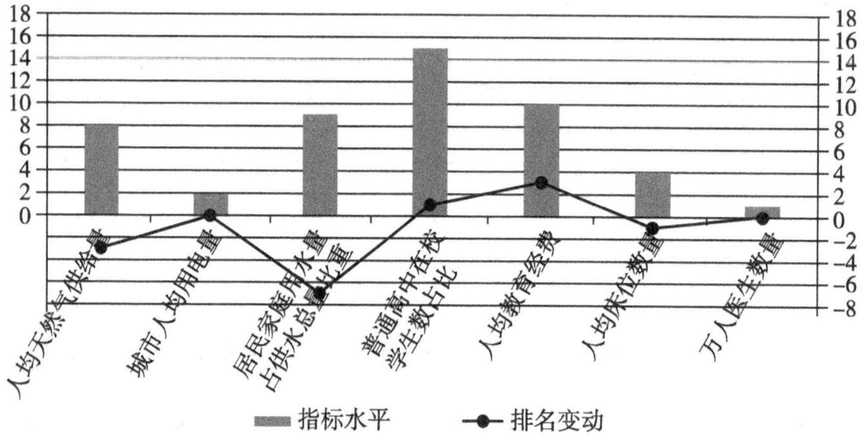

图 5－101　2018 年驻马店市社会可持续——资源类指标水平及排名变动

保障类指标水平整体处于全省上游，且近些年几乎变动不大，其中，指标水平高的是城市居民低保人数占比、万人刑事案件数量、城镇人口失业率；指标水平低的是财政预算赤字，说明需要在财政领域增收节支（见图 5－102）。

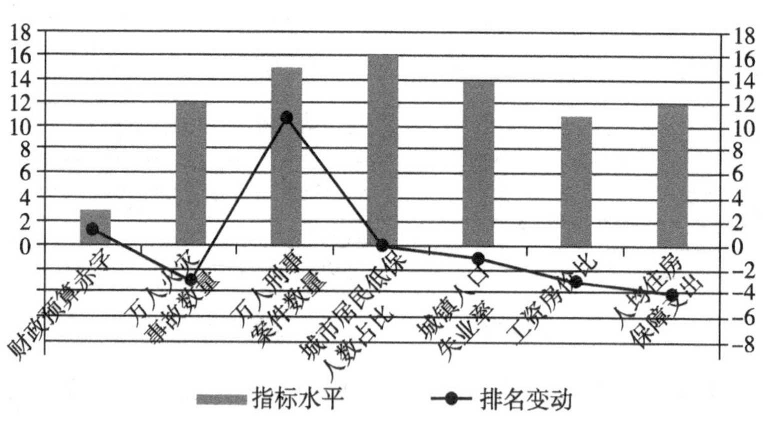

图5－102　2018 年驻马店市社会可持续——保障类指标水平及排名变动

4）治理可持续发展排名及变化原因。治理可持续发展指标内部排名差异很大，如与万人工会受理职工举报件数指标为第4位；与透明度、行政效率相关的指标，如人均政府信息依申请和主动公开数量、行政事务支出占GDP比重均排在第17、16位，说明政府工作政务透明度不高，政府支出效率相对较低，需要将资金力量集中在关键领域，节约不必要的行政开支。整体上，治理可持续发展指标排名仍呈下降的趋势，7个指标中除了万人工会受理职工举报件数、国企和私营企业平均工资差距、私营经济和个体经济从业人员占城镇从业人员比重三个指标外，均存在很大的提升空间，尤其是政府政务透明方面，政府可按规定增加依申请公开数量，优化政务环境，接受公众的监督检查。驻马店市应该激发市场活力，加大民间的投资力度，用市场活力提高经济增长，拓展行政事务经费来源（见表5－102）。

表5－102　2015—2018年驻马店市治理可持续发展指标排名及变动

类　别	2015年	2016年	2017年	2018年	排名变动
人均政府信息依申请和主动公开数量	15	15	16	17	－2
行政事务支出占GDP比重	16	15	16	17	－1
实际利用外资占GDP比重	17	16	16	16	1
私营经济和个体经济从业人员占城镇从业人员比重	7	8	8	6	1
国企和私营企业平均工资差距	3	3	5	5	－2
人均申请政府信息公开数	9	9	12	13	－4
万人工会受理职工举报件数	10	10	10	4	6

（三）提高城市可持续发展能力的关键点

总体来说，驻马店市环境可持续排名相对靠前，主要表现在环境消耗程度较弱，但对环境修复水平来说，驻马店市仍有较大的进步空间。驻马店市可支持企业实施节能环保技改及新上项目，采用先进工艺技术，落实总量减排计划，加强减排工程建设和减排项目运行监管。实施重点行业温控行动，开展低碳试点示范。驻马店市还需对于传统产业进行绿色化改造，努力实现环境指数与产业指标同步提升、经济与生态良性互动。

驻马店市社会可持续发展相对靠后，服务类设施水平有待提高，经济和治理可持续发展排名比较靠后，经济增长潜力和经济存量水平均不高，表现为经济总量小且结构不优，第一产业占经济比重较大、工业经济比重较小，而且工业对农业的带动作用和对服务业的促进作用不强，对财税贡献还很小。驻马店市还需要加强经济建设，补好工业经济短板，借助其资源、区位、交通、市场等优势，大力开展招商引资，积极承接产业转移，借助外力加快经济发展。在治理可持续发展中，还需要加大政务的公开透明度、加强建设人才引进机制，提高居民工资水平，提供更多的公共服务；通过降低失业率，保障稳定的社会环境，提高行政效率。

十八、济源市

（一）城市概况简介

济源市，因济水发源地而得名。位于黄河以北，北隔太行山与山西晋城相接，西距中条山与山西运城交界，南临黄河与洛阳市接壤，东与焦作市毗邻，是河南省城乡一体化试点市和中原城市群9市之一。济源市是愚公移山故事发源地，拥有丰富的矿产资源，工业经济占GDP的比重达到70%，已形成能源、化工、冶金等工业生产体系，比较有名的有豫光金铅、济源市钢铁、豫港焦化三家企业，均进入河南省百户重点工业企业；济源市钢铁、豫光金铅销售收入超百亿元，均进入中国制造业500强行列。有“豫西北门户”之称的济源市，焦枝铁路、侯月铁路在境内交会，207国道、新济公路、济阳公路穿境而过，是豫西北、晋东南的区域性交通枢纽。济源市地形北高南低，北部为太行山脉，动植物资源3200多种，药材1180多种，并在2019年9月入选首批国家全域旅游示范区。

（二）城市可持续发展评价分析

（1）连续4年城市整体排名及变化分析。近年来，济源市发展水平整体较为平稳，且稳中有升的态势，2018年，城市综合可持续发展排名位于全省第7位。相较于2015年城市综合可持续发展提升1位，排名靠前的是环境、治理和经济可持续发展，其中治理可持续发展从2015年的第13位大幅提升至2018年第6位。2018年，环境和经济可持续发展虽然分别排名第6位和第7位，但综合2015年排名，济源市的环境和经济可持续发展还是有所下降，还需要持续改善城乡生态环境，构筑产城融合发展格局，推动经济转型升级，深化改革开放，推动经济高质量发展。

济源市的社会可持续发展排名尽管较为靠后，但近些年在稳步提升。济源市文化类相关的公共设施基础建设，与保障类相关的失业人口的解决问题相对较为突出，特别是还需要进一步解决高校毕业生、农民工、就业困难人员等重点群体的就业工作问题（见表5－103）。

表5－103　2015—2018年济源市可持续发展排名情况

年份	维度				城市可持续发展综合排名
	环境	经济	社会	治理	
2015	2	5	16	13	8
2016	2	8	13	14	8
2017	4	7	13	10	7
2018	6	7	12	6	7

（2）2018年，济源市在省内排名前5位和后5位的指标。从二级指标来看，环境方面靠前的指标是土地可持续利用，全省排名第1位，说明城市建成区绿化覆盖率、每平方公里生产总值等相对较高；排名靠后的指标是治理投入（15），说明在单位GDP能耗降低率等方面有待改善。济源市可重点发展循环经济，如规划建设固体废弃物处理场，培育壮大节能环保、清洁能源产业等；在工业企业方面，需要引导重点工业企业进行核心技术攻坚、节能减排增效，提升传统产业发展层次。在经济方面人均资本存量排名第1位。在社会方面中能源获取度（1）、电

信设施获取度（2）、教育获取度（2），指标排名靠前；而文化设施（18）和就业（18）排名均为末位，应该在激发市场活力的同时增加公共资源的供给和基础设施的建设。济源市在去产能、能源产业升级过程中，需要对去产能相关企业职工的就业工作加以重视，多渠道开发就业岗位，分流安置下岗职工。在治理方面，排名第1位的是透明度，制度公平排名第17位。济源市需要充分发挥市场活力，给予国营和民营企业平等的政策待遇，增强民企的发展潜力（见表5－104）。

表5－104　2018年济源市在省内城市可持续发展指标中排名在前五位和后五位的分布情况

类　别	排名前五位的二级指标	指标数量	排名后五位的二级指标	指标数量
环境	土地可持续利用（1） 废水处理（4） 淡水消耗（5）	3	治理投入（15）	1
经济	人均资本存量（1） 经济增长潜能（5）	2	无	0
社会	能源获取度（1） 电信设施获取度（2） 教育获取度（教育）（2） 养老服务（3） 住房保障（3）	5	卫生（卫生设施）（14） 贫困保障（贫困）（15） 交通运输（16） 文化规模（公共文化活动）（17） 文化设施（文化馆所）（18） 就业（18）	6
治理	透明度（1） 政府效率（4）	2	公民参与度（15） 制度公平（17）	2

（3）具体指标排名及变化。

1）环境可持续发展排名及变化原因。2018年，在环境消耗减量指标中，排名靠前的指标有全社会用电量（3）、规模以上工业企业取水总量（4）、城市生活垃圾清运量（4）和城市居民天然气消耗量（4），但烟（粉）尘排放量（16）、万元GDP能耗（18）排名靠后，可以看出济源市产业发展过度依赖于资源消耗，烟污染排放不容乐观。

从指标变动来看，环境修复整体处于下降趋势，且一般公共预算节能环保支出占总支出比在4年中大幅下降，从2015年的第1位到2018年第12位，政府对于节能环保的重视度应尽快提高。4年的数据可以看出济源市烟（粉）尘排放量一直排名靠后，需要从投入力度和技术创新等层面入手，实现环境改善。对于污染企业着重绿色转换和差别化管控，加强重点行业超低排放治理和重点企业分类施策，精准治污（见表5－105）。

表5－105　2015—2018年济源市环境可持续发展指标排名及变动

类　别	2015年	2016年	2017年	2018年	排名变动
消耗减量	8	8	8	9	－1
人均日生活用水量	14	13	9	11	3
规模以上工业企业取水总量	2	2	3	4	－2
一般工业固体综合产生量	11	12	12	12	－1
城市生活垃圾清运量	5	5	5	4	1
万元GDP能耗	18	18	18	18	0
全社会用电量	3	3	3	3	0
城市居民天然气消耗量	5	6	6	4	1
烟（粉）尘排放量	14	14	17	16	－2
二氧化硫排放量	5	4	8	4	1
氮氧化物排放量	2	2	4	8	－6
环境修复	2	2	4	6	－4
一般公共预算节能环保支出占总支出比	1	5	10	12	－11
单位GDP能耗降低率的绝对值	14	2	8	17	－3

续表

类　别	2015 年	2016 年	2017 年	2018 年	排名变动
城市建成区绿化覆盖率	5	2	7	4	1
每平方公里生产总值	7	8	8	7	0
单位 GDP 废水排放量	7	4	6	5	2
城市污水处理率	5	4	7	4	1

整体上，济源市环境消耗减量低于环境修复水平（见图 5－103）。这说明生产生活行为对环境的干扰程度相对较高，因此，环境投入和修复水平也相应提高。济源市生产生活对环境的干扰度连续 3 年保持平稳，在 2018 年出现轻微波动，但环境的修复却逐年下降。对于环保应保持重视，不能松懈，毕竟济源市以能源、冶金等为主要支柱产业，在环境可持续发展的道路上任重而道远。

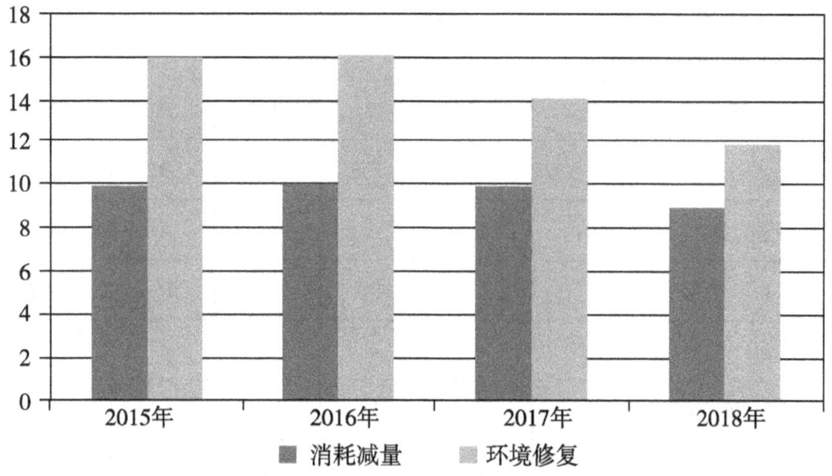

图 5－103　2015—2018 年济源市环境消耗减量和环境修复水平变化情况

2）经济可持续发展排名及变化原因。2018 年，济源市的经济增长潜能和经济存量水平均有下降，但值得注意的是 GDP 增长率的排名急剧下降，由 2015 年的第 3 位降至 2018 年的第 12 位，2017 年甚至降到第15位（见表5－106）。这是由于济源市在经济结构中能源、化工、冶金等所占比重高，第三产业占比较少，企业的利润率水平偏低，还面临相当的去产能和工业转型升级压力。此时应引导重点工业企业攻坚核心技术，实施节能减排增效，促进各个工业企业间兼并重组来取得新突破，从而提升传统产业发展规模和层次，为培育壮大新兴产业打下经济基础。

表5－106　2015—2018年济源市经济可持续发展指标排名及变动

类　别	2015年	2016年	2017年	2018年	排名变动
增长潜能	8	11	11	10	－2
规模以上工业增加值占第二产业生产总值比重	4	8	8	7	－3
第三产业生产总值占GDP比重	16	16	16	16	0
GDP增长率	3	17	15	12	－9
研究与试验发展研究（R&D）人员占常住人口比重	6	6	6	6	0
城镇单位从业人员平均工资	8	6	4	5	3
规模以上工业企业成本利润率	17	12	11	15	2
经济存量	4	4	5	5	－1
人均产值	2	2	2	2	0
每平方公里15～64岁常住人口数	15	15	15	15	0
人均固定资产投资额	2	3	2	2	0
城市人均居民人民币储蓄存款余额	2	2	2	2	0

整体上，济源市经济增长潜能低于经济存量水平（见图5－104）。济源市钢铁、中原特钢、金五联金属制品等本土资源能源企业的崛起已经使得济源市有较好的工业经济体系，但是仍然存在技术产量的转化率低问题。济源市私营企业特别是中小微企业的竞争能力弱，城市就业机会少，且服务业发展相对滞后，应推动服务业扩量提质，加快金融、餐

饮、健康养老等产业的发展。

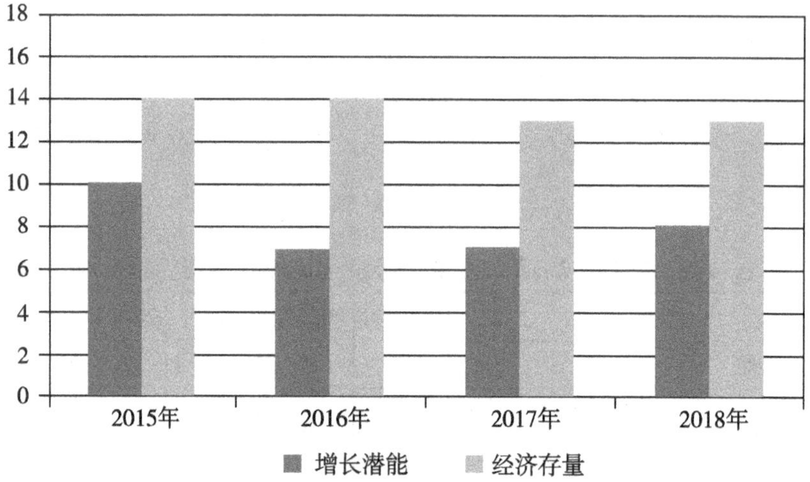

图 5－104　2015—2018 年济源市经济增长潜能和经济存量水平变化情况

3）社会可持续发展排名及变化原因。2018 年，在社会四大类指标中，服务类的公路路线总长度明显落后，且这 4 年排名均为末位（见表 5－107、图 5－105）。

表 5－107　2015—2018 年济源市社会可持续发展指标排名及变动

类　别	2015 年	2016 年	2017 年	2018 年	排名变动
服务类	5	3	5	4	1
公路线路总长度	18	18	18	18	0
公路每公里货运量	2	2	9	8	－6
养老保险覆盖率	5	3	2	3	2
手机用户＋互联网用户占比	2	2	2	2	0
文化类	18	18	18	18	0
健身场地设施数	18	18	18	18	0

续表

类　别	2015 年	2016 年	2017 年	2018 年	排名变动
公共图书馆个数	18	18	18	18	0
文化服务业企业营业收入	16	16	17	17	－1
国内旅游人次	17	18	17	17	0
资源类	5	6	4	1	4
人均天然气供给量	3	5	3	3	0
城市人均用电量	1	1	1	1	0
居民家庭用水量占供水总量比重	12	10	7	5	7
普通高中在校学生数占全市人口比重	5	5	6	5	0
人均教育经费	1	3	5	3	－2
人均床位数量	15	17	15	17	－2
万人医生数量	14	14	14	14	0
保障类	17	15	13	14	3
财政预算赤字	1	1	1	1	0
万人火灾事故数量	8	18	13	12	－4
万人刑事案件数量	9	7	10	13	－4
城市居民最低生活保障人数占全市城镇人口比重	17	16	14	15	2
城镇人口失业率	18	18	18	18	0
工资房价比	14	7	6	6	8
人均住房保障支出	17	5	9	3	14

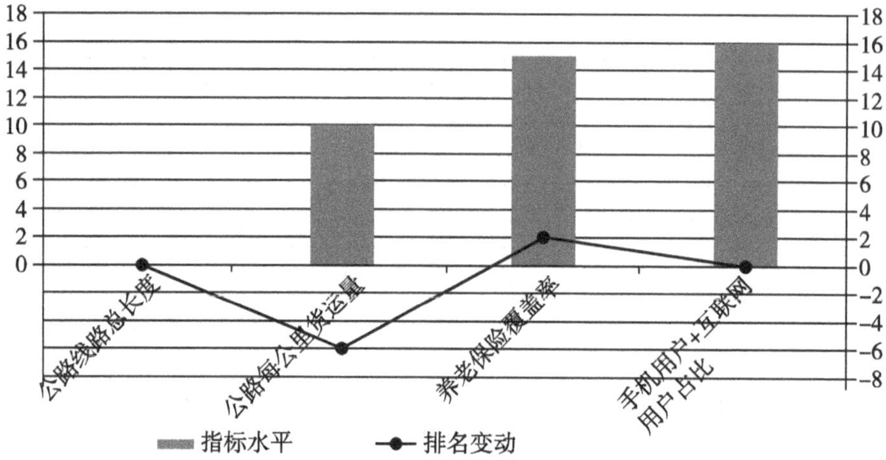

图 5-105　2018 年济源市社会可持续——服务类指标水平及排名变动

文化类指标如健身场地设施数、公共图书馆个数、指标水平很低，政府需要加大对市场盈利性文化产业和公益性公共文化设施的建设和完善，使得济源市市民享有更多文化产品和设施（见图 5-106）。

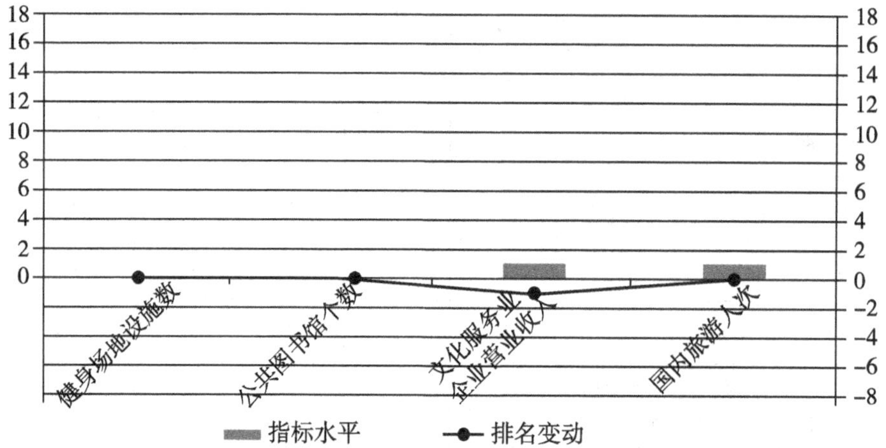

图 5-106　2018 年济源市社会可持续——文化类指标水平及排名变动

资源类指标受益于济源市得天独厚的地理条件，指标水平处于上游，但在医疗设施等方面还相对落后，人均床位数量和万人医生数量指标水平均低（见图 5-107）。

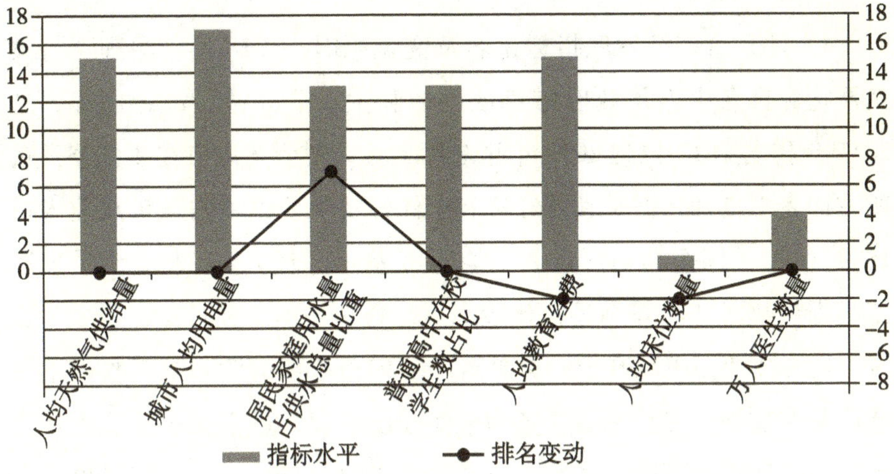

图5-107　2018年济源市社会可持续——资源类指标水平及排名变动

保障类指标水平虽有提高，但仍有较低水平，如城市居民最低生活保障人数占全市城镇人口比重、城镇人口失业率。济源市应多关注社会低收入人群，并拓宽就业渠道，解决城市较高失业率的问题（见图5-108）。

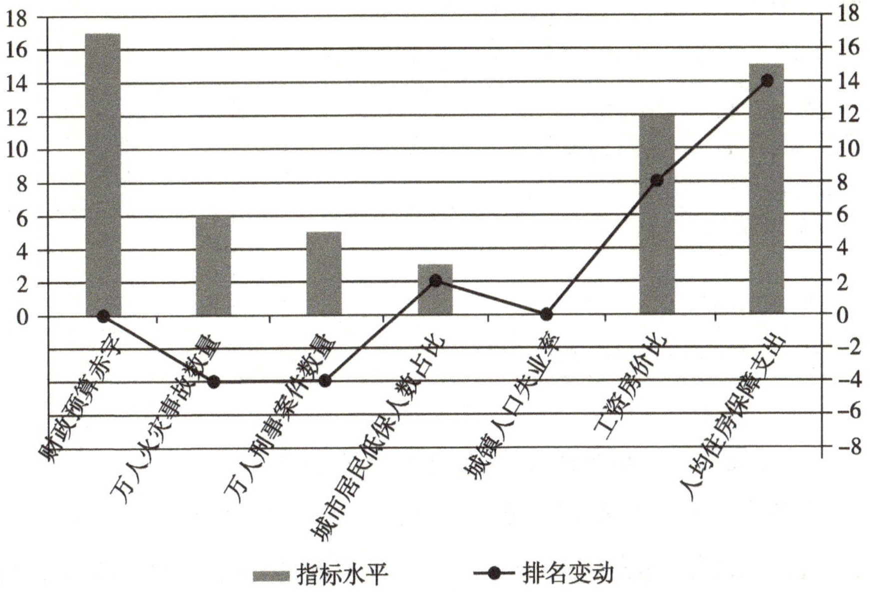

图5-108　2018年济源市社会可持续——保障类指标水平及排名变动

4）治理可持续发展指标排名及变化原因。2018 年，治理可持续发展指标排名中人均政府信息依申请和主动公开数量改善明显，从 2015 年排名第 17 位到 2018 年排名第 1 位，说明济源市在政务公开透明方面表现良好，但是私营经济和个体经济从业人员占城镇从业人员比重（17）、国企和私营企业平均工资差距（15）、万人工会受理职工举报件数（15）排名还是比较靠后，特别是国企和私营企业平均工资差距在 4 年内下降 9 位，可见这 4 年内济源市国营和私营收入不平衡度仍在加剧，并且私营经济和个体经济从业人员占城镇从业人员比重排名变动也在下降，济源市应尽量减少对市场的干预，使得更多企业入驻，盘活更多私营企业来扩大市场空间，并增加就业人员（见表 5－108）。

表 5－108　2015—2018 年济源市治理可持续发展指标排名及变动

类　别	2015 年	2016 年	2017 年	2018 年	排名变动
人均政府信息依申请和主动公开数量	17	17	7	1	16
行政事务支出占 GDP 比重	8	3	4	5	3
实际利用外资占 GDP 比重	5	5	5	5	0
私营经济和个体经济从业人员占城镇从业人员比重	14	16	17	17	－3
国企和私营企业平均工资差距	6	10	14	15	－9
人均申请政府信息公开数	16	16	7	10	6
万人工会受理职工举报件数	17	17	18	15	2

（三）提高城市可持续发展能力的关键点

总体来说，2018 年，济源市环境、经济、治理可持续发展指标的排名还是相对靠前的，资本存量和产业规模都具有相当优势。但是社会可持续发展指标的排名仍不容乐观，这与济源市社会文化设施建设和社会保障水平较低有很大关系。济源市目前处于产业转型期，产业发展不平衡，私营企业特别是中小微企业的生存压力偏大，导致失业现象较为严重，并且济源市传统产业比重过大，煤炭消耗过多，环境改善欠佳，服务业发展相对滞后。

济源市在发展中应利用好自身工业优势，凭借绿色低碳生产方式引导重点工业企业转型升级，加快企业技术更新，提高能源产业资源利用效率，并做好节能减排，特别是在烟尘排放方面，应加大监管和整治力度。平衡济源市产业布局，发挥市场经济优势，让中小微企业吸纳更多的就业人群，拓宽就业多渠道，特别是高校毕业生、农村富余劳动力、去产能企业下岗职工等重点群体就业工作。优化教育医疗卫生资源配置，加强社会保障服务平台建设和社会基础设施建设，完善公共文化服务，增加图书馆、足球场、篮球场等设施数量，开展更多文化体育活动，丰富群众精神文化生活。

第6章　推进城市可持续发展的政策建议

一、实施创新驱动发展战略　加快城市产业结构调整

产业结构高级化和多元化是提升经济增长潜能，应对经济外部冲击的有效途径。河南省城市产业结构普遍还存在着基础制造业比重高、现代服务业发展滞后、城市间产业同构现象突出的问题。郑州市都市圈中的城市如洛阳市、开封市、新乡市、焦作市等虽然制造业相对发达，但支柱产业大多是汽车配件、机械加工、资源开采行业，城市间产业协作分工水平相对低。河南省科研实力相对薄弱，并且科研院所和企业及市场的关联度低，相当部分的研究成果只有研究机构之间内部共享，研究机构和企业对接，在生产中发现并解决问题的机制还没有完全建立起来，所以技术创新成果的数量和产业化应用都相对欠缺。另外创新资源分布不均衡也是突出问题，郑州市、开封市、洛阳市的创新资源相对丰富，拥有一些实力雄厚的高校和科研院所，郑州市较多设立企业的研发总部，具备开发应用新技术的能力。东部和南部一些农区城市还是以传统制造业为主，虽然部分城市第三产业比重高，但都是低附加值和劳动力密集型的商贸、餐饮、手工业等。现代信息和技术对这些城市经济增长的带动力有限，因此，城市财政收入和人员工资水平都低于全国和河南省中部重点城市。

为缩小河南省城市间发展差距，实现整体创新能力和经济增长水平的提升。首先，要合理进行产业布局，各个城市依据自身特点选择支柱产业，从产业配套、技术研发、工艺设计入手，打造若干在国内外有竞争力的产业品牌。加强城市间交通信息网络建设，形成更多一小时、半小时经济圈，借助基础设施一体化建设发挥城市群整体效应，为区域

间、城市间分工协作提供良好外部环境。其次，发挥技术溢出效应，在引进省外创新资源的同时，更多培育和应用本地化的科技资源，通过城市创新网络的建设，形成研究机构、政府、企业密切联系，推动创新成果产业化的格局；借助人员流动、网络技术、项目合作等形式，促进省内创新资源由西北部向东南部溢出，为落后城市的经济社会发展提供智力支持。

二、发展循环经济　实现污染排放减量化

河南省当前环境绩效存在西北部低、东中部高的特征，重工业和资源型产业发达的城市环境污染相对严重，环境破坏具有一定的不可逆性，需要实现环境末端治理向源头治理的转变，将创新驱动和产业结构转型作为重点突破领域，逐步改变河南省北部地区资源产业和重工业产业比重高、环境影响大的现状。把部分生产转移到生态环境容量高的南部山区，以工业园区的形式统一组织生产，控制对环境的负面影响。鉴于近些年环境质量同经济和社会发展负相关的现象，需要依据各城市资源环境容量布局产业，以规模发展、集中治理为产业建设的基本原则，推进各类污染严重的钢铁、水泥、矿业开采类企业兼并重组，集中安装污染控制设备，提高防控效率；将技术创新和产业转型作为下一步产业发展的方向，实现重要技术的突破性创新，把能源绿色化转型和效率提高作为污染减排的有效途径，引进先进技术和管理经验，促进企业节能降耗，开发煤制油、煤制气工程，优化能源消耗结构；有条件的城市可更多安装冬季地源热泵，实现从零散燃煤供暖向集中天然气供暖转化，从生产、生活端入手，促进城市环境效益提高和可持续发展。

工业废水和氮氧化物排放是环境重点监控对象，需要在造纸、医药、化工、采掘等高耗水行业设置废水处理和排放标准，禁止工业废水直接对外排放；在产业园区内部建立水循环利用系统，通过企业和生产环节的相互关联实现更多的中水回用；探索实施阶梯水价和水权交易制度，督促各类生产生活单位节约利用水资源、减少废水排放。将降低锅

炉燃烧和机动车燃油氮氧化物排放作为突破口，拆除零散小锅炉，建设绿色交通体系，在倡导公共交通的基础上，依托河南航空港、中欧班列、高铁网的交通运输优势，实现科技化并向综合服务化转型。土地作为城市稀缺生态资源，需要采取各类措施，促进其集约利用，在各城市产业引进的初期，政府采用土地、税收等优惠政策措施进行产业竞争，造成部分企业占地面积过多，土地产出率下降，今后在厂房改造、混合社区建设的同时，可将部分闲置土地采取抵押和出租的形式提高集约利用率，将更多的人力、物力用于城市绿化，增进城市的宜居度。加大各城市环境治理投资力度，对于经济条件好、财政收入多的城市，如郑州市、洛阳市、新乡市强制性按一定比例的公共环境建设投资，传统农业区或处于转型期的资源型城市可以从全国和全省范围内予以资金倾斜，加大财政环保资金转移支付力度。强调污染排放源头管理的原则，督促新建成的产业园区或经济技术开发区进行事前环境评价，在建设之初合理安排产业布局、科学安置环保设施，建立城市生态效益补偿机制，体现环境资源的经济和社会价值。

三、提高区域开放度　发挥经济增长潜力

经济建设是其他领域发展的前提，河南省经济体系已经具备相当规模，未来需要进一步发挥内生增长潜力、提高经济增长质量。将规模优势转化为竞争优势，提高城市人均 GDP 产出和工资水平。可借助“一带一路”建设机遇，扩大省内各城市发展的外向度，除郑州市外，在南部农区建设交通物流中心，带动驻马店市、平顶山、南阳市、信阳市等城市经贸发展，使更多特色产品凭借便利交通销往国内外市场。针对省内服务业市场范围窄、产业门槛高、产品单一的现象，可进一步实施税收、知识产权、人才引进等优惠政策，在政策允许范围内逐渐放开市场管制，发展多层次、多元化的生产服务业和现代生活服务业，逐步繁荣金融、会计、法律、技术服务等各类服务业市场，为制造业转型升级、居民生活质量提升提供更有活力的市场要素和环境。

尤其是针对各地区和城市之间产业结构趋同、缺乏分工协作的现状，需要加强城市之间联系，使产业链向纵深方向发展，发挥各地区的资源优势，实现从产业间向产业内分工的转变，重点打造城市内优势产业和产品，变竞争为合作关系。实现农业大省城乡联动、一、二、三产业融合发展，打造优势农产品品牌，提高产业附加值和居民收入，逐步缩小中南部农区和郑州市都市圈之间的差距，推进区域协调发展。增强科技对产业的支撑能力，在加强省内高校和科研机构建设的基础上，提高产业及科研体系的开放度，积极引进发达地区新技术，促进项目合作和人员交流，在重点产业区内建设联合创新中心，提高城市科技创新能力和产品竞争能力。将政策创新和资金支持作为推进城市经济体制升级的重要途径，逐步完善贷款抵押、审批制度，降低中小企业融资门槛，使中小企业在吸纳就业和创造产值方面发挥更大的作用。加快传统国有企业转型步伐，落实落后产能有序退出机制，引入社会资本推进国有企业混合所有制改革，增强企业内生发展动力和对经济体系的引领支撑作用。

四、推进文教建设　完善社会保障

将教育资源公平有效供给作为化解社会矛盾、提高居民生活质量的重要目标和途径，逐渐消除城乡户籍附带的公共教育差异，给予进城农民工子女更好的教育条件，提高省内重点高校建设水平，逐步扩大招生规模尤其是对偏远地区的招生数量；发展多种形式的高等教育，实现学科和课程设置环节同社会工作岗位合理对接。如针对河南省紧缺的制造业、金融、商业服务等行业增加学生招生和培养数量，从扩大招生规模和提高毕业生就业水平入手，提高城市居民对子女教育的满意程度和省内人才供给水平。针对河南省当前存在的城市居民对文化生活的不重视和不了解，需要投入更多人力、物力，加大文化软硬件设施建设，引导城市居民合理的文化产品和服务消费。如建设更多的影剧院、图书馆和健身娱乐场所，对文化古迹进行保护和修缮；将文化旅游消费作为河南省新的经济增长点，从消除文化设施不平衡、不充分入手，逐步提高城市居民对文化的重视度，使地方特色文化得到有效传承发展。将提高农业和资源型城市养老保险覆盖率作为重要抓手，逐步解决全省社会保障不平衡、不充分的问题，完善社会保障信息登记核查制度，将城市老年群体、失业群体作为社会保障的重点扶持对象，规范社会保险金的征收、管理、发放流程，保证社会养老金的保值增值，扩大社会养老、失业、医疗保险的覆盖率，逐步实现城乡社保并轨，保障进城务工人员养老和医疗保险金的足额发放，从完善社会管理体系入手，促进城乡一体化发展。

五、完善公众参与机制　提高公共治理的公平和透明度

以实现城市治理体系和治理能力现代化为目标，完善公众参与机制，通过开放化的政务管理信息平台建设、听证会和民主选举制度，提高政府治理和决策的科学民主化水平。增加社会调研和民意收集的频率，制定重大决策之前广泛征求市民意见，以兼顾更广大群体的利益，降低政策执行成本。推进政务公开和定期向市民发布政策和执行情况、资金预算和使用状况；简化行政办公流程，实现一个窗口对外、一站式办理，缩短新入驻企业审批落地时间，提高政府机关办事效率，树立廉洁高效、公平公正的管理者形象，维护优化城市内部营商环境；畅通民意表达渠道，设立政府公开信箱，集思广益，积极实施引智工程，广泛征求高校、科研院所、社会组织的意见，推进多学科专家协商共治，为实现科学民主决策，制定长效化的城市建设规划；从城市实际情况出发，建立透明、公平、民主的公共治理体系，将公共安全和信息化建设作为突破口，形成科学有效的城市管理风险防控机制。

参考文献

[1]Mori K, Christodoulou A. Review of sustainability indices and indicators: Towards a new City Sustainability Index (CSI)[J]. Environmental Impact Assessment Review, 2012, 32(1): 94 - 106.

[2]Verma P, Raghubanshi A S. Urban sustainability indicators: Challenges and opportunities[J]. Ecological Indicators, 2018, 93, 282 - 291.

[3]Shen L Y, Jorge Ochoa J, Shah M N, et al. The application of urban sustainability indicators - A comparison between various practices[J]. Habitat International, 2011, 35(1), 17 - 29.

[4]Pupphachai U, Zuidema C. Sustainability indicators: A tool to generate learning and adaptation in sustainable urban development[J]. Ecological Indicators, 2017, 72: 784 - 793.

[5]Hák T, Janousková S, Moldan B. Sustainable development goals: A need for relevant indicators[J]. Ecological Indicators, 2016, 60, 565 - 573.

[6]Zhou J, Shen L, Song X, et al. Selection and modeling sustainable urbanization indicators: A responsibility - based method[J]. Ecological Indicators, 2015, 56, 87 - 95.

[7]Pollesch N L, Dale V H. Normalization in sustainability assessment: Methods and implications[J]. Ecological Economics, 2016, 130, 195 - 208.

[8]Ali - Toudert F, Ji L. Modeling and measuring urban sustainability in multi - criteria based systems——A challenging issue[J]. Ecological Indicators, 2017, 73, 597 - 611.

[9]Mori K, Yamashita T. Methodological framework of sustainability assessment in City Sustainability Index (CSI): A concept of constraint and max-

imisation indicators[J]. Habitat International,2015,45:10 - 14.

[10]Meijering J V, Tobi H ,Kern K. Defining and measuring urban sustainability in Europe:A Delphi study on identifying its most relevant components[J]. Ecological Indicators,2018,90:38 -46.

[11]Tran L. An interactive method to select a set of sustainable urban development indicators[J]. Ecological Indicators,2016,61,418 -427.

[12]Luzzati T,Gucciardi G. A non - simplistic approach to composite indicators and rankings:an illustration by comparing the sustainability of the EU Countries[J]. Ecological Economics,2015,113:25 -38.

[13]Tanguay G A,Rajaonson J Lefebvre J F,et al. Measuring the sustainability of cities:An analysis of the use of local indicators[J]. Ecological Indicators,2010,10(2):407 -418.

[14]Chen X,Liu X & Hu D. Assessment of sustainable development:A case study of Wuhan as a pilot city in China[J]. Ecological Indicators,2015, 50:206 -214.

[15]Dobbie M J,Dail D. Robustness and sensitivity of weighting and aggregation in constructing composite indices[J]. Ecological Indicators,2013, 29:270 -277.

[16]Chambers R. Participatory rural appraisal PRA:Analysis of experience[J]. World Development 1994,22 (9):1253 -1268.

[17] Bell S, Morse S. Experiences with sustainability indicators and stakeholder participation: A case study relating to a blue plan project in Malta[J]. Sustainable Development,2004(12):1 -14.

[18]Freebairn D M,King C A. Reflections on collectively working toward sustainability:Indicators for indicators[J]. Australian Journal of Experimental Agriculture ,2003,43:223 -238.

[19]Carruthers G,Tinning G. Where and how,do monitoring and sustainability indicators fit into environmental management systems[J]. Australian

Journal of Experimental Agriculture,2003,43:307 –323.

[20]Reed M S,Fraser E D G,Morse S ,Dougill A J. Integrating methods for developing sustainability indicators that can facilitate learning and action[J]. Ecology and Society,2005,10 (1) :3 –21.

[21]Moldan B,Janous ková S,Hák T. How to understand and measure environmental sustainability:Indicators and targets[J]. Ecological Indicators, 2012,17:4 –13.

[22]Turcu C. Re – thinking sustainability indicators:Local perspectives of urban sustainability[J]. Journal of Environmental Planning and Management,2013,56(5):695 –719.

[23]Campbell S. Green Cities,Growing Cities,Just Cities:Urban planning and the contradictions of sustainable development[J]. Journal of the American Planning Association,1996,62(3):296 –312.

[24]Camagni R. On the concept of territorial competitiveness:Sound or Misleading[J]. Urban Studies,2002,2002,39(13):2395 –2411.

[25] Bithas K P & Christofakis M. Environmentally sustainable cities. critical review and operational conditions[J]. Sustainable Development, 2006,14(3):177 –189.

[26]Devuyst D,Hens L,De Lannoy W. How Green Is the City? Sustainability Assessment and the Management of Urban Environments [M]. New York:Columbia University Press;2001:1 –36.

[27]Hiremath R B,Balachandra P ,Kumar B, et al. Indicator – based urban sustainability——A review[J]. Energy for Sustainable Development, 2013,17(6):555 –563.

[28]Newman P,Jennings I. Cities as sustainable ecosystems:Principles and practices[M]. Washington DC:Island Press. 2012.

[29]Levrel H,Kerbiriou C,Couvet D,et al. OECD pressure – state – response indicators for managing biodiversity: A realistic perspective for a

French biosphere reserve[J]. Biodiversity and Conservation,2008,18(7):1719-1732.

[30]Koutsouris A,Papadopoulos D. What is social about social learning[J]. The Journal of Agricultural Education and Extension,2003,9(2):75-82.

[31]Armitage D,Marschke M ,Plummer R. Adaptive co-management and the paradox of learning[J]. Global Environmental Change,2008,18(1):86-98.

[32]Rosenstrom U,Lyytimaki J. The role of indicators in improving timeliness of international environmental reports[J]. European Environment,2006,16(1):32-44.

[33]Walker W E,Marchau V A W J. Dealing with uncertainty in policy analysis and policymaking[J]. Integrated Assessment,2003,4(1):1-4.

[34]Swanson D,Barg S ,Tyler S,et al. Seven tools for creating adaptive policies[J]. Technological Forecasting and Social Change, 2010, 77(6):924-939.

[35]Lee Y J,Huang C M. Sustainability index for tai pei[J]. Environmental Impact Assessment Review,2007,27(6):505-521.

[36]Singh R K, Murty H R,Gupta S K,et al. An overview of sustainability assessment methodologies[J]. Ecological Indicators,2009,9(2),189-212.

[37] Reed M S, Fraser EDG, Dougill A J. An adaptive learning process for developing and applying sustainability indicators with local communities[J]. Ecological Economics,2006,59:406-18.

[38]Mascarenhas A, Coelho P,Subtil E,et al. The role of common local indicators in regional sustainability assessment[J]. Ecological Indicators,2010,10(3):646-656.

[39]Jordan A,Wurzel R,Zito A. Innovating with new environmental policy instruments:convergence or divergence in the european union[R]. Annual

Meetings of the American Political Science Association,2000:1 -22.

[40]Lemos M C,Agrawal A. Environmental governance[J]. Annual Review of Environment and Resources,2006,31(1): 297 -325.

[41]Bauler T. An analytical framework to discuss the usability of (environmental) indicators for policy[J]. Ecological Indicators,2012(17):38 -45.

[42]Pissourios I. An interdisciplinary study on indicators:A comparative review of quality - of - life, macroeconomic, environmental, welfare and sustainability indicators[J]. Ecological Indicators, 2013(34): 420 -427.

[43]Zoeteman K,Mommaas H,Dagevos J. Are larger cities more sustainable? Lessons from integrated sustainability monitoring in 403 Dutch municipalities[J]. Environmental Development,2016(17):57 -72.

[44]Dizdaroglu D. Developing micro - level urban ecosystem indicators for sustainability assessment. environmental[J]. Impact Assessment Review, 2015(54): 119 -124.

[45]Ledoux L,Mertens R,Wolff P. EU sustainable development indicators:An overview[J]. Natural Resources Forum,2005,29(4),392 -403.

[46]Zhang X L,Wu Y Z,Shen L Y. An evaluation framework for the sustainabilityof urban land use:A study of capital cities and municipalities in China[J]. HabitatInt,2011,35 (1):141 -149.

[47]Van Oudenhoven A P E,Petz K,Alkemade R,et al. Framework for systematic indicator selection to assess effects of land management on ecosystem services[J]. Ecological Indicators,2012(21):110 -122.

[48]Wascher D M. Agri - environmental indicators for sustainable agriculture in Europe[R]. European Centre for Nature Conservation, Tilburg, Netherlands. 2000.

[49]Frederiksen P, Kristensen P. An indicator framework for analysing sustaina - bility impacts of land use change. In:Sustainability impact assessment of land use changes[M]. Berlin Heidelberg : Springer - Verlag,2008.

[50] Ramos T B ,Caeiro S,de Melo J J. Environmental indicator frameworks to design and assess environmental monitoring programs[J]. Impact Assess and Project Appraisal,2004, 22 (1):47 -62.

[51] Zhang Y,Yang Z,Fath B D,et al. Ecological network analysis of an urban energy metabolic system:Model development,and a case study of four Chinese cities[J]. Ecological Modelling,2010,221(16):1865 -1879.

[52] Panda S,Chakraborty M,Misra S K. Assessment of social sustainable development in urban india by a composite index[J]. International Journal of Sustainable Built Environment,2016,5(2),435 -450.

[53] Luan W,Lu L ,Li X,et al. Weight determination of sustainable development indicators using a global sensitivity analysis method [J]. Sustainability 2017,9 (2):303 -309.

[54] Ledoux L,Mertens R,Wolff P. EU sustainable development indicators : An overview [R] . Paper Presented at the Natural Resources Forum. 2005.

[55] Cook D,Saviolidis N M,Davíesdóttir B,et al. Measuring countries' environmental sustainability performance——The development of a nation - specific indicator[J]. Ecological Indicators,2017,74:463 -478.

[56] Bell S,Morse S. Measuring sustainability:Learning from doing [M]. London :Routledge. Press ,2001.

[57] Fischer J,Manning A D,Steffen W,et al. Mind the sustainability gap[J]. Trends in Ecology & Evolution,2007,2(12):621 -624.

[58] Munda G. Social multi - criteria evaluation for urban sustainability policies[J]. Land Use Policy,2006,23(1):86 -94.

[59] Camagni R,Capello R & Nijkamp P. Towards sustainable city policy:an economy - environment technology nexus[J]. Ecological Economics, 1998,24(1):103 -118.

[60] Mayer A L. Strengths and weaknesses of common sustainability indi-

ces for multidimensional systems [J]. Environment International, 2008, 34(2):277 -291.

[61] Graymore M L M, Sipe N G, Rickson R E. Sustaining human carrying capacity: a tool for regional sustainability assessment[J]. Ecological Economics, 2010(69):459 -468.

[62] Handoh I, Hidaka T. On the timescales of sustainability and futurability[J]. Futures, 2010(42):743 -748.

[63] Hamilton K, Atkinson G. Air pollution and green accounts [J]. Energy Policy, 1996, 24(7):675 -684.

[64]甘琳,申立银,傅鸿源. 基于可持续发展的基础设施项目评价指标体系的研究[J]. 土木工程学报,2009,42(11):133 -138.

[65]张自然,等. 1990—2011 年中国城市可持续发展评价[J]. 金融评论,2014(5):42 -69.

[66]郭存芝,彭泽怡,丁继强. 可持续发展综合评价的 DEA 指标构建[J]. 中国人口·资源与环境,2016,26(3):9 -17.

[67]邸玉娜. 中国实现包容性发展的内涵、测度与战略[J]. 经济问题探索,2016(2):16 -27.

[68]祁毓,张靖妤. 生态治理与全球环境可持续性指标评述[J]. 国外社会科学,2015(6):21 -34.

[69]马艳梅,吴玉鸣,吴柏钧. 长三角地区城镇化可持续发展综合评价[J]. 经济地理,2015,35(6):47 -53.

[70]何砚;赵弘. 京津冀城市可持续发展效率收敛性及影响因素研究[J]. 当代经济管理,2018,40(2):17 -24.

[71]孙亚静,王靖鑫,刘畅. 长春市城市综合承载力研究[J]. 税务与经济,2018(3):99 -108.

[72]李经纬,等. 基于人类可持续发展指数的中国 1990—2010 年人类—环境系统可持续性评价[J]. 自然资源学报,2015,30(7):118 -128.

[73]马双,王振. 长江经济带城市绿色发展指数研究[J]. 上海经

济,2018(5):42－53.

[74]曹慧,胡峰,等. 南京市城市生态系统可持续发展评价研究[J]. 生态学报,2002(5):169—174.

[75]周嘉,尚金城. 绥化市可持续发展状况的生态足迹分析[J]. 地理科学,2004(6):333—338.

后　　记

自2015年10月，美国哥伦比亚大学地球研究院开始与河南大学中原发展研究院合作，开展中国城市可持续发展相关研究课题。

课题组首先制订了《城市可持续发展指标调查问卷》，共计五个部分，约300多个选项，在河南省内挑选了郑州市、驻马店市、平顶山市三座城市开展调研。郑州市作为省会城市，近些年服务业发展较快，驻马店市作为传统农业城市正在经历工业化转型，而平顶山市作为资源型城市也在可持续发展的大背景下进行产业结构转型。三座城市各具特点，对河南省乃至全中国均具有一定的代表性。

选定城市后，课题组在2016年分别在三座城市进行了数场座谈会，涉及部门包括郑州市发改委和郑州市金水区、经济技术开发区、金水区科技园区和海马汽车、中建郑州城市开发建设有限公司，驻马店市自然资源局和驻马店市驿城区，平顶山市新华区等职能部门，以及河南省委党校田文富教授等企业家、专家学者，对进一步完善课题及课题问卷产生了积极效果。随后，课题组在每座城市随机抽样的100个地点分别发放10份调查问卷，共计3000份，以此形成了较大样本量的可持续发展指标数据库。

在此问卷基础上，项目组经过长达一年半的时间，依据双向城市可持续发展指标体系综合构架，使用三种科学方法加权得出河南省可持续发展排名，其中，排位标准差法是借鉴哥伦比亚大学地球研究院与中国国际经济交流中心合作开发的中国城市可持续发展评价体系中的加权办法，较为先进。在此基础上结合调查问卷中所得来的民众打分及专家打分来共同加权则是此研究项目的最大创新，对各类可持续性指标体系的建设有较大借鉴意义。根据此方法，团队研究形成了公民与专家均认可的、科学的政府可持续管理评价体系。

2018 年年底，课题组依托研究出的指标体系，对河南省 18 个地级市进行可持续发展评价及排名，并在郑州市举行了《河南省城市可持续发展指标体系构建与测度研究——2018 年河南省城市可持续发展报告》发布会，反响热烈，得到了省内专家学者以及大量媒体的广泛关注。

本书在 2018 年研究的基础上加入了 2019 年河南城市可持续发展的排名，除了我与耿明斋教授外，很多具体工作都是由曹孜教授和柴森博士研究生负责组织并完成的。参与撰写此书的人员还有李甜、黄卓、宋静雯、冯铭、谢琳琳等。在此还要感谢哥伦比亚大学石天杰教授对项目的指导和 Steven Cohen 教授对项目的支持。感谢地球研究院访问学者 Gilang Hardadi 及普林斯顿大学博士后张天波在问卷设计中做出的贡献。感谢河南大学郑祖玄、彭凯翔两位教授对项目调研选点的指导，以及娄春杰、纪鸿超、杨建涛等青年教师对调研问卷的指导。感谢哥伦比亚大学博士后王安逸、哥伦比亚大学可持续发展政策与管理中国项目官员马雷，以及河南大学学生曹昱、张涵、张彤、刘珂卿、陈明明、安燕娇、卢李慧、孙博恩、罗振华等对几年来项目有序开展所做出的贡献。

本项研究与书的撰写、出版还得到了哥伦比亚大学地球研究院 Cross Cutting Initiave 种子基金和中原发展研究基金会、新型城镇化与中原经济区建设河南省协同创新中心、河南省高等学校人文社会科学重点研究基地中原发展研究院、河南省高校新型智库建设、河南省发展和改革委员会，以及可持续发展研究项目的资助，在此也一并表示衷心的感谢！

郭栋

2019 年 12 月 2 日于美国纽约哥伦比亚大学